5

Obras Maestras del
Pensamiento Contemporáneo

# Erich Fromm

# El miedo a la libertad

PLANETA-AGOSTINI

Dirección editorial: R. B. A. Proyectos Editoriales, S. A.

Título original: The Fear of Freedom
Prefacio a la edición castellana y traducción: Gino Germani


Córcega, 273-277, 08008 Barcelona (España)
Traducción autorizada por Editorial Paidós
Diseño de colección: Hans Romberg
Primera edición en esta colección: enero de 1985
Depósito legal: B. 1715-1985
ISBN 84-395-0003-3
Printed in Spain - Impreso en España
Distribución: R. B. A. Promotora de Ediciones, S. A.
Travesera de Gracia, 56, ático 1.ª, 08006 Barcelona. Teléfonos (93) 200 80 45 - 200 81 89
Imprime: Cayfosa, Sta. Perpètua de Mogoda, Barcelona

# Introducción

En el momento de acercarse a esta obra fundamental de Erich Fromm que es *El miedo a la libertad* (*The Fear of Freedom*, aunque en Norteamérica el libro lleva el título de *Escape from Freedom*, «huida de la libertad»), es importante, a efectos de una mejor comprensión, iluminar los puntos de partida del pensamiento de este influyente psicoanalista contemporáneo: sus años de formación en la Alemania del período de entreguerras, las fuentes de que se nutrió, las corrientes ideológicas, en fin, que le afectaron, antes de convertirse, siendo ya ciudadano de Estados Unidos, en una de las figuras más prominentes de la escuela cultural, o neofreudiana, de psicoanálisis.

Nacido en el seno de una familia judía alemana, Fromm se crió en un ambiente intensamente religioso y leyó con devoción a no pocos clásicos del pensamiento hebreo. En *Beyond the chains of illusion: My encounter with Marx and Freud* (1962) el propio Fromm evocó sus lecturas de aquellos años: «Antes que nada, me sentí tocado por los escritos proféticos, por Isaías, Amós y Oseas, y no tanto por sus advertencias y su anuncio del desastre como por su promesa del *fin de los mundos*. La visión de una paz y armonía universales me asaltó cuando tenía doce o trece años de edad.» Luego, en sus años estudiantiles, y en compañía de su amigo Leo Lowenthal, Fromm participó activamente en el grupo de intelectuales judíos reunidos en torno al rabí Nehemiah A. Nobel. De este grupo surgiría en 1920 la Freies Jüdisches Lehrhaus (Casa Judía Libre de Enseñanza), uno de cuyos miembros sería el célebre Martin Buber (1878-1965).

A esta influencia del pensamiento hebraico, Fromm sumó un creciente interés por el psicoanálisis y el marxismo, que le llevó en 1926 (al ser analizado por primera vez en Munich), a abandonar sus creencias religiosas. Sin embargo, el peso de la tradición judía se hará sentir en toda su obra posterior, hasta el punto de que ésta ha sido vista con frecuencia como articulada en torno a la visión secularizada de ciertos aspectos de aquella tradición.

Sobre la base de esta triple influencia, Fromm publicó en 1930 *La evolución del dogma de Cristo (Die Entwicklung des Christusdogmas)*, estudio del desarrollo del cristianismo y de sus símbolos, que fue interpretado como un primer ejemplo concreto de la integración de Freud y Marx. En esta misma línea de conciliación entre freudismo y marxismo conviene situar el artículo «Política y psicoanálisis» («Politik und Psychoanalytische»), publicado en 1931 en *Die Psychoanalytische Bewegung.*

Con estos antecedentes, no es de extrañar que Fromm terminara por confluir con los pensadores agrupados en torno al Institut für Sozialforschung (Instituto de Investigación Social), marco institucional de lo que con el tiempo sería denominada Escuela de Frankfurt, y que aglutinaba ya en aquella época a pensadores como Max Horkheimer (1895-1973), Theodor W. Adorno (1903-1969), Herbert Marcuse (1898-1979) y, más tarde, a Walter Benjamin (1892-1944). El carácter interdisciplinario de las actividades del Institut sentó las bases para la laboriosa gestación de un complejo sistema de filosofía social que recibiría el nombre de teoría crítica. Y Fromm coadyuvó a tal gestación con uno de los trabajos más significativos de su primera época: «Método y tarea para una psicología social analítica» («Ueber Methode und Aufgabe einer analytischen Sozialpsychologie»), que apareció publicado en 1932 en la *Zeitschrift für Sozialforschung*, la revista del Institut.

En él abogaba por una renovada sensibilidad ante las diferencias entre grupos sociales específicos, antes que por una atribución general de doctrinas ideológicas a necesidades psíquicas supuestamente universales, con lo que trasladaba al ámbito de la psicología el análisis que Horkheimer y Marcuse, tras su ruptura con Heidegger, habían realizado sobre la noción abstracta de *historicidad*. Al mismo tiempo, Fromm insistía en la necesidad de establecer, en tanto que psicoanalista, una mediación entre individuo y sociedad. En este sentido, los enfoques psicológicos que Marx había hecho no eran abundantes, aunque se trataba de agudas observaciones susceptibles de un desarrollo particular. El conjunto de psicólogos marxistas primitivos, con su fe ingenua en los instintos morales innatos y su voluntarismo candoroso, tampoco había hecho gran cosa para cubrir este vacío. El psicoanálisis freudiano, en cambio, podía suplir, según sostenía Fromm, el eslabón que faltaba entre la superestructura ideológica y la base socioeconómica, y encarnar la noción del materialismo en la naturaleza esencial del hombre.

Fromm realizó en su época de adscripción al Institut otros trabajos. El más sugestivo e inquietante de entre todos ellos fue un estudio empírico que realizó, por encargo de Horkheimer, sobre la mentalidad de los trabajadores de la República de Weimar. Se trataba del primer intento de aplicar la Teoría Crítica a un problema concreto. Las tres mil respuestas, transcritas textualmente en otros tantos cuestionarios, fueron analizadas como si se tratara de las asociaciones de un paciente, y ciertas palabras clave o pautas de expresión recurrentes interpretadas como llaves de acceso a la realidad psicológica oculta bajo el contenido manifiesto de las respuestas. El resultado fue la constatación de que entre las opiniones sustentadas y los rasgos de personalidad existía una abierta discrepancia. El estudio demostró que mientras un diez por ciento exhibía un carácter autoritario y un quince por ciento un compromiso con objetivos antiautoritarios, la gran mayoría se mostraba altamente ambivalente.

Con la ascensión de los nazis al poder (1933), era fácil prever el destino del Institut, un centro cuyos miembros más notorios eran a la vez judíos y marxistas. Éste fue, en efecto, prontamente clausurado, y hacia finales de ese mismo año prácticamente todos sus miembros ya habían abandonado el país. Muchos de ellos volvieron a reunirse en Estados Unidos (donde el Institut reanudó parcialmente sus actividades a partir de 1936), pero las cosas habían cambiado. La disensión no tardó en presentarse, y quien la protagonizó fue Erich Fromm.

Mucho se ha especulado sobre las causas de esta ruptura. Respecto a la misma es necesario subrayar tres aspectos. El primero se refiere a las experiencias clínicas de Fromm, iniciadas en 1926 en el Instituto Psicoanalítico de Berlín. El contacto con pacientes reales, del que los otros colegas del Institut carecieron, dotó a las especulaciones de Fromm de una sólida base empírica. «No hay una sola conclusión teórica acerca de la psique del hombre —afirmó en cierta ocasión— que no esté basada en una observación crítica de la conducta humana realizada en el transcurso de mi trabajo psicoanalítico.» El segundo aspecto tiene que ver con la pronta integración a la vida intelectual estadounidense por parte de Fromm. Mientras Horkheimer y Adorno se resistían a abandonar el alemán como idioma de su producción teórica, aun a riesgo de sacrificar una audiencia inmediata —pues pensaba que había que preservar la tradición humanista de la cultura alemana, amenazada de extinción—, Fromm se abrió sin vacilaciones al mundo de la cultura anglosajona. Por último, está la cuestión de su relativo puritanismo sexual, que llevó a algún miembro del Institut a acusarlo de nada menos que pretender asexuar a Freud.

Con todo, el «desviacionismo» de Fromm era mucho más profundo y arrancaba de más lejos, tal como lo ha demostrado Martin Jay en *La imaginación dialéctica (The Dialectical Imagination)*: «En vez de realzar la cualidad no representativa de la verdad y la imposibilidad de definir el hombre social, Fromm afirmó la noción de una antropología filosófica. Como Martin Buber y otros en el círculo de la Lehrhaus, entendió la naturaleza del hombre como algo creado a través de la relación con el mundo y la interacción con los otros. Esto iba a aparecer más vívidamente en sus obras posteriores, después de su separación del Institut, pero en todo momento Fromm afirmó la realidad de una naturaleza humana. No se trataba, sin embargo, de un concepto fijado, como la *natura* romana, sino más bien de una idea de la naturaleza potencial del hombre, similar a la *physis* griega.»

Esta visión de un hombre susceptible de perfeccionamiento en su naturaleza esencial, opuesta a la cualidad no representativa de la verdad y la imposibilidad de definir el hombre social sustentadas por Horkheimer y Adorno entre otros, explica sin duda el interés creciente que Fromm mostró por las implicaciones antropológicas de los *Manus-*

*critos económico-filosóficos de 1844* de Marx y especialmente por la noción de alienación, que empleó con frecuencia, sobre todo después de su paso por el Institut.

Aunque Fromm nunca cesó completamente en sus esfuerzos para reconciliar a Marx con Freud, está claro que con el tiempo fue apoyándose cada vez menos en el segundo y cada vez más en los enfoques psicológicos anticipados por el primero. No obstante, según el propio Fromm, no se trataba de un rechazo de las teorías freudianas, sino meramente de una aceptación crítica de éstas, y así lo consignó en una carta a Martin Jay en 1971: «No he dejado nunca el freudismo, a menos que se identifique a Freud con la teoría de la libido. Considero que el logro básico de Freud es su concepto del inconsciente, sus manifestaciones en la neurosis, los sueños, etcétera, y su concepto dinámico de carácter. Estos conceptos han conservado una importancia básica en toda mi obra, y decir que porque rechacé la teoría de la libido he renunciado al freudismo es una declaración muy drástica posible sólo desde el punto de vista del freudismo ortodoxo. He criticado siempre la ortodoxia freudiana y los métodos burocráticos de su organización internacional, pero toda mi obra teórica está basada en lo que considero los hallazgos más importantes de Freud, con excepción de la metapsicología.»

A la luz de estos antecedentes, es fácil comprender cómo, muchos años antes de su abandono del Institut, su expulsión de la Asociación Psicoanalítica Internacional y su sonada polémica con Marcuse, ya Fromm debía sentirse bastante incómodo en el seno de un Institut para cuyos miembros esta misma metapsicología, en sus aspectos esenciales, era poco menos que artículo de fe.

La relación entre Fromm y el Institut concluyó en 1939. En lo sucesivo, este pensador alemán nacionalizado estadounidense iba a pergeñar una obra de gran trascendencia y enormemente popular. El camino estaba abierto para títulos como *El miedo a la libertad*, *Ética y psicoanálisis* (*Man for Himself*, 1947) y *Psicoanálisis de la sociedad contemporánea* (*The Sane Society*, 1955).

# CRONOLOGÍA

1900 Erich Fromm nace en Frankfurt del Main, en el seno de una familia judía de creencias ortodoxas y holgada posición económica.

1920 Creación en Frankfurt de la Freies Jüdisches Lehrhaus (Casa Judía Libre de Enseñanza).

1922 Concluye sus estudios de psicología y sociología en la Universidad de Heidelberg.

1923 Se crea en Frankfurt, gracias a las aportaciones económicas de un judío alemán, Hermann Weil, el Institut für Sozialforschung (Instituto de Investigación Social).

1926 Pierde sus creencias religiosas al ser analizado por primera vez en Munich. Poco después, inicia su práctica psicoanalítica en el Instituto Psicoanalítico de Berlín.

1927 Comienza su colaboración en revistas psicoanalíticas ortodoxas como *Psychoanalytische Bewegung* y el propio boletín de Freud, *Imago*.

1930 Publica su primera obra, *La evolución del dogma de Cristo*.

1931 Se incorpora al Institut für Sozialforschung, a la sazón dirigido ya por Max Horkheimer. En la *Psychoanalytische Bewegung* aparece su artículo «Política y psicoanálisis», en el que expone su propósito de reconciliar a Freud con Marx.

1932 El número inicial de la *Zeitschrift für Sozialforschung*, publicación oficial del Institut, recoge su importante ensayo «Método y tarea para una psicología social analítica». Viaja a Estados Unidos invitado por el Chicago Institute of Psychoanalysis.

1933 El Institut für Sozialforschung es clausurado por el gobierno nazi, poniendo así fin a su primera etapa.

1934 Se establece en Estados Unidos. Lector en la Universidad de Columbia.

1936 Aparecen en París los *Estudios sobre la autoridad y la familia*, que, editados por Max Horkheimer, cuentan con la colaboración, entre otros, de Marcuse y del propio Fromm. El Institut für Sozialforschung consigue, tras innumerables peripecias, reanudar sus actividades en Estados Unidos.

1939 Ruptura final entre Fromm y el Institut für Sozialforschung.

1940 Obtiene la ciudadanía estadounidense.

1941 *El miedo a la libertad*. De Columbia pasa a ejercer la docencia en el Bennington College, Vermont. En años posteriores, también enseñará en la Universidad de Yale.

1947 *Ética y psicoanálisis.*

1950 *Psicoanálisis y religión.*

1951 *El lenguaje olvidado*. Profesor en la Universidad Nacional Autónoma de México.

1955 *Psicoanálisis de la sociedad contemporánea*. Dirige el departamento de psicoanálisis de la Escuela de Medicina de México.

1956 *El arte de amar.*

1958 Ejerce la docencia en la Universidad del estado de Michigan.

1959 *La misión de Sigmund Freud.*

1960 *Budismo Zen y psicoanálisis* (en colaboración con otros autores).
1961 *¿Podrá sobrevivir el hombre?* Publica, asimismo, *Marx y su concepto del hombre.*
1962 Profesor de psiquiatría en la Universidad de Nueva York.
1963 *El dogma de Cristo y otros ensayos sobre religión, psicología y cultura,* en la que Fromm incorpora su primera obra publicada en alemán en 1930.
1964 *El corazón del hombre.*
1966 *Y seréis como dioses.*
1968 *La revolución de la esperanza.*
1971 *La crisis del psicoanálisis. Ensayos sobre Freud, Marx y la psicología social.*
1973 *Anatomía de la destructividad humana.*
1976 *¿Tener o ser?*
1979 *Grandeza y limitaciones del pensamiento de Freud.*
1980 Erich Fromm muere en Muralto, Suiza.

# BIBLIOGRAFÍA

A) Principales obras de Fromm traducidas al castellano:

*Ética y psicoanálisis.* México (FCE), 1953.

*Psicoanálisis y religión.* Buenos Aires (Psique), 1956.

*El lenguaje olvidado.* Buenos Aires (Hachette), 1961.

*Psicoanálisis de la sociedad contemporánea.* México (FCE), 1956.

*El arte de amar,* 8.ª ed. Buenos Aires (Paidós), 1963.

*La misión de Sigmund Freud.* México (FCE), 1960.

*¿Podrá sobrevivir el hombre?* Buenos Aires (Paidós).

*Marx y su concepto del hombre.* México (FCE).

*El dogma de Cristo.* Buenos Aires (Paidós).

*El corazón del hombre.* México (FCE).

*Y seréis como dioses.* Buenos Aires (Paidós), 1967.

*Anatomía de la destructividad humana.* México Siglo XXI), 1975.

*¿Tener o ser?* México (FCE), 1978.

*Grandeza y limitaciones del pensamiento de Freud.* México (Siglo XXI), 1979.

*La familia,* en colaboración con Max Horkheimer, Talcott Parsons y otros autores. Barcelona (Península), 1970.

*La sociedad industrial contemporánea*, en colaboración con otros autores. México (Siglo XXI).
*Sociopsicoanálisis del campesino mexicano*, en colaboración con M. Maccoby. México (FCE), 1980.
*Humanismo socialista*, en colaboración con otros autores. Barcelona (Paidós Ibérica), 1980.

B) Estudios sobre la obra de Fromm:

BASABE, J., *Síntesis del pensamiento de Fromm. Individuación, libertad y neurosis*. Barcelona (Nova Terra), 1974.
HALL, C. S., y G. LINDZEY, *Las teorías psicosociales de la personalidad. Adler, Fromm, Horney y Sullivan*. Buenos Aires (Paidós), 1974.
HORNEY, K., *El nuevo psicoanálisis*. México (FCE), 1943.
JAY, M., *La imaginación dialéctica. Una historia de la Escuela de Frankfurt*. Madrid (Taurus), 1974.
MARCUSE, H., «Crítica del revisionismo neofreudiano», en *Eros y civilización*. Barcelona (Seix Barral), 1968.
THOMPSON, C., *El psicoanálisis*. México (FCE), 1951.

# El miedo a la libertad

# PREFACIO A LA EDICIÓN CASTELLANA

La obra de Erich Fromm, que presentamos a los lectores de habla castellana, no constituye solamente un cuidadoso análisis de los aspectos psicológicos de la crisis de nuestro tiempo y un esfuerzo por desentrañar en el origen mismo de la sociedad moderna sus profundas y lejanas raíces, sino que se nos ofrece también como una importante contribución a la teoría sociológica y como un ejemplo logrado de aplicación fecunda del psicoanálisis a los fenómenos históricos.

Desde sus comienzos apareció muy claro el significado que esta nueva psicología podía tener para las ciencias que se ocupan de la vida social y de la cultura, en particular la sociología, la psicología social y la antropología cultural. Como es bien sabido, el mismo creador del psicoanálisis se preocupó por utilizar los conceptos y el método del psicoanálisis para investigar los fenómenos sociales y dedicó numerosos trabajos a este tema [1]. Esa labor y la de otros que siguieron de manera más ortodoxa las directivas originarias del maestro, fueron sometidas luego a un trabajo de revisión crítica, de la que participaron no solamente los psicólogos, sino también estudiosos de otras disciplinas sociales, y que dio lugar a formulaciones de singular importancia, tanto en el orden teórico como en el práctico, en lo que respecta al significado del psicoanálisis en el estudio de los hechos sociales. Especialmente en la última década ha ido desarrollándose y cobrando impulso lo que podríamos llamar la *acentuación sociológica* del psico-

[1] Principalmente *Totem y Tabú* (Obras completas v. VIII), *Psicología de las masas y análisis del yo* (O. C. v. IX), *El porvenir de una ilusión* (O. C. v. XIV), *La civilización y sus descontentos.*

análisis —frente a la posición esencialmente biológica de la escuela ortodoxa—, al punto de que justamente en este rasgo ha de buscarse el carácter distintivo de las corrientes novísimas que se mueven dentro del amplio ámbito de la psicología, que reconoce en Freud su fundador y maestro, aun cuando se aparte de algunas de sus enseñanzas. Erich Fromm es uno de los representantes más significativos de estas concepciones, y su contribución se dirige sobre todo a afirmar la necesidad de considerar los factores sociales, los valores y las normas éticas en el estudio de la personalidad total. Esta tesis, desarrollada en numerosos trabajos [2], se revela en esta obra como un instrumento teórico muy eficaz para la comprensión de los fenómenos sociales que se desarrollan en el mundo contemporáneo.

La moderna revisión del psicoanálisis acepta los descubrimientos básicos de Freud, pero rechaza algunas de sus hipótesis —acaso innecesarias para la teoría—, cuya incorporación a esa doctrina se debió tan sólo al estado de los conocimientos sobre el hombre en la época en que Freud escribía. Ciertos principios, como el del determinismo psíquico, la existencia de una actividad inconsciente, el signi-

[2] Citamos entre otros, los siguientes: "Die Entwicklung des Christusdogmas. Eine psichoanalitische Studie zur sozialpsychologischen Funktion der Religion", en *Imago*, XVI: "Der Staat als Erzieher", en Almanach (Internationaler psychoanalytischen Verlag, Wien), 1931, pág. IV: "Politik und Psychoanalyse', en *Die Psychoanalytische Bewegung*, III; "Ueber Methode und Aufgabe einer analytischen Sozialpsychologie", en *Zeitschrift für Sozialforschung*, 1932; "Socialpsychologischer Teil in Studien über Autorität und Familie", París, Alcan, 1936; "Zur Psychologie des Verbrechers und der strafenden Gesellschaft", en *Imago*, XVII; "Die gesellschaftliche Bedingtheit der psychoanalytischen Therapie", en *Zeitschrift für Sozialforschung*, 1935; "Sex and character", en *Psychiatry*, 1943; "The social philosophy of will therapy", en *Psychiatry*, 1939; "Selfishness and selflove", en *Psychiatry*, 1939; Man for himself, New York, Rinehart, 1947.

ficado y la importancia de los sueños y de las "asociaciones libres", el significado de la neurosis como conflicto dinámico de fuerzas que se da en el individuo, y la existencia de ciertos mecanismos —*represión, proyección, compensación, sublimación, reacción, transferencia y racionalización*— constituyen puntos firmes que los "neopsicoanalistas", cualesquiera que sean sus divergencias sobre otras cuestiones, aceptan como aportes definitivos de la teoría psicoanalítica originaria [3]. En cambio, estos autores rechazan la orientación biologista de Freud y las consecuencias que ella implícitamente trae en su doctrina. Se recuerda que ese predominio de la biología respondía precisamente a una orientación general de las ciencias sociales de principio de siglo, que fue superada luego en favor de una posición que veía en la sociedad y la cultura fuerzas no menos poderosas para moldear al hombre que los factores biológicos. Tampoco están dispuestos los neopsicoanalistas, o por lo menos algunos de ellos, entre los cuales hallamos a K. Horney y a E. Fromm, a aceptar el esquema mecanicista, que constituye sin duda el supuesto general dentro del cual se mueve el pensamiento freudiano.

Toda esta labor crítica ha llevado a rechazar o a modificar distintos aspectos de la doctrina psicoanalítica originaria. En primer lugar la teoría freudiana de los instintos. Siguiendo concepciones prevalecientes en ese momento, Freud asumió como factores explicativos de la conducta ciertos impulsos biológicamente determinados, aceptando el supuesto de una "naturaleza humana" fija e invariable, y colocando al hombre en una relación puramente mecánica con respecto a la sociedad. A causa de ello fue inducido a elevar a la categoría de "hombre en general" el modelo específico de hombre que le fue dado observar, sin percatarse

[3] Cf. por ejemplo, K. Horney, *El nuevo psicoanálisis*. México. Fondo de Cultura Económica, 1943, caps. I y II.

del hecho fundamental de que se trataba no solamente de un organismo dotado de tendencias biológicas comunes a la especie, sino también —y sobre todo— del producto de una larga evolución histórica resultado de un proceso de diferenciación que hacía de él algo muy específico de una época, una cultura y un grupo social determinado. Hoy, el efecto convergente de muy distintas corrientes de pensamiento y desarrollos científicos[4] nos ha llevado a abandonar esa imagen universal y a considerar en su lugar al hombre histórico y socialmente diferenciado, dotado de una constitución biológica extremadamente maleable y susceptible de adaptarse a los más distintos ambientes naturales y culturales, a través de su propia modificación y de la del ambiente mismo. Se llegó así a una revisión de muchos conceptos psicoanalíticos (tales como el complejo de Edipo, el de castración, o la tendencia a la virilidad en la mujer) que a muchos estudiosos de las nuevas corrientes aparecieron no ya como mecanismos universales sino como formas peculiares de determinada estructura cultural. Debe subrayarse, empero, que de ningún modo el neopsicoanálisis elimina totalmente los factores originarios y los mecanismos universales en el hombre. Pero unos y otros desempeñan otra función en la explicación del comportamiento individual y del proceso social. Así, por ejemplo, las disposiciones psíquicas, cuya existencia Fromm debe admitir (pues de otro modo desaparecería el individuo como sujeto activo del proceso social para transformarse en una "mera sombra" de las formas culturales), no son consideradas como "fuerzas" exteriores a la sociedad y mecánicamente contrapuestas a ella (como ocurre con los "instintos" en Freud), sino que son ya socializadas en sus manifestaciones —pues sólo son

[4] En el campo filosófico debe recordarse principalmente el movimiento historicista, y en el científico, los resultados de los estudios antropológicos y las nuevas corrientes que se han manifestado en el seno de la sociología.

experimentadas a través de formas que, aun cuando diverjan de las pautas *normales* o *admitidas*, son por lo menos culturalmente posibles—. Y, en efecto, los conflictos que empíricamente podemos observar no se presentan entre impulsos meramente biológicos y formas socialmente establecidas, sino entre lo que podríamos llamar dos dimensiones de lo social, por un lado, determinadas *estructuras* cristalizadas, por el otro, *actitudes* subjetivas (que incluyen y expresan culturalmente el sustrato biológico) que ya no se adecuan perfectamente a aquellas y tienden a desbordarlas. Es de este conflicto de donde se origina —en una sociedad dinámica— la creación de nuevas formas sociales; de ahí que el estudio de este proceso, que permite sorprender a la sociedad *in fieri*, equivale a investigar la dinámica del cambio social en el acto mismo en que se verifica en la mente de los hombres.

Tampoco niega el neopsicoanálisis la existencia de mecanismos psicológicos de carácter universal; pero su propósito es estudiar de qué manera funcionan en casos específicos, y es por ello que se dirige a descubrir aquellos otros mecanismos que se dan en procesos históricos concretos. Su asunto no es entonces el hombre en general, sino el hombre de una determinada época, cultura y grupo social, y el porqué de las diferencias y cambios que se dan entre los distintos tipos de hombres que nos muestra la historia. En este sentido el neopsicoanálisis realiza la exigencia sustentada por Mannheim de descubrir ese tipo de leyes y de relaciones que rigen en determinadas fases históricas y dentro de una particular estructura social; los *principia media* que rigen los tipos psicológicos y sociológicos de un determinado momento [5].

[5] Véase K. Mannheim, *Man and society in an age of reconstruction*, Nueva York, Harcourt, Brace & co., 1940, págs. 122 y 177. (Trad. castellana: *Libertad y planificación*, México, Fondo de Cultura Económica, 1942.)

En virtud de esta nueva orientación el psicoanálisis se vuelve un instrumento extraordinariamente eficaz en la investigación sociológica y —a diferencia de lo que ocurría en Freud, cuyas "aplicaciones" al estudio de los fenómenos sociales se veían seriamente limitadas o deformadas por su perspectiva esencialmente individualista— llega a constituir, como en el caso de Fromm, una verdadera psicología social. Debe advertirse además que esta *acentuación sociológica* se presenta como fundamental, aun cuando —recuérdese a K. Horney— los problemas tratados corresponden a la psicología individual. En realidad, podría decirse que, para estos autores, si prescindimos de su parte puramente biológica, toda la psicología se vuelve social, una vez dirigida al individuo como individuo, otra al comportamiento del grupo como grupo.

El aporte de Erich Fromm a esta psicología social surgida del psicoanálisis es muy valioso, tanto desde el punto de vista de los instrumentos conceptuales como —y sobre todo— por haber demostrado su eficiencia en la interpretación de determinados desarrollos históricos. Entre los conceptos que Fromm emplea debemos señalar, en primer lugar, las nociones de *adaptación dinámica* y de *carácter social*, que se vuelven los elementos centrales de su análisis. El primero se funda sobre los descubrimientos básicos de Freud, pero es mérito de Fromm no solamente haberlo definido y precisado, sino también haber mostrado de manera efectiva su potencialidad en el análisis de los procesos psicológicos de orden colectivo. El concepto de carácter social tiene lejanos antecedentes en la vieja "psicología de los pueblos", pero su utilización sobre bases científicas se fue desarrollando en el último treintenio, particularmente por obra de antropólogos de la corriente *funcionalista*, y más recientemente por la de algunos sociólogos. Entre los primeros señalamos, además de Malinowski, a Ruth

Benedict y a Margaret Mead [6]; entre los segundos recordamos a Lloyd y a Lunt, quienes lo han aplicado en su minucioso estudio de una comunidad norteamericana [7]. Además Abraham Kardiner ha desarrollado el concepto de estructura de la personalidad básica, estudiando especialmente la formación de la personalidad social en correlación con las instituciones de algunos pueblos primitivos [8]. En este campo la contribución de Fromm es muy significativa, pues el objeto de su análisis ha sido una sociedad altamente diferenciada, como la occidental, y su propósito el de desentrañar los procesos psicológicos de formación y modificación del carácter social de las distintas clases que la integran.

Los conceptos de carácter social y adaptación dinámica han permitido analizar uno de los aspectos más difíciles de la dinámica social: el de las relaciones entre los fenómenos *estructurales* y los *psicosociales*. Hallamos, en efecto, en esta obra de Fromm, una feliz superación de los dos errores an-

[6] Cf. especialmente: R. Benedict, *Patterns of culture*, Boston Houghton Miffin, 1934. (Trad. castellana: *El hombre y la cultura*, Buenos Aires, Sudamericana, 1939); Margaret Mead, *Coming of age in Samoa*, Nueva York, Morroy, 1928. (Traducción en castellano: *Adolescencia y Cultura en Samoa*, Buenos Aires, Abril, 1946); *Sex and Temperament*, Nueva York Morrow, 1935 (*Sexo y Temperamento*, Buenos Aires, abril, 1947); *Growing up in New Guinea*, Nueva York, Morrow, 1930 (*Educación y Cultura*, Buenos Aires, Paidós, 1952).

[7] W. Ll. Warner y P. S. Lunt *The social life of a modern community*, New Haven, Yale University Press, 1941, y los volúmenes siguientes de esta serie (Yankee City Series); véase también H. Ozanne, "Social character as a sociological concept", en *American Sociological Review*, 1943.

[8] A. Kardiner, "The concep of basic personality structure as an operational tool in the social sciences", en R. Linton (ed.), *The science of man in the world crisis*, Nueva York, Columbia University Press, 1945; *The individual and his society*, Nueva York, 1939. (Trad. cast.: *El individuo y su sociedad*, México, Fondo de Cultura Económica, 1945); *The Psychological frontiers of society*, Nueva York, 1945.

titéticos del sociologismo, que olvida el elemento humano, el hecho fundamental de que los hombres son los *actores y autores* de la historia, y quiere explicar la dinámica social únicamente en función de fuerzas impersonales, económicas u otras; y del psicologismo, que sólo considera las conciencias individuales sin tener en cuenta su modo de formación y sus conexiones con las instituciones y los hechos socioculturales objetivos. El problema que Fromm se propone en esta obra es justamente el de estudiar a través de cuáles mecanismos psicológicos los hechos estructurales contribuyen a la formación de la conciencia de cada uno de los grupos específicos en que se diferencia la sociedad, y cómo ocurre que esta conciencia a su vez llega a transformar aquellos hechos estructurales, erigiéndose así en sujeto del proceso, y no únicamente en su resultado. La descripción de estos mecanismos en funcionamiento, las distintas formas de adaptación dinámica por que atraviesa el carácter social de las clases desde el fin de la Edad Media, y en particular el examen de las sucesivas adaptaciones efectuadas por la pequeña burguesía durante el Renacimiento y la Reforma, y, en Alemania, en el período transcurrido entre las dos guerras mundiales, constituyen un ejemplo muy claro de cómo ciertos cambios en la estructura económica repercuten en la conciencia y en la conducta de los hombres y cómo una y otra no se adecuan fielmente a esos cambios, sino que, a través de una modificación de la estructura del carácter, reaccionan de manera de influir ya sea en el mismo sentido de su dirección primitiva, ya sea en sentido opuesto. Se llega con esto a uno de los problemas centrales de nuestro tiempo: el del *sentido* que asume la adaptación frente a los cambios estructurales. Uno de los rasgos más característicos de la escena contemporánea ha sido la *irracionalidad* de tales adaptaciones. La concepción iluminista que presenta al hombre como un ser racional capaz de asumir decisiones adecuadas a sus intereses, siempre que tenga acceso a la información necesaria, pareció sufrir un golpe decisivo. El problema de la racionalidad de la acción —anticipado por sociólogos y filósofos— se presentó dramáticamente después de la primera guerra mundial con el surgimiento de tendencias que negaban las aspiraciones más arraigadas en la conciencia del hombre occidental. Esta explosión de irracionalidad, cuyas expresiones han abarcado todos los aspectos de la cultura, se ha manifestado en el campo político como negación de la libertad. Es aquí donde el psicoanálisis se revela como un insustituible instrumento para sondear los procesos profundos que han llevado a esta aparente paradoja. El problema de la "falsa conciencia", es decir, de la falta de adecuación entre la realidad y su interpretación por parte de un grupo, de que se ocupa la sociología del conocimiento [9], puede ser examinado provechosamente desde el punto de vista de la psicología profunda, pues ésta revela la raíz psicológica de las ideologías y la relación que existe entre esa deformación de la realidad y la estructura del carácter. Tal es justamente la tarea que realiza Fromm en este libro.

Nos hemos ocupado hasta ahora del significado que presenta esta obra desde el punto de vista de la teoría sociológica; su propósito principal, sin embargo, fue el de presentar una interpretación de la crisis contemporánea para contribuir así a su comprensión. Escrita en momentos en que no había terminado aún la segunda guerra mundial, adquiere hoy ,en esta atormentada posguerra, el carácter de una severa advertencia.

El análisis de Fromm confirma —sobre el plano psicológico— lo que otros estudiosos han afirmado una y otra vez: el fascismo, esa expresión política

[9] La expresión "falsa conciencia" es de origen marxista, pero aquí se le da el sentido más amplio que le asigna Mannheim en su sociología del conocimiento. Cf. *Ideología y Utopía*, México, Fondo de Cultura Económica, pág. 85.

del *miedo a la libertad*, no es un fenómeno accidental de un momento de un país determinado, sino que es la manifestación de una crisis profunda que abarca los cimientos mismos de nuestra civilización. Es el resultado de contradicciones que amenazan destruir no solamente la cultura occidental, sino al hombre mismo. Eliminar el peligro del fascismo significa fundamentalmente suprimir aquellas contradicciones en su doble aspecto: estructural y psicológico. El fin de la guerra no ha terminado con este peligro: tan sólo ha abierto un paréntesis que puede ser aprovechado para llevar a cabo esta obra, pero hasta tanto la estructura social y sus aspectos psicológicos correlativos permanezcan invariados, la amenaza de nuevas servidumbres no habrá desaparecido.

Por lo pronto, y para limitarnos al aspecto psicológico, que es el que nos interesa aquí, la estabilidad y la expansión ulterior de la democracia dependen de la capacidad de autogobierno por parte de los ciudadanos, es decir, de su aptitud para asumir decisiones racionales en aquellas esferas en las cuales, en tiempos pasados, dominaba la tradición, la costumbre, o el prestigio y la fuerza de una autoridad exterior. Ello significa que la democracia puede subsistir solamente si se logra un fortalecimiento y una expansión de la personalidad de los individuos, que los haga dueños de una voluntad y un pensamiento auténticamente propios. En su dimensión psicológica, la crisis afecta justamente a la personalidad humana. El hombre ha llegado a emerger, tras el largo proceso de *individuación*, iniciado desde fines de la Edad Media, como entidad separada y autónoma, pero esta nueva situación y ciertas características de la estructura social contemporánea lo han colocado en un profundo aislamiento y soledad moral. A menos que logre restablecer una vinculación con el mundo y la sociedad, que se funde sobre la reciprocidad y la plena expansión de su propio yo, el hombre contemporáneo está llamado a refugiarse en alguna forma de evasión a la libertad. Tal evasión se manifiesta, por un lado, por la creciente *estandarización* de los individuos, la paulatina sustitución del yo auténtico por el conjunto de funciones sociales adscritas al individuo; por el otro, se expresa con la propensión a la entrega y al sometimiento voluntario de la propia individualidad a autoridades omnipotentes que la anulan.

Nada ilustra más vívidamente este lado de la crisis que ciertos aspectos de la filosofía existencialista. No es un azar que entre los *ismos* del período posbélico predomine justamente este movimiento, que parece haber realizado la dudosa hazaña de transformar una corriente filosófica en una moda. Se trata, en efecto, de una significativa expresión de la época actual y, en especial modo, de la crisis de la personalidad.

Nos limitaremos a recordar la dicotomía entre los dos tipos de existencia: la *banal* y la *auténtica*, que hallamos en Heidegger y en otros existencialistas. El lector encontrará en las páginas dedicadas en este libro al proceso de "conformidad automática" una descripción —sobre el plano psicológico— de lo que en la filosofía existencial es la descripción fenomenológica del vivir cotidiano. Este naufragio de la personalidad en la existencia impersonal, que *huye de sí misma* y que pierde en la conducta socialmente prescrita toda su autenticidad, representa realmente la situación del hombre contemporáneo, y su desesperada necesidad de salir de la esclavitud del anónimo *todo el mu*[illegible]conquistar su propio auténtico yo. Pero es significativo que para el existencialismo —por lo menos en Heidegger— esa falta de autenticidad es una condición fatal de la vida en sociedad y no el fruto de un momento particular de la historia del hombre, que eventualmente podrá ser superado por otras formas de vida. La interpretación existencialista descubre aquí una característica de ciertos sectores de nuestra sociedad: la visión pesimista y la disposición a abandonar toda acción sobre el terreno social, para refugiarse en soluciones puramente individuales, actitud peculiar de las clases en decadencia. Hay, en efecto, un profundo contraste entre la exigencia de autenticidad, que resulta de un análisis racional de la sociedad actual, y la *autenticidad* de que habla el existencialismo. En el primer caso se trata de crear las condiciones que permitan una mayor expansión de la personalidad, eliminando la sistemática supresión de la espontaneidad que ahoga al yo auténtico bajo el yo social y transforma al ser viviente en un manojo de funciones [10]. La existencia auténtica de Heidegger, en cambio, no es una vida más plena, sino vida para la muerte. El existencialismo abandona la vida social, pues la considera insalvablemente perdida en la uniformidad y el automatismo, y al mismo tiempo la reconoce como necesaria para hacer posible la salvación de los que logran encontrarse a sí mismos, recuperando con la libertad —que no es sino libertad para la muerte— la autenticidad de su ser; interpretación netamente nihilista y aristocrática, que no solamente niega toda posibilidad de transformar la vida social —fatalmente inauténtica—, sino que consagra como afirmación suprema el naufragio de la existencia humana.

El contraste entre estas dos interpretaciones representa de manera dramática la alternativa que se ofrece a las generaciones actuales. O bien desarrollar aún más aquellos principios en que se basa la cultura moderna, destruyendo los restos feudales que impiden su florecimiento pleno, o bien volver a la antigua esclavitud disfrazada en una u otra forma, a alguna especie de "libertad para la muerte". Muy significativamente el dilema se presenta

10 Fromm observa que el hecho de la represión analizado por Freud en la esfera sexual se extiende en realidad a todos los sectores de la personalidad. A resultados análogos llegan otros sociólogos y antropólogos. Véanse, por ejemplo, las conclusiones de M. Mead en *Sexo y Temperamento*.

en los mismos términos en dos estudiosos que han abordado el tema de la crisis contemporánea desde dos diferentes planos, Laski [11] y Fromm. Para ambos autores el camino de salvación que se ofrece a la humanidad es el tránsito de la libertad negativa a la positiva. Para el primero —cuyo interés se dirige al aspecto estructural—, se trata de liberar las inmensas energías potenciales que el hombre ha creado por medio de la ciencia y la técnica; para el segundo —que ha tratado el lado psicológico—, es necesario asegurar la expansión de la personalidad, realizando todas sus potencialidades emocionales, volitivas e intelectuales, cuya existencia ha sido hecha posible por el proceso de formación del individuo en la sociedad moderna. Ambas soluciones se complementan, y el valor de esta obra consiste justamente en haber destacado esta doble dimensión de la crisis, aun dirigiéndose a su aspecto humano, tantas veces olvidado por políticos y estudiosos.

La crisis actual no es la expresión del destino inevitable de la especie humana; por el contrario, es una crisis de crecimiento, es el resultado de la progresiva liberación de sus inmensas potencialidades materiales y psíquicas; el hombre se halla en el umbral de un mundo nuevo, un mundo lleno de infinitas e imprevisibles posibilidades; pero está también al borde de una catástrofe total. La decisión está en sus manos; en su capacidad de comprender racionalmente y de dirigir según sus designios los procesos sociales que se desarrollan a su alrededor.

GINO GERMANI

11 Cf. *Reflexiones sobre la revolución de nuestro tiempo*, Buenos Aires, Abril, 1945, *La libertad en el Estado moderno*, Buenos Aires, Abril, 1946.

*Si yo no soy para mí mismo, ¿quién será para mí?*
*Si yo soy para mí solamente, ¿quién soy yo?*
*Y si no ahora, ¿cuándo?* —Refranes del Talmud.

MISNAH ABAT

No te di, Adán, ni un puesto determinado ni un aspecto propio ni función alguna que te fuera peculiar, con el fin de que aquel puesto, aquel aspecto, aquella función por los que te decidieras, los obtengas y conserves según tu deseo y designio. La naturaleza limitada de los otros se halla determinada por las leyes que yo he dictado. La tuya, tú mismo la determinarás sin estar limitado por barrera ninguna, por tu propia voluntad, en cuyas manos te he confiado. Te puse en el centro del mundo con el fin de que pudieras observar desde allí todo lo que existe en el mundo. No te hice ni celestial ni terrenal, ni mortal ni inmortal, con el fin de que —casi libre y soberano artífice de ti mismo— te plasmaras y te esculpieras en la forma que te hubieras elegido. Podrás degenerar hacia las cosas inferiores que son los brutos; podrás —de acuerdo con la decisión de tu voluntad— regenerarte hacia las cosas superiores que son divinas. PICO DELLA MIRANDOLA, *Oratio de hominis dignitate.*

*Nothing then is unchangeable but the inherent and inalienable rights of man.* —THOMAS JEFFERSON.

# PREFACIO

Este libro forma parte de un estudio más amplio referido a la estructura del carácter del hombre moderno y a los problemas relativos a la interacción de los factores psicológicos y sociológicos; estudio en el cual he trabajado durante varios años y cuya terminación hubiera exigido un tiempo considerablemente mayor. Los actuales sucesos políticos y los peligros que ellos entrañan para las más preciadas conquistas de la cultura moderna —la individualidad y el carácter singular y único de la personalidad—, me decidieron a interrumpir el trabajo relativo a aquella investigación más amplia para concentrarme en uno de sus aspectos, de suma importancia para la crisis social y cultural de nuestros días: el significado de la libertad para el hombre moderno. Mi tarea en este libro resultaría más fácil si pudiera referirme al estudio completo acerca de la estructura del carácter humano en nuestra cultura, puesto que el significado de la libertad tan sólo puede ser entendido plenamente en base a un análisis de toda la estructura del carácter del hombre moderno. Pero, no habiendo sido esto posible, he debido referirme con frecuencia a ciertos conceptos y conclusiones sin elaborarlos tan completamente como hubiera podido hacerlo dentro de un tema más amplio. En cuanto a otros problemas de gran importancia, me ha sido posible mencionarlos tan sólo al pasar, y en algunos casos me he visto precisado a omitirlos por entero. Pero estimo que el psicólogo debe ofrecer lo que es capaz de dar para contribuir sin demora a la comprensión de la crisis actual, aun cuando tenga que sacrificar el *desideratum* de una exposición completa.

Señalar el alcance de las consideraciones psicológicas con respecto a la escena contemporánea, no implica, según mi opinión, una excesiva valoración de la psicología. La entidad básica del proceso social es el individuo, sus deseos y sus temores, su razón y sus pasiones, su disposición para el bien y para el mal. Para entender la dinámica del proceso social tenemos que entender la dinámica de los procesos psicológicos que operan dentro del individuo, del mismo modo que para entender al individuo debemos observarlo en el marco de la cultura que lo moldea. La tesis de este libro es la de que el hombre moderno, libertado de los lazos de la sociedad pre-individualista —lazos que a la vez lo limitaban y le otorgaban seguridad—, no ha ganado la libertad en el sentido positivo de la realización de su ser individual, esto es, la expresión de su potencialidad intelectual, emocional y sensitiva. Aun cuando la libertad le ha proporcionado independencia y racionalidad, lo ha aislado y, por lo tanto, lo ha tornado ansioso e impotente. Tal aislamiento le resulta insoportable, y la alternativa que se le ofrece es la de rehuir la responsabilidad de esta libertad positiva, la cual se funda en la unicidad e individualidad del hombre. Si bien este libro constituye un diagnóstico más que un pronóstico, un análisis más que una solución, sus resultados no carecen de importancia para nuestra acción futura, puesto que la comprensión de las causas que llevan al abandono de la libertad por parte del fascismo constituye una premisa de toda acción que se proponga la victoria sobre las fuerzas totalitarias mismas.

Debo privarme del placer de agradecer a todos aquellos amigos, colegas y estudiantes con quienes estoy en deuda por su estímulo y crítica constructiva de mi propio pensamiento. El lector hallará en notas de pie de página una referencia a aquellos autores hacia los cuales me siento obligado con respecto a las ideas formuladas en este libro. Sin embargo, deseo expresar mi especial agradecimiento a los que contribuyeron de una manera directa a la realización de mi obra. En primer lugar, a Miss Elizabeth Brown, quien me proporcionó una inestimable ayuda en la organización del libro, tanto por sus sugestiones como por su crítica. Además debo mi reconocimiento a Mr. Woodhouse por su gran ayuda en la edición del manuscrito, y al doctor A. Seidemann por su colaboración en lo referente a los problemas filosóficos tocados en el curso de este libro.

Deseo dar las gracias a los siguientes editores por el privilegio de usar extensos trozos de sus publicaciones: Board of Christian Education, Filadelfia, citas del *Institute of the Christian Religion*, por John Calvin, traducción de John Allen; Columbia Studies in History, Economics and Public Law (Columbia University Press), Nueva York, citas de *Social Reform and the Reformation*, por Jacob S. Schapiro; Wm. B. Eerdmans Publishing Co., Grand Rapids, Mich.; citas de *The Bondage of the Will*, por Marthin Luther, traducción de Henry Cole; John Murray, Londres, citas de *Religión and the Rise of Capitalism*, por R. H. Tawney; Hurst and Blackett, Londres, citas de *Mein Kampf*, por Adolfo Hitler; Allen and Unwin, Londres, citas, de *The Civilization of the Renaissance in Italy*, por Jacob Burckhardt.

E. F.

## Capítulo I

# LA LIBERTAD COMO PROBLEMA PSICOLÓGICO

La Historia moderna, europea y americana, se halla centrada en torno al esfuerzo que tiende a romper las cadenas económicas, políticas y espirituales que aprisionan a los hombres. Las luchas por la libertad fueron sostenidas por los oprimidos, por aquellos que buscaban nuevas libertades en oposición con los que tenían privilegios que defender. Al luchar una clase por su propia liberación del dominio ajeno creía hacerlo por la libertad humana como tal y, por consiguiente, podía invocar un ideal y expresar aquella aspiración a la libertad que se halla arraigada en todos los oprimidos. Sin embargo, en las largas y virtualmente incesantes batallas por la libertad, las clases que en una determinada etapa habían combatido contra la opresión, se alineaban junto a los enemigos de la libertad cuando ésta había sido ganada y les era preciso defender los privilegios recién adquiridos.

A pesar de los muchos descalabros sufridos, la libertad ha ganado sus batallas. Muchos perecieron en ellas con la convicción de que era preferible morir en la lucha contra la opresión a vivir sin libertad. Esa muerte era la más alta afirmación de su individualidad. La historia parecía probar que al hombre le era posible gobernarse por sí mismo, tomar sus propias decisiones y pensar y sentir como lo creyera conveniente. La plena expresión de las potencialidades del hombre parecía ser la meta a la que el desarrollo social se iba acercando rápidamente. Los principios del liberalismo económico, de la democracia política, de la autonomía religiosa y del individualismo en la vida personal, dieron expresión al anhelo de libertad y al mismo tiempo parecieron aproximar la humanidad a su plena realización. Una a una fueron quebradas las cadenas. El hombre había vencido la dominación de la naturaleza, adueñándose de ella; había sacudido la dominación de la Iglesia y del Estado absolutista. La *abolición de la dominación exterior* parecía ser una condición no sólo necesaria, sino también suficiente para alcanzar el objetivo acariciado: la libertad del individuo.

La guerra mundial [1] fue considerada por muchos como la última guerra; su terminación, como la victoria definitiva de la libertad. Las democracias ya existentes parecieron adquirir nuevas fuerzas, y al mismo tiempo nuevas democracias surgieron para reemplazar a las viejas monarquías. Pero tan sólo habían transcurridos pocos años cuando nacieron otros sistemas que negaban todo aquello en que los hombres habían creído y cuyo logro costara tantos siglos de lucha. Porque la esencia de tales sistemas, que se apoderaron de una manera efectiva e integral de la vida social y personal del hombre, era la sumisión de todos los individuos, excepto un puñado de ellos, a una autoridad sobre la cual no ejercían vigilancia alguna.

En un principio, muchos hallaban algún aliento en la creencia de que la victoria del sistema autoritario se debía a la locura de unos cuantos individuos y que, a su debido tiempo, esa locura los conduciría al derrumbe. Otros se satisfacían con pensar que al pueblo italiano, o al alemán, les faltaba una práctica suficiente de la democracia, y que, por lo tanto, se podía esperar sin ninguna preocupación el momento en que esos pueblos alcanzaran la madurez política de las democracias occidentales. Otra ilusión común, quizá la más peligrosa de todas, era el considerar que hombres como Hitler habían logrado apoderarse del vasto aparato del Estado sólo con astucias y engaños; que ellos y sus satélites gober-

[1] El autor se refiere aquí a la guerra de 1914-1918. [T.]

naban únicamente por la fuerza desnuda y que el resto de la población oficiaba de víctima involuntaria de la traición y del terror.

En los años que han transcurrido desde entonces, el error de estos argumentos se ha vuelto evidente. Hemos debido reconocer que millones de personas, en Alemania, estaban tan ansiosas de entregar su libertad como sus padres lo estuvieron de combatir por ella; que en lugar de desear la libertad buscaban caminos para rehuirla; que otros millones de individuos permanecían indiferentes y no creían que valiera la pena luchar o morir en su defensa. También reconocemos que la crisis de la democracia no es un problema peculiar de Italia o Alemania, sino que se plantea en todo Estado moderno. Bien poco interesan los símbolos bajo los cuales se cobijan los enemigos de la libertad humana: ella no está menos amenazada si se la ataca en nombre del antifascismo o en el del fascismo desembozado [2]. Esta verdad ha sido formulada con tanta eficacia por John Dewey, que quiero expresarla con sus mismas palabras: "La amenaza más seria para nuestra democracia —afirma—, no es la existencia de los Estados totalitarios extranjeros. Es la existencia en nuestras propias actitudes personales y en nuestras propias instituciones, de aquellos mismos factores que en esos países han otorgado la victoria a la autoridad exterior y estructurado la disciplina, la uniformidad y la confianza en el 'líder'. Por lo tanto, el campo de batalla está también aquí; en nosotros mismos y en nuestras instituciones" [3].

Si queremos combatir el fascismo debemos entenderlo. El pensamiento que se deje engañar a sí mis-

[2] Uso del término fascismo o autoritarismo para denominar un sistema dictatorial del tipo alemán o italiano. Cuando me refiera especialmente al sistema alemán, lo llamaré nazismo.

[3] John Dewey, *Freedom and Culture*, Londres, Allen & Unwin, 1940. (Hay traducción castellana: *Libertad y Cultura*, Rosario, Ed. Rosario, 1946. [T.]

mo, guiándose por el deseo, no nos ayudará. Y el reclamar fórmulas optimistas resultará anticuado e inútil como lo es una danza india para provocar la lluvia.

Al lado del problema de las condiciones económicas y sociales que han originado el fascismo se halla el problema humano, que debe ser entendido. Este libro se propone analizar aquellos factores dinámicos existentes en la estructura del carácter del hombre moderno, que le hicieron desear el abandono de la libertad en los países fascistas, y que de manera tan amplia prevalecen entre millones de personas de nuestro propio pueblo.

Las cuestiones fundamentales que surgen cuando se considera el aspecto humano de la libertad, el ansia de sumisión y el apetito del poder, son éstas: ¿Qué es la libertad como experiencia humana? ¿Es el deseo de libertad algo inherente a la naturaleza de los hombres? ¿Se trata de una experiencia idéntica, cualquiera que sea el tipo de cultura a la cual una persona pertenece, o se trata de algo que varía de acuerdo con el grado de individualismo alcanzado en una sociedad dada? ¿Es la libertad solamente ausencia de presión exterior o es también *presencia* de algo? Y, siendo así, ¿qué es ese algo? ¿Cuáles son los factores económicos y sociales que llevan a luchar por la libertad? ¿Puede la libertad volverse una carga demasiado pesada para el hombre, al punto que trate de eludirla? ¿Cómo ocurre entonces que la libertad resulta para muchos una meta ansiada, mientras que para otros no es más que una amenaza? ¿No existirá tal vez, junto a un deseo innato de libertad, un anhelo instintivo de sumisión? Y si esto no existe, ¿cómo podemos explicar la atracción que sobre tantas personas ejerce actualmente el sometimiento al "líder"? ¿El sometimiento se dará siempre con respecto a una autoridad exterior, o existe también en relación con autoridades que se han internalizado [4], tales como el deber, o la conciencia, o con respecto a la coerción ejercida por íntimos impulsos, o frente a autoridades anónimas, como la opinión pública? ¿Hay acaso una satisfacción oculta en el sometimiento? Y si la hay, ¿en qué consiste? ¿Qué es lo que origina en el hombre un insaciable apetito de poder? ¿Es el impulso de su energía vital o es alguna debilidad fundamental y la incapacidad de experimentar la vida de una manera espontánea y amable? ¿Cuáles son las condiciones psicológicas que originan la fuerza de esta codicia? ¿Cuáles las condiciones sociales sobre que se fundan a su vez dichas condiciones psicológicas?

El análisis del aspecto humano de la libertad y de las fuerzas autoritarias nos obliga a considerar un problema general, a saber: el que se refiere a la función que cumplen los factores psicológicos como fuerzas activas en el proceso social; y esto nos puede conducir al problema de la interacción que los factores psicológicos, económicos e ideológicos ejercen en aquel proceso.

Todo intento por comprender la atracción que el fascismo ejerce sobre grandes pueblos nos obliga a reconocer la importancia de los factores psicológicos. Pues estamos tratando aquí acerca de un sistema político que, en su esencia, no se dirige a las fuerzas racionales del autointerés, sino que despierta y moviliza aquellas fuerzas diabólicas del hombre que creíamos inexistentes o, por lo menos, desaparecidas hace tiempo. La imagen familiar del hombre, durante los últimos siglos, había sido la de un ser racional cuyas acciones se hallaban determinadas por el autointerés y por la capacidad de obrar en consecuencia. Hasta escritores como Hobbes, que consideraban la voluntad de poder y la hostilidad como las fuerzas motrices del hombre, explicaban la existencia de tales fuerzas como el

[4] Corresponde al término inglés *internalized.* [T.]

lógico resultado del autointerés: puesto que los hombres son iguales y tienen, por lo tanto, el mismo deseo de felicidad, y dado que no existen bienes suficientes para satisfacer a todos por igual, necesariamente deben combatirse los unos a los otros y buscar el poder con el fin de asegurarse el goce futuro de lo que poseen en el presente. Pero la imagen de Hobbes pasó de modo. Cuanto mayor era el éxito alcanzado por la clase media en el quebrantamiento del poder de los antiguos dirigentes políticos y religiosos, cuanto mayor se hacía el dominio de los hombres sobre la naturaleza, y cuanto mayor era el número de individuos que se independizaban económicamente, tanto más se veían inducidos a tener fe en un mundo sometido a la razón y en el hombre como ser esencialmente racional. Las oscuras y diabólicas fuerzas de la naturaleza humana eran relegadas a la Edad Media y a períodos históricos aún más antiguos, y sus causas eran atribuidas a la ignorancia o a los designios astutos de falaces reyes y sacerdotes.

Se miraban esos períodos del modo como se podría mirar un volcán que desde largo tiempo ha dejado de constituir una amenaza. Se sentía la seguridad y la confianza de que las realizaciones de la democracia moderna habían barrido todas las fuerzas siniestras; el mundo parecía brillante y seguro, al modo de las calles bien iluminadas de una ciudad moderna. Se suponía que las guerras eran los últimos restos de los viejos tiempos, y tan sólo parecía necesaria una guerra más para acabar con todas ellas; las crisis económicas eran consideradas meros accidentes, aun cuando tales accidentes siguieran aconteciendo con cierta regularidad.

Cuando el fascismo llegó al poder la mayoría de la gente se hallaba desprevenida tanto desde el punto de vista práctico como teórico. Era incapaz de creer que el hombre llegara a mostrar tamaña propensión al mal, un apetito tal de poder, semejante desprecio por los derechos de los débiles o parecido anhelo de sumisión. Tan sólo unos pocos se habían percatado de ese sordo retumbar del volcán que precede a la erupción. Nietzsche había perturbado el complaciente optimismo del siglo XIX; lo mismo había hecho Marx, aun cuando de una manera distinta. Otra advertencia había llegado, algo más tarde, por obra de Freud. Por cierto que éste y la mayoría de sus discípulos sólo tenían una concepción muy ingenua de lo que ocurre en la sociedad, y la mayor parte de las aplicaciones de su psicología a los problemas sociales eran construcciones erróneas; y, sin embargo, al dedicar su interés a los fenómenos de los trastornos emocionales y mentales del individuo, ellos nos condujeron hasta la cima del volcán y nos hicieron mirar dentro del hirviente cráter.

Freud avanzó más allá de todos al tender hacia la observación y el análisis de las fuerzas iracionales e inconscientes que determinan parte de la conducta humana. Junto con sus discípulos, dentro de la psicología moderna, no solamente puso en descubierto el sector irracional e inconsciente de la naturaleza humana, cuya existencia había sido desdeñada por el racionalismo moderno, sino que también mostró cómo estos fenómenos irracionales se hallan sujetos a ciertas leyes y, por tanto, pueden ser comprendidos racionalmente. Nos enseñó a comprender el lenguaje de los sueños y de los síntomas somáticos, así como las irracionalidades de la conducta humana. Descubrió que tales irracionalidades y del mismo modo toda la estructura del carácter de un individuo, constituían reacciones frente a las influencias ejercidas por el mundo exterior y, en modo especial, frente a las experimentadas durante la primera infancia.

Pero Freud estaba tan imbuido del espíritu de la cultura a que pertenecía, que no podía ir más allá de los límites impuestos por esa cultura misma. Esos límites se convirtieron en vallas que llegaban hasta de impedirle la comprensión del individuo normal y de los fenómenos irracionales que operan en la vida social.

Como este libro subraya la importancia de los factores psicológicos en todo el proceso social y como el presente análisis se asienta sobre algunos de los descubrimientos fundamentales de Freud, especialmente en los que conciernen a la acción de las fuerzas inconscientes en el carácter del hombre y su dependencia de los influjos externos, creo que constituirá una ayuda para el lector conocer ahora algunos de los principios generales de nuestro punto de vista, así como también las principales diferencias existentes entre nuestra concepción y los conceptos freudianos clásicos [5].

Freud aceptaba la creencia tradicional en una dicotomía básica entre hombre y sociedad, así como la antigua doctrina de la maldad de la naturaleza humana. El hombre, según él, es un ser fundamentalmente antisocial. La sociedad debe domesticarlo, concederle unas cuantas satisfacciones directas de aquellos impulsos que, por ser biológicos, no pueden extirparse; pero, en general, la sociedad debe purificar y moderar hábilmente los impulsos básicos del hombre. Como consecuencia de tal represión de los impulsos naturales por parte de la sociedad, ocurre algo milagroso: los impulsos se transforman en tendencias que poseen un valor cultural y que, por lo tanto, llegan a constituir la base humana de la cultura.

Freud eligió el término *sublimación* para señalar esta extraña transformación que conduce de la re-

[5] Un punto de vista psicoanalítico que, aun cuando se basa en los resultados fundamentales de la teoría freudiana difiere de ella en muchos aspectos importantes, puede hallarse en la obra de Karen Horney, *New Ways in Psycho analysis* (Londres, Kegan Paul, 1939; hay traducción castellana: *El nuevo psicoanálisis*, México, Fondo de Cultura Económica, 1943), y en aquella de Harry Stack Sullivan. "Conceptions of Modern Psychiatry, The First William Alanson White Memorial Lectures" en *Psychiatry*, 1940, vol. 3, nº 1. Aunque los dos autores difieren en muchos aspectos, el punto de vista que se sostiene aquí tiene mucho en común con ambos.

presión a la conducta civilizada. Si el volumen de la represión es mayor que la capacidad de sublimación, los individuos se tornan neuróticos y entonces se hace preciso conceder una merma en la represión. Generalmente existe una relación inversa entre la satisfacción de los impulsos humanos y la cultura: a mayor represión mayor cultura (y mayor peligro de trastornos neuróticos). La relación del individuo con la sociedad, en la teoría de Freud, es en esencia de carácter estático: el individuo permanece virtualmente el mismo, y tan sólo sufre cambios en la medida en que la sociedad ejerce una mayor presión sobre sus impulsos naturales (obligándolo así a una mayor sublimación) o bien le concede mayor satisfacción (sacrificando de este modo la cultura).

La concepción freudiana de la naturaleza humana consistía, sobre todo, en un reflejo de los impulsos más importantes observables en el hombre moderno, análogos a los llamados instintos básicos que habían sido aceptados por los psicólogos anteriores. Para Freud, el individuo perteneciente a su cultura representaba el "hombre" en general, y aquellas pasiones y angustias que son características del hombre en la sociedad moderna eran consideradas como fuerzas eternas arraigadas en la constitución biológica humana.

Si bien se podrían citar muchos casos en apoyo de nuestra interpretación (como, por ejemplo, la base social de la hostilidad que predomina hoy en el hombre moderno, el complejo de Edipo y el llamado complejo de castración en las mujeres), quiero limitarme a un solo caso que es especialmente importante, porque se refiere a toda la concepción del hombre como ser social. Freud estudia siempre al individuo en sus relaciones con los demás. Sin embargo, esas relaciones, tal como Freud las concibe, son similares a las de orden económico, características del individuo en una sociedad capitalista. Cada persona trabaja ante todo para sí misma, de un modo individualista, a su propio riesgo, y no en cooperación con los demás. Pero el individuo no es un Robinson Crusoe; necesita de los otros, como clientes, como empleados, como patrones. Debe comprar y vender, dar y tomar. El mercado, ya sea de bienes o de trabajo, regula tales relaciones. Así el individuo, solo y autosuficiente, entra en relaciones económicas con el prójimo, en tanto éste constituye un medio con vista a un fin: vender y comprar. El concepto freudiano de las relaciones humanas es esencialmente el mismo: el individuo aparece ya plenamente dotado con todos sus impulsos de carácter biológico que deben ser satisfechos. Con este fin entra en relación con otros "objetos". Así, los otros individuos constituyen siempre un medio para el fin propio, la satisfacción de tendencias que, en sí mismas, se originan en el individuo antes que éste tenga contactos con los demás. El campo de las relaciones humanas, en el sentido de Freud, es similar al mercado; es un intercambio de satisfacciones de necesidades biológicas, en el cual la relación con los otros individuos es un medio para un fin y nunca un fin en sí mismo.

Contrariamente al punto de vista de Freud, el análisis que se ofrece en este libro se funda sobre el supuesto de que el problema central de la psicología es el que se refiere al tipo específico de conexión del individuo con el mundo, y no el de la satisfacción o frustración de una u otra necesidad instintiva *per se;* y además, sobre el otro supuesto de que la relación entre individuo y sociedad no es de carácter estático. No acontece como si tuviéramos por un lado al individuo dotado por la naturaleza de ciertos impulsos, y por el otro a la sociedad que, como algo separado de él, satisface o frustra aquellas tendencias innatas. Aunque hay ciertas necesidades comunes a todos, tales como el hambre, la sed, el apetito sexual, aquellos impulsos que contribuyen a establecer las *diferencias* entre los caracteres de los hombres, como el amor, el odio, el deseo de poder y el anhelo de sumisión, el goce de los placeres sexuales y el miedo de este goce, todos ellos son resultantes del proceso social. Las inclinaciones humanas más bellas, así como las más repugnantes, no forman parte de una naturaleza humana fija y biológicamente dada, sino que resultan del proceso social que crea al hombre. En otras palabras, la sociedad no ejerce solamente una función de represión —aunque no deja de tenerla—, sino que posee también una función creadora. La naturaleza del hombre, sus pasiones y angustias son un producto cultural; en realidad el hombre mismo es la creación más importante y la mayor hazaña de ese incesante esfuerzo humano cuyo registro llamamos historia.

La tarea propia de la psicología social es la de comprender este proceso en el que se lleva a cabo la creación del hombre en la historia. ¿Por qué se verifican ciertos cambios definidos en la estructura del carácter humano de una época histórica a otra? ¿Por qué es distinto el espíritu del Renacimiento del de la Edad Media? ¿Por qué es diferente la estructura del carácter humano durante el período del capitalismo monopolista de la que corresponde al siglo XIX? La psicología social debe explicar por qué surgen nuevas aptitudes y nuevas pasiones, buenas o malas. Así descubrimos, por ejemplo, que desde el Renacimiento hasta nuestros días los hombres han ido adquiriendo una ardorosa ambición de fama que, aun cuando hoy nos parece muy natural, casi no existía en el hombre de la sociedad medieval [6]. En el mismo período los hombres desarrollaron un sentimiento de la belleza natural que antes no poseían [7]. Aún más, en los países del norte

[6] Cf. Jacob Burckhardt, *The Civilization of the Renaissance in Italy*, Londres, Allen & Unwin, 1921, págs. 139 y sigts. (Hay traducción castellana: Buenos Aires, Losada, 1942.)

[7] *Op. cit.*, págs, 299 y sigts.

de Europa, desde el siglo XVI en adelante, el individuo experimentó un obsesivo afán de trabajo, del que habían carecido los hombres libres de períodos anteriores.

Pero no solamente el hombre es producto de la historia, sino que también la historia es producto del hombre. La solución de esta contradicción aparente constituye el campo de la psicología social [8]. Su tarea no es solamente la de mostrar cómo cambian y se desarrollan pasiones, deseos y angustias, en tanto constituyeron *resultados* del proceso social, sino también cómo las energías humanas, así modeladas en formas específicas, se tornan a su vez *fuerzas productivas que forjan el proceso social.* Así, por ejemplo, el ardiente deseo de fama y éxito y la tendencia compulsiva hacia el trabajo son fuerzas sin las cuales el capitalismo moderno no hubiera podido desarrollarse; sin ellas, y sin un cierto número de otras fuerzas humanas, el hombre hubiera carecido del impulso necesario para obrar de acuerdo con los requerimientos sociales y económicos del moderno sistema comercial e industrial.

De todo lo dicho se sigue que el punto de vista sustentado en este libro difiere del de Freud en tanto rechaza netamente su interpretación de la historia como el resultado de fuerzas psicológicas que, en sí mismas, no se hallan socialmente condicionadas. Con igual claridad rechaza aquellas teorías que desprecian el papel del factor humano como uno de los elementos dinámicos del proceso social. Esta crítica no se dirige solamente contra las doctrinas sociológicas que tienden a eliminar explícitamente los

[8] Cf. la contribución de los sociólogos J. Dollard, K. Mannheim y H. D. Lasswell, de los antropólogos R. Benedict, J. Hallowell, R. Linton, M. Mead, E. Sapir y la aplicación de A. Kardiner de los conceptos psicoanalíticos a la psicología. (N. del T.: hay traducción castellana de las obras de K. Mannheim, R. Linton, R. Benedict, M. Mead y A. Kardiner.)

problemas psicológicos de la sociología (como las de Durkheim y su escuela), sino también contra las teorías más o menos matizadas con conceptos inspirados en la psicología *behaviorista*. El supuesto común de todas estas doctrinas es que la naturaleza humana no posee un dinamismo propio, y que los cambios psicológicos deben ser entendidos en términos de desarrollo de nuevos "hábitos", como adaptaciones a nuevas formas culturales. Tales teorías, aunque admiten un factor psicológico, lo reducen al mismo tiempo a una mera sombra de las formas culturales (*cultural patterns*). Tan sólo la psicología dinámica, cuyos fundamentos han sido formulados por Freud, puede ir más allá de un simple reconocimiento verbal del factor humano. Aun cuando no exista una naturaleza humana prefijada, no podemos considerar dicha naturaleza como infinitamente maleable y capaz de adaptarse a toda clase de condiciones sin desarrollar un dinamismo psicológico propio. La naturaleza humana, aun cuando es producto de la evolución histórica, posee ciertos mecanismos y leyes inherentes, cuyo descubrimiento constituye la tarea de la psicología.

Llegados a este punto es menester discutir la noción de *adaptación*, con el fin de asegurar la plena comprensión de todo lo ya expuesto y también de lo que habrá de seguir. Esta discusión ofrecerá, al mismo tiempo, un ejemplo de lo que entendemos por leyes y mecanismos psicológicos.

Nos parece útil distinguir entre la adaptación "estática" y la "dinámica". Por la primera entendemos una forma de adaptación a las normas que deje inalterada toda la estructura del carácter e implique simplemente la adopción de un nuevo hábito. Un ejemplo de este tipo de adaptación lo constituye el abandono de la costumbre china en las maneras de comer, a cambio de la europea que requiere el uso de tenedor y cuchillo. Un chino que llegue a América se adaptará a esta nueva norma, pero tal adaptación tendrá en sí misma un débil efecto sobre su personalidad; no ocasiona el surgimiento de nuevas tendencias o nuevos rasgos del carácter.

Por adaptación dinámica entendemos aquella especie de adaptación que ocurre, por ejemplo, cuando un niño, sometiéndose a las órdenes de un padre severo y amenazador —porque lo teme demasiado para proceder de otra manera—, se transforma en un "buen" chico. Al tiempo que se adapta a las necesidades de la situación, hay algo que le ocurre dentro de sí mismo. Puede desarrollar una intensa hostilidad hacia su padre, y reprimirla, puesto que sería demasiado peligroso expresarla o aun tener conciencia de ella. Tal hostilidad reprimida, sin embargo, constituye un factor dinámico de la estructura de su carácter. Puede crear una nueva angustia y conducir así a una sumisión aún más profunda; puede hacer surgir una vaga actitud de desafío, no dirigida hacia nadie en particular, sino más bien hacia la vida en general. Aunque aquí también, como en el primer ejemplo, el individuo se adapta a ciertas circunstancias exteriores, en este caso la adaptación crea algo nuevo en él; hace surgir nuevos impulsos coercitivos (*drive*)[9] y nuevas angustias. Toda neurosis es un ejemplo de este tipo de adaptación dinámica; ella consiste esencialmente en adaptarse a ciertas condiciones externas —especialmente las de la primera infancia—, que son en sí mismas irracionales y, además, hablando en términos generales, desfavorables al crecimiento y al desarrollo del niño. Análogamente, aquellos fenómenos sociopsicológicos, comparables a los fenómenos neuróticos (el porqué no han de ser llamados neuróticos lo veremos luego), tales co-

[9] Dentro de la sociología y psicología social norteamericana se indica, por lo general, con el término *drive* "una forma de motivación en la cual el organismo es impulsado a obrar por factores que se hallan esencialmente fuera de su *control*, sin tener en cuenta la previsión de fines". Cf. H. P. Fairchild, *Dictionary of Sociology*, New York, Philosophical Library, 1944, pág. 99. [T.]

mo la presencia de fuertes impulsos destructivos o sádicos en los grupos sociales, ofrecen un ejemplo de adaptación dinámica a condiciones externas —especialmente las de la primera— sociales irracionales y dañosas para el desarrollo de los hombres.

Además, de la cuestión referente a la especie de adaptación que se produce, debe responderse a otras preguntas: ¿Qué es lo que obliga a los hombres a adaptarse a casi todas las condiciones vitales que pueden concebirse y cuáles son los límites de su adaptabilidad? Al dar respuesta a estas cuestiones, el primer fenómeno que debemos discutir es el hecho de que existen ciertos sectores de la naturaleza humana que son más flexibles y adaptables que otros. Aquellas tendencias y rasgos del carácter por los cuales los hombres difieren entre sí muestran un alto grado de elasticidad y maleabilidad: amor, propensión a destruir, sadismo, tendencia a someterse, apetito de poder, indiferencia, deseo de grandeza personal, pasión por la economía, goce de placeres sensuales y miedo a la sensualidad. Estas y muchas otras tendencias y angustias que pueden hallarse en los hombres se desarrollan como reacción frente a ciertas condiciones vitales; ellas no son particularmente flexibles, puesto que, una vez introducidas como parte integrante del carácter de una persona, no desaparecen fácilmente ni se transforman en alguna otra tendencia. Pero sí lo son en el sentido de que los individuos, en especial modo durante su niñez, pueden desarrollar una u otra, según el modo de existencia total que les toque vivir. Ninguna de tales necesidades es fija y rígida, como ocurriría si se tratara de una parte innata de la naturaleza humana que se desarrolla y debe ser satisfecha en todas las circunstancias.

En contraste con estas tendencias hay otras que constituyen una parte indispensable de la naturaleza humana y que han de hallar satisfacción de manera imperativa. Se trata de aquellas necesidades que se encuentran arraigadas en la organización fisiológica del hombre, como el hambre, la sed, el sueño, etc. Para cada una de ellas existe un determinado umbral más allá del cual es imposible soportar la falta de satisfacción; cuando se produce este caso, la tendencia a satisfacer la necesidad asume el carácter de un impulso todopoderoso. Todas estas necesidades fisiológicamente condicionadas pueden resumirse en la noción de una necesidad de autoconservación. Ésta constituye aquella parte de la naturaleza humana que debe satisfacerse en todas las circunstancias y que forma, por lo tanto, el motivo primario de la conducta humana.

Para expresar lo anterior con una fórmula sencilla, podríamos decir: el hombre debe comer, beber, dormir, protegerse de los enemigos, etc. Para hacer todo esto debe trabajar y producir. El "trabajo", por otra parte, no es algo general o abstracto. El trabajo es siempre concreto, es decir, un tipo específico de trabajo dentro de un tipo específico de sistema económico. Una persona puede trabajar como esclavo dentro de un sistema feudal, como campesino en un *pueblo* indio, como hombre de negocios independiente en la sociedad capitalista, como vendedor en una tienda moderna, como operario ante la cinta sinfín de una gran fábrica. Estas diversas especies de trabajo requieren rasgos de carácter completamente distintos y contribuyen a integrar diferentes formas de conexión con los demás. Cuando nace un hombre se le fija un escenario. Debe comer y beber y, por ende, trabajar; ello significa que le será preciso trabajar en aquellas condiciones especiales y en aquellas determinadas formas que le impone el tipo de sociedad en la cual ha nacido. Ambos factores, su necesidad de vivir y el sistema social, no pueden ser alterados por él en tanto individuo, siendo ellos los que determinan el desarrollo de aquellos rasgos que muestran una plasticidad mayor.

Así el modo de vida, tal como se halla predeterminado para el individuo por obra de las características peculiares de un sistema económico, llega a ser el factor primordial en la determinación de toda la estructura de su carácter, por cuanto la imperiosa necesidad de autoconservación lo obliga a aceptar las condiciones en las cuales debe vivir. Ello no significa que no pueda intentar, juntamente con otros individuos, la realización de ciertos cambios políticos y económicos; no obstante, su personalidad es moldeada esencialmente por obra del tipo de existencia especial que le ha tocado en suerte, puesto que ya desde niño ha tenido que enfrentarlo a través del medio familiar, medio que expresa todas las características típicas de una sociedad o clase determinada [10].

Las necesidades fisiológicamente condicionadas no constituyen la única parte de la naturaleza humana que posee carácter ineludible. Hay otra parte que es igualmente compulsiva, una parte que no se halla arraigada en los procesos corporales, pero sí en la esencia misma de la vida humana, en su forma y en su práctica: la necesidad de relacionarse con el mundo exterior, la necesidad de evitar el aislamiento. Sentirse completamente aislado y solitario conduce a la desintegración mental, del mismo mo-

[10] Me gustaría hacer una advertencia con respecto a una confusión que con frecuencia surge acerca de este problema. La estructura económica de una sociedad, al determinar el modo de vida del individuo, opera, en el desarrollo de la persona, como una *condición*. Estas *condiciones* ecónomicas son completamente diferentes de los *motivos económicos subjetivos*, tales como el deseo de riqueza material, considerado como el motivo dominante de la conducta humana por muchos escritores, desde el Renacimiento hasta ciertos autores marxistas que no lograron entender los conceptos básicos de Marx. En realidad, el deseo omnicomprensivo de riqueza material es una necesidad peculiar tan sólo de ciertas culturas, y diferentes condiciones económicas pueden crear rasgos de personalidad que aborrecen la riqueza material o les es indiferente. He discutido detalladamente este problema en "Ueber Methode und Aufgabe einer analytischen Sozialpsychologie", *Zeitschrift für Sozialforschung*, Leipzig, 1932, vol. I, págs. 28 y sigts.

do que la inanición conduce a la muerte. Esta conexión con los otros nada tiene que ver con el contacto físico. Un individuo puede estar solo en el sentido físico durante muchos años y, sin embargo, estar relacionado con ideas, valores o, por lo menos, normas sociales que le proporcionan un sentimiento de comunión y "pertenencia". Por otra parte, puede vivir entre la gente y no obstante dejarse vencer por un sentimiento de aislamiento total, cuyo resultado será, una vez excedidos ciertos límites, aquel estado de insania expresado por los trastornos esquizofrénicos. Esta falta de conexión con valores, símbolos o normas, que podríamos llamar soledad moral, es tan intolerable como la soledad física; o, más bien, la soledad física se vuelve intolerable tan sólo si implica también soledad moral. La conexión espiritual con el mundo puede tomar distintas formas; en sus respectivas celdas, el monje que cree en Dios y el misionero político aislado de todos los demás, pero que se siente unido con sus compañeros de lucha, no están moralmente solos. Ni lo está el inglés que viste su *smoking* en el ambiente más exótico, ni el pequeño burgués que, aun cuando se halla profundamente aislado de los otros hombres, se siente unido a su nación y a sus símbolos. El tipo de conexión con el mundo puede ser noble o trivial, pero aun cuando se relacione con la forma más baja y ruin de la estructura social, es, de todos modos, mil veces preferible a la soledad. La religión y el nacionalismo, así como cualquier otra costumbre o creencia, por más que sean absurdas o degradantes, siempre que logren unir al individuo con los demás constituyen refugios contra lo que el hombre teme con mayor intensidad: el aislamiento.

Esta necesidad compulsiva de evitar el aislamiento moral ha sido descrita con mucha eficacia por Balzac en el siguiente fragmento de *Los sufrimientos del inventor*:

Pero debes aprender una cosa, imprimirla en tu mente

todavía maleable: el hombre tiene horror a la soledad. Y de todas las especies de soledad, la soledad moral es la más terrible. Los primeros ermitaños vivían con Dios. Habitaban en el más poblado de los mundos: el mundo de los espíritus. El primer pensamiento del hombre, sea un leproso o un prisionero, un pecador o un inválido, es éste: tener un compañero en su desgracia. Para satisfacer este impulso, que es la vida misma, emplea toda su fuerza, todo su poder, las energías de toda su vida. ¿Hubiera encontrado compañeros Satanás, sin ese deseo todopoderoso? Sobre este tema se podría escribir todo un poema épico, que sería el prólogo del *Paraíso Perdido*, porque el *Paraíso Perdido* no es más que la apología de la rebelión.

Todo intento de contestar por qué el miedo al aislamiento es tan poderoso en el hombre nos alejaría mucho del tema principal de este libro. Sin embargo, para mostrar al lector que esa necesidad de sentirse unido a los otros no posee ninguna calidad misteriosa, deseo señalar la dirección en la cual, según mi opinión, puede hallarse la respuesta.

Un elemento importante lo constituye el hecho de que los hombres no pueden vivir si carecen de formas de mutua cooperación. En cualquier tipo posible de cultura el hombre necesita de la cooperación de los demás si quiere sobrevivir; debe cooperar ya sea para defenderse de los enemigos o de los peligros naturales, ya sea para poder trabajar y producir. Hasta Robinson Crusoe se hallaba acompañado por su servidor Viernes; sin éste probablemente no sólo hubiera enloquecido, sino que hubiera muerto. Cada uno de nosotros ha experimentado en la niñez, de una manera muy severa, esta necesidad de ayuda ajena. A causa de la incapacidad material, por parte del niño, de cuidarse por sí mismo en lo concerniente a las funciones de fundamental importancia, la comunicación con los otros es para él una cuestión de vida o muerte. La posibilidad de ser abandonado a sí mismo es necesariamente la amenaza más seria a toda la existencia del niño.

Hay, sin embargo, otro elemento que hace de la "pertenencia" (*need to belong*) una necesidad tan compulsiva: el hecho de la autoconciencia subjetiva, de la facultad mental por cuyo medio el hombre tiene conciencia de sí mismo como de una entidad individual, distinta de la naturaleza exterior y de las otras personas. Aunque el grado de autoconciencia varía, como será puesto de relieve en el próximo capítulo, su existencia le plantea al hombre un problema que es esencialmente humano: al tener conciencia de sí mismo como de algo distinto a la naturaleza y a los demás individuos, al tener conciencia —aun oscuramente— de la muerte, la enfermedad y la vejez, el individuo debe sentir necesariamente su insignificancia y pequeñez en comparación con el universo y con todos los demás que no sean "él". A menos que pertenezca a algo, a menos que su vida posea algún significado y dirección, se sentirá como una partícula de polvo y se verá aplastado por la insignificancia de su individualidad. No será capaz de relacionarse con algún sistema que proporcione significado y dirección a su vida, estará henchido de duda, y ésta, con el tiempo, llegará a paralizar su capacidad de obrar, es decir, su vida.

Antes de continuar, es conveniente resumir lo que hemos señalado con respecto a nuestro punto de vista general sobre los problemas de la psicología social. La naturaleza humana no es ni la suma total de impulsos innatos fijados por la biología, ni tampoco la sombra sin vida de formas culturales a las cuales se adapta de una manera uniforme y fácil; es el producto de la evolución humana, pero posee también ciertos mecanismos y leyes que le son inherentes. Hay ciertos factores en la naturaleza del hombre que aparecen fijos e inmutables: la necesidad de satisfacer los impulsos biológicos y la necesidad de evitar el aislamiento y la soledad moral. Hemos visto que el individuo debe aceptar el modo de vida arraigado en el sistema de producción y de distribución propio de cada sociedad determinada. En el proceso de la adaptación dinámica a la cultura se desarrolla un cierto número de impulsos poderosos que motivan las acciones y los sentimientos del individuo. Éste puede o no tener conciencia de tales impulsos, pero, en todos los casos, ellos son enérgicos y exigen ser satisfechos una vez que se han desarrollado. Se transforman así en fuerzas poderosas que a su vez contribuyen de una manera efectiva a forjar el proceso social. Más tarde, al analizar la Reforma y el fascismo [11], nos ocuparemos del modo de interacción que existe entre los factores económicos, psicológicos e ideológicos y se discutirán las conclusiones generales a que se puede llegar con respecto a tal interacción. Esta discusión se hallará siempre enfocada hacia el tema central del libro: el hombre, cuanto más gana en libertad, en el sentido de su emergencia de la primitiva unidad indistinta con los demás y la naturaleza, y cuanto más se transforma en "individuo", tanto más se ve en la disyuntiva de unirse al mundo en la espontaneidad del amor y del trabajo creador o bien de buscar alguna forma de seguridad que acuda a vínculos tales que destruirán su libertad y la integridad de su *yo* individual [12].

[11] En el apéndice I discutiré con mayores detalles aspectos generales de la interrelación entre las fuerzas psicológicas y las socio-económicas.

[12] Después de haber terminado esta obra, apareció *Freedom. Its meaning*, planeado y editado por R. N. Anshen (Nueva York, Harcourt & Brace, 1940), estudio sobre los diferentes aspectos de la libertad. Me complazco en citar aquí especialmente los trabajos de H. Bergson, J. Dewey, R. M. Mac Iver, K. Riezler, P. Tillich. C. también Carl Steuemann, *Der Mensch auf der Flucht*, Berlin, Fischer, 1932.

## CAPÍTULO II

# LA EMERGENCIA DEL INDIVIDUO Y LA AMBIGÜEDAD DE LA LIBERTAD

ANTES DE llegar a nuestro tema principal —el significado de la libertad para el hombre moderno y el porqué y el cómo de sus intentos de rehuirla— tenemos que discutir un concepto que quizá parezca un tanto alejado del problema actual. Sin embargo, el mismo constituye una premisa necesaria para la comprensión del análisis de la libertad dentro de la sociedad moderna. Me refiero al concepto según el cual la libertad caracteriza la existencia humana como tal, y al hecho de que, además, su significado varía de acuerdo con el grado de autoconciencia (*awareness*) del hombre y su concepción de sí mismo como ser separado e independiente.

La historia social del hombre se inició al emerger éste de un estado de unidad indiferenciada del mundo natural, para adquirir conciencia de sí mismo como de una entidad separada y distinta de la naturaleza y de los hombres que lo rodeaban. Sin embargo, esta autoconciencia siguió siendo muy oscura durante largos períodos de la historia. El individuo permanecía estrechamente ligado al mundo social y natural del cual había emergido; mientras tenía conciencia de sí mismo, si bien parcialmente, como de una entidad distinta, no dejaba al propio tiempo de sentirse parte del mundo circundante. El proceso por el cual el individuo se desprende de sus lazos originales, que podemos llamar proceso de *individuación,* parece haber alcanzado su mayor intensidad durante los siglos comprendidos entre la Reforma y nuestros tiempos.

En la vida de un individuo encontramos el mismo proceso. Un niño nace cuando deja de formar un solo ser con su madre y se transforma en un ente biológico separado de ella. Sin embargo, si bien esta separación biológica es el principio de la existencia humana, el niño, desde el punto de vista funcional, permanece unido a su madre durante un período considerable.

El individuo carece de libertad en la medida en que todavía no ha cortado enteramente el cordón umbilical que —hablando en sentido figurado— lo ata al mundo exterior; pero estos lazos le otorgan a la vez la seguridad y el sentimiento de *pertenecer* a algo y de estar arraigado en alguna parte. Estos vínculos, que existen antes que el proceso de *individuación* haya conducido a la emergencia completa del individuo, podrían ser denominados *vínculos primarios.* Son orgánicos en el sentido de que forman parte del desarrollo humano normal, y si bien implican una falta de individualidad, también otorgan al individuo seguridad y orientación. Son los vínculos que unen al niño con su madre, al miembro de una comunidad primitiva con su clan y con la naturaleza o al hombre medieval con la Iglesia y con su casta social. Una vez alcanzada la etapa de completa individuación y cuando el individuo se halla libre de sus vínculos primarios, una nueva tarea se le presenta: orientarse y arraigarse en el mundo y encontrar la seguridad siguiendo caminos distintos de los que caracterizaban su existencia preindividualista. La libertad adquiere entonces un significado diferente del que poseía antes de alcanzar esa etapa de la evolución. Es necesario detenerse y aclarar estos conceptos, discutiéndolos más concretamente en su conexión con el individuo y el desarrollo social.

El cambio, comparativamente repentino, por el cual se pasa de la existencia prenatal a la humana, y el corte del cordón umbilical marcan la independencia del recién nacido del cuerpo de la madre. Pero tal independencia es real tan sólo en el sentido muy imperfecto de la separación de los dos cuerpos. En un sentido funcional, la criatura sigue formando parte de la madre. Es ésta quien lo alimenta, lo lleva y lo cuida en todos los aspectos vitales. Lentamente, el niño llega a considerar a la madre y a los objetos como entidades separadas de él mismo. Un factor de este proceso lo constituye su desarrollo tanto nervioso como físico en general, su aptitud para apoderarse física y mentalmente de los objetos y dominarlos. A través de su propia actividad experimenta un mundo exterior a sí mismo. El proceso de individuación se refuerza luego por el de educación. Este último proceso tiene como consecuencia un cierto número de privaciones y prohibiciones que cambian el papel de la madre en el de una persona guiada por fines distintos a los del niño y en conflicto con sus deseos, y a menudo en el de una persona hostil y peligrosa [1]. Este antagonismo, que no constituye de ningún modo todo el proceso educativo, y sí tan sólo una parte del mismo, es un factor importante para ahondar la distinción entre el "yo" y el "tú".

Deben pasar unos meses luego del nacimiento antes que el niño llegue a reconocer a otra persona en su carácter de tal y sea capaz de reaccionar con una

[1] Debería hacerse notar aquí que la frustración de los instintos *per se* no origina hostilidad. Es el ahogamiento de la expansión, la ruptura de los intentos de autoafirmación del niño, la hostilidad que deriva de los padres —más brevemente, la atmósfera de supresión— lo que crea en el niño el sentimiento de impotencia y la hostilidad que de éste dimana.

sonrisa, y deben pasar años antes de que el chico deje de confundirse a sí mismo con el universo [2]. Hasta ese momento sigue mostrando esa especie particular de egocentrismo típico de los niños; un egocentrismo que no excluye la ternura y el interés hacia los otros, puesto que los "otros" no han sido todavía reconocidos como realmente separados de él mismo. Por la misma razón, en estos primeros años su dependencia de la autoridad posee un significado distinto del que adquiere el mismo hecho en época posterior. Los padres, o la autoridad correspondiente, no son todavía considerados como una entidad definitivamente separada: integran el universo del niño y este universo sigue formando parte del niño mismo; la sumisión con respecto a los padres tiene, por lo tanto, una característica distinta del tipo de sumisión que existe una vez que dos individuos se han separado realmente uno de otro.

R. Hughes, en su *A High wind in Jamaica,* nos proporciona una penetrante descripción del repentino despertar de la conciencia de sí mismo en una niña de diez años:

Y entonces le ocurrió a Emily un hecho de considerable importancia Repentinamente se dio cuenta de quién era ella misma. Hay pocas razones para suponer el porqué ello no le ocurrió cinco años antes o, aun, cinco años después, y no hay ninguna que explique el porqué debía ocurrir justamente esa tarde. Ella había estado jugando "a la casa" en un rincón, en la proa, cerca del cabrestante (en el cual había colgado un garfio a manera de aldaba) y, ya cansada del juego, se paseaba casi sin objeto, hacia popa, pensando vagamente en ciertas abejas y en una reina de las hadas, cuando de pronto una idea cruzó por su mente como un relámpago: que ella era *ella*. Se detuvo de golpe y comenzó a observar toda su persona en la medida en que caía bajo el alcance de su vista. No era mucho lo que veía, excepto una perspectiva limitada de la parte delantera de su vestido, y sus manos, cuando las levantó para mirarlas; pero era

[2] Jean Piaget, *The Moral Judgement of the Child,* Londres, Kegan Paul, 1932, pág. 407. Cf. H. S. Sullivan. *op. cit.,* págs. 10 y sigts.

lo suficiente para que ella se formara una idea del pequeño cuerpo que, de pronto, se le había aparecido como suyo.

Comenzó a reírse en un tono burlesco. "¡Bien —pensó realmente— imagínate, precisamente tú, entre tanta gente, ir y dejarse agarrar así; ahora ya no puedes salir de ello, en mucho tiempo: tendrás que ir hasta el fin, ser una chica, crecer y llegar a vieja, antes de librarte de esta extravagancia!".

Resuelta a evitar cualquier interrupción en este acontecimiento tan importante, empezó a trepar por el flechaste, camino de su brazal favorito, en el tope. Sin embargo, cada vez que movía un brazo o una pierna, en esa acción tan simple, el hallar estos movimientos tan obedientes a su deseo la llenaba de renovada maravilla. La memoria le decía, por supuesto, que siempre había sido anteriormente: pero *antes* ella no se había dado cuenta jamás de cuán sorprendente era todo ello. Una vez acomodada en su brazal, empezó a examinar la piel de sus manos con extremo cuidado, pues era *suya*. Deslizó uno de sus hombros fuera del vestido y, luego de atisbar el interior de éste para asegurarse de que ella era realmente una sola cosa, una cosa continua debajo de sus vestimentas, lo encogió hasta tocarse la mejilla. El contacto de su cara con la parte cóncava, desnuda y tibia de su hombro la estremeció agradablemente, como si fuera la caricia de algún amigo afectuoso. Pero si la sensación venía de su mejilla o de su espalda, quién era el acariciador y quién el acariciado, esto, ningún análisis podía decírselo.

Una vez convencida plenamente del hecho asombroso de que ahora ella era Emily Bas-Thornton (por qué intercalaba el "ahora" no lo sabía, puesto que, por cierto, no estaba imaginando ningún disparate acerca de transmigraciones, como el haber sido antes algún otro), empezó a considerar seriamente las consecuencias de este hecho.

Cuanto más crece el niño, en la medida en que va cortando los vínculos primarios, tanto más tiende a buscar libertad e independencia. Pero el destino de tal búsqueda sólo puede ser comprendido plenamente si nos damos cuenta del carácter dialéctico del proceso de la individuación creciente.

Este proceso posee dos aspectos: el primero es que el niño se hace más fuerte, desde el punto de vista físico, emocional y mental. Aumenta la actividad y la intensidad en cada una de tales esferas.

Al mismo tiempo ellas se integran cada vez más. Se desarrolla una estructura organizada, guiada por la voluntad y la razón individuales. Si llamamos yo al todo organizado e integrado de la personalidad, podemos afirmar que un aspecto del proceso del aumento de la individuación consiste en el crecimiento de la fuerza del yo. Los límites del crecimiento de la individuación y del yo son establecidos, en parte, por las condiciones individuales, pero, esencialmente, por las condiciones sociales. Pues aun cuando las diferencias inter-individuales existentes en este respecto parecen ser grandes, toda sociedad se caracteriza por determinado nivel de individuación, más allá del cual el individuo no puede ir.

El otro aspecto del proceso de individuación consiste en el aumento de la soledad. Los vínculos primarios ofrecen la seguridad y la unión básica con el mundo exterior a uno mismo. En la medida en que el niño emerge de ese mundo se da cuenta de su soledad, de ser una entidad separada de todos los demás. Esta separación de un mundo que, en comparación con la propia existencia del individuo, es fuerte y poderoso en forma abrumadora, y a menudo es también amenazador y peligroso, crea un sentimiento de angustia y de impotencia. Mientras la persona formaba parte integral de ese mundo, ignorando las posibilidades y responsabilidades de la acción individual, no había por qué temerle. Pero cuando uno se ha transformado en individuo, está solo y debe enfrentar el mundo en todos sus subyugantes y peligrosos aspectos.

Surge el impulso de abandonar la propia personalidad, de superar el sentimiento de soledad e impotencia, sumergiéndose en el mundo exterior. Sin embargo, estos impulsos y los nuevos vínculos que de ellos derivan no son idénticos a los vínculos primarios que han sido cortados en el proceso del crecimiento.

Del mismo modo que el niño no puede volver jamás, físicamente, al seno de la madre, tampoco puede invertir el proceso de individuación desde el punto de vista psíquico. Los intentos de reversión toman necesariamente un carácter de sometimiento, en el cual no se elimina nunca la contradicción básica entre la autoridad y el que a ella se somete. Si bien el niño puede sentirse seguro y satisfecho conscientemente, en su inconsciente se da cuenta de que el precio que paga representa el abandono de la fuerza y de la integridad de su yo. Así el resultado de la sumisión es exactamente lo opuesto de lo que debía ser: la sumisión aumenta la inseguridad del niño y al mismo tiempo origina hostilidad y rebeldía, que son tanto más horribles en cuanto se dirigen contra aquellas mismas personas de las cuales sigue dependiendo o llega a depender.

Sin embargo, la sumisión no es el único método para evitar la soledad y la angustia. Hay otro método, el único que es creador y no desemboca en un conflicto insoluble: *la relación espontánea hacia los hombres y la naturaleza*, relación que une al individuo con el mundo, sin privarlo de su individualidad. Este tipo de relación —cuya expresión más digna la constituyen el amor y el trabajo creador— está arraigado en la integración y en la fuerza de la personalidad total y, por lo tanto, se halla sujeto a aquellos mismos límites que existen para el crecimiento del yo.

Discutiremos luego con mayores detalles los fenómenos del sometimiento y de la actividad espontánea como resultados posibles de la individuación creciente; por el momento sólo deseamos señalar el principio general: el proceso dialéctico que resulta del incremento de la individuación y de la creciente libertad del individuo. El niño se vuelve más libre *para* desarrollar y expresar su propia individualidad sin los estorbos debidos a los vínculos que la limitaban. Pero al mismo tiempo, el niño también se libera *de* un mundo que le otorgaba seguridad y confianza. La individuación es un proceso que implica el crecimiento de la fuerza y de la integración de la personalidad individual, pero es al mismo tiempo un proceso en el cual se pierde la originaria identidad con los otros y por el que el niño se separa de los demás. La creciente separación puede desembocar en un aislamiento que posea el carácter de completa desolación y origine angustia e inseguridad intensas, o bien puede dar lugar a una nueva especie de intimidad y de solidaridad con los otros, en el caso de que el niño haya podido desarrollar aquella fuerza interior y aquella capacidad creadora que son los supuestos de este tipo de conexión con el mundo.

Si cada paso hacia la separación y la individuación fuera acompañado por un correspondiente crecimiento del *yo*, el desarrollo del niño sería armonioso. Pero esto no ocurre. Mientras el proceso de individuación se desarrolla automáticamente, el crecimiento del yo es dificultado por un cierto número de causas individuales y sociales. La falta de sincronización entre estos dos desarrollos origina un sentimiento insoportable de aislamiento e impotencia, y esto a su vez conduce a ciertos mecanismos psíquicos, que más adelante describiremos como *mecanismos de evasión.*

También desde el punto de vista filogenético la historia del hombre puede caracterizarse como un proceso de creciente individuación y libertad. El hombre emerge del estado prehumano al dar los primeros pasos que deberán liberarlo de los instintos coercitivos. Si entendemos por instinto un tipo específico de acción que se halla determinado por ciertas estructuras neurológicas heredadas, puede observarse dentro del reino animal una tendencia bien delimitada [3]. Cuanto más bajo se sitúa un animal en la escala del desarrollo filogenético, tanto mayor en su adaptación a la naturaleza y la vigilancia que los mecanismos reflejos e instintivos ejercen sobre todas sus actividades. Las famosas organizaciones sociales de ciertos insectos han sido enteramente creadas por el instinto. Por otra parte, cuanto más alto se halla colocado en esa escala, tanto mayor es la flexibilidad de sus acciones y tanto menos completa es su adaptación estructural tal como se presenta en el momento de nacer. Este desarrollo alcanza su apogeo en el hombre. Éste al nacer es el más desamparado de todos los animales. Su adaptación a la naturaleza se funda sobre todo en el proceso educativo y no en la determinación instintiva. "El instinto... es una categoría que va disminuyendo, si no desapareciendo, en las formas zoológicas superiores, especialmente en la humana" [4].

La existencia humana empieza cuando el grado de fijación instintiva de la conducta es inferior a cierto límite; cuando la adaptación a la naturaleza deja de tener carácter coercitivo; cuando la manera de obrar ya no es fijada por mecanismos hereditarios. En otras palabras, la *existencia humana y la libertad son inseparables desde un principio.* La noción de libertad se emplea aquí no en el sentido positivo de "libertad para", sino en el sentido negativo de "libertad de", es decir, liberación de la determinación instintiva del obrar.

La libertad en el sentido que se acaba de tratar es un don ambiguo. El hombre nace desprovisto del

[3] Este concepto de instinto no debe confundirse con el que define el instinto como una necesidad fisiológicamente condicionada (tales como el hambre, la sed, etc.), cuya satisfacción se da por medio de procedimientos que, en sí mismos, no son fijos ni se hallan determinados por herencia.

[4] L. L. Bernard, *Instinct*, Nueva York, Holt & Co., 1924, pág. 509.

aparato necesario para obrar adecuadamente, aparato que, en cambio, posee el animal[5]; depende de sus padres durante un tiempo más largo que cualquier otro animal y sus reacciones al ambiente son menos rápidas y menos eficientes que las reacciones automáticamente reguladas por el instinto. Tiene que enfrentar todos los peligros y temores debido a esa carencia del aparato instintivo. Y, sin embargo, este mismo desamparo constituye la fuente de la que brota el desarrollo humano; *la debilidad biológica del hombre es la condición de la cultura humana.*

Desde el comienzo de su existencia el hombre se ve obligado a elegir entre diversos cursos de acción. En el animal hay una cadena ininterrumpida de acciones que se inicia con un estímulo —como el hambre— y termina con un tipo de conducta más o menos estrictamente determinado, que elimina la tensión creada por el estímulo. En el hombre esa cadena se interrumpe. El estímulo existe, pero la forma de satisfacerlo permanece "abierta", es decir, debe elegir entre diferentes cursos de acción. En lugar de una acción instintiva predeterminada, el hombre debe valorar mentalmente diversos tipos de conducta posibles; empieza a pensar. Modifica su papel frente a la naturaleza, pasando de la adaptación pasiva a la activa: crea. Inventa instrumentos, y al mismo tiempo que domina a la naturaleza, se separa de ella de más en más. Va adquiriendo una oscura conciencia de sí mismo —o más bien de su grupo— como de algo que no se identifica con la naturaleza. Cae en la cuenta de que le ha tocado un destino trágico: ser parte de la naturaleza y sin embargo trascenderla. Llega a ser consciente de la

5 Cf. Ralph Linton, *The Study of Man*, Londres, Appleton, 1936, capítulo IV. (Hay traducción castellana: *Estudio del Hombre*, México, Fondo de Cultura Económica, 1942. [T.]

muerte en tanto que destino final, aun cuando trate de negarla a través de múltiples fantasías.

Una imagen particularmente significativa de la relación fundamental entre el hombre y la libertad la ofrece el mito bíblico de la expulsión del hombre del Paraíso. El mito identifica el comienzo de la historia humana con un acto de elección, pero acentúa singularmente el carácter pecaminoso de ese primer acto libre y el sufrimiento que éste origina. Hombre y mujer viven en el Jardín edénico en completa armonía entre sí y con la naturaleza. Hay paz y no existe la necesidad de trabajar; tampoco la de elegir entre alternativas; no hay libertad, ni tampoco pensamiento. Le está prohibido al hombre comer del árbol de la ciencia del bien y del mal: pero obra contra la orden divina, rompe y supera el estado de armonía con la naturaleza de la que forma parte sin trascenderla. Desde el punto de vista de la Iglesia, que representa a la autoridad, este hecho constituye fundamentalmente un pecado. Pero desde el punto de vista del hombre se trata del comienzo de la libertad humana. Obrar contra las órdenes de Dios significa libertarse de la coerción, emerger de la existencia inconsciente de la vida prehumana para elevarse hacia el nivel humano. Obrar contra el mandamiento de la autoridad, cometer un pecado, es, en su aspecto positivo humano, el primer acto de libertad, es decir, el primer acto *humano*. Según el mito, el pecado, en su aspecto formal, está representado por un acto contrario al mandamiento divino, y en su aspecto material por haber comido del árbol de la ciencia. El acto de desobediencia, como acto de libertad, es el comienzo de la razón. El mito se refiere a otras consecuencias del primer acto de libertad. Se rompe la armonía entre el hombre y la naturaleza. Dios proclama la guerra entre el hombre y la mujer, entre la naturaleza y el hombre. Éste se ha separado de la naturaleza, ha dado el primer paso hacia su humanización al transformarse en *individuo*. Ha realizado el primer acto de libertad. El mito subraya el sufrimiento que de ello resulta. Al trascender la naturaleza, al enajenarse de ella y de otro ser humano, el hombre se halla desnudo y avergonzado. Está solo y libre, y, sin embargo, medroso e impotente. La libertad recién conquistada aparece como una maldición; se ha libertado *de* los dulces lazos del Paraíso, pero no es libre *para* gobernarse a sí mismo, para realizar su individualidad.

"Libertarse *de*" no es idéntico a libertad positiva, a "libertarse *para*". La emergencia del hombre de la naturaleza se realiza mediante un proceso que se extiende por largo tiempo; en gran parte permanece todavía atado al mundo del cual ha emergido; sigue integrando la naturaleza: el suelo sobre el que vive, el sol, la luna y las estrellas, los árboles y las flores, los animales y el grupo de personas con las cuales se halla ligado por lazos de sangre. Las religiones primitivas ofrecen un testimonio de los sentimientos de unidad absoluta del hombre con la naturaleza. La naturaleza animada e inanimada forma parte de su mundo humano, o, como también puede formularse, el hombre constituye un elemento integrante del mundo natural.

Estos vínculos primarios impiden su completo desarrollo humano; cierran el paso al desenvolvimiento de su razón y de sus capacidades críticas; le permiten reconocerse a sí mismo y a los demás tan sólo mediante su participación en el clan, en la comunidad social o religiosa, y no en virtud de su carácter de ser humano; en otras palabras, impiden su desarrollo hacia una individualidad libre, capaz de crear y autodeterminarse. Pero no es éste el único aspecto, también hay otro. Tal identidad con la naturaleza, clan, religión, otorga seguridad al individuo; éste *pertenece*, está arraigado en una totalidad estructurada dentro de la cual posee un lugar que nadie discute. Puede sufrir por el hambre o la represión de satisfacciones, pero no por el peor de todos los dolores: la soledad completa y la duda.

Vemos así cómo el proceso de crecimiento de la libertad humana posee el mismo carácter dialéctico que hemos advertido en el proceso de crecimiento individual. Por un lado, se trata de un proceso de crecimiento de su fuerza e integración, de su dominio sobre la naturaleza, del poder de su razón y de su solidaridad con otros seres humanos. Pero, por otro lado, esta individuación creciente significa un aumento paulatino de su inseguridad y aislamiento y, por ende, una duda creciente acerca del propio papel en el universo, del significado de la propia vida, y junto con todo esto, un sentimiento creciente de la propia impotencia e insignificancia como individuo.

Si el proceso del desarrollo de la humanidad hubiese sido armónico, si hubiese seguido un plan determinado, entonces ambos aspectos de tal proceso —aumento de la fuerza y aumento de la individuación— se habrían equilibrado exactamente. Pero, en rigor, la historia de la humanidad está llena de conflictos y luchas. Cada paso hacia un mayor grado de individuación entraña para los hombres una amenaza de nuevas formas de inseguridad. Una vez cortados los vínculos primarios, ya no es posible volverlos a unir; una vez perdido el paraíso, el hombre no puede volver a él. Hay tan sólo una solución creadora posible que pueda fundamentar las relaciones entre el hombre individualizado y el mundo: su solidaridad activa con todos los hombres, y su actividad, trabajo y amor espontáneos, capaces de volverlo a unir con el mundo, no ya por medio de los vínculos primarios, sino salvando su carácter de individuo libre e independiente. Por otra parte, si las condiciones económicas, sociales y políticas, de las que depende todo el proceso de individuación humana, no ofrecen una base para la realización de la individualidad en el sentido que se acaba de señalar, en tanto que, al propio tiempo, se priva a los individuos de aquellos vínculos que les otorgaban seguridad, la falta de sincronización (*leg*) que de ello resulta transforma la libertad en una carga insoportable. Ella se identifica entonces con la duda y con un tipo de vida que carece de significado y dirección. Surgen así poderosas tendencias que llevan hacia el abandono de este género de libertad para buscar refugio en la sumisión o en alguna especie de relación con el hombre y el mundo que prometa aliviar la incertidumbre, aun cuando prive al individuo de su libertad.

La historia europea y americana desde fines de la Edad Media no es más que el relato de la emergencia plena del individuo. Es un proceso que se inició en Italia con el Renacimiento y que tan sólo ahora parece haber llegado a su culminación. Fueron necesarios más de cuatro siglos para destruir el mundo medieval y para libertar al pueblo de las restricciones más manifiestas. Pero, si bien en muchos aspectos el individuo ha crecido, se ha desarrollado mental y emocionalmente y participa de las conquistas culturales de una manera jamás experimentada antes, también ha aumentado el retraso (*lag*) entre el desarrollo de la "libertad *de*" y el de la "libertad *para*". La consecuencia de esta desproporción entre la libertad *de* todos los vínculos y la carencia de posibilidades *para* la realización positiva de la libertad y de la individualidad, ha conducido, en Europa, a la huida pánica de la libertad y a la adquisición, en su lugar, de nuevas cadenas o, por lo menos, a una actitud de completa indiferencia.

Iniciaremos nuestro estudio sobre el significado de la libertad para el hombre moderno, con un análisis de la escena cultural europea durante la baja Edad Media y el comienzo de la Edad Moderna. En este período la base económica de la sociedad occidental sufrió cambios radicales que se vieron acompañados por transformaciones igualmente radicales en la estructura de la personalidad humana. Se desarrolló entonces un nuevo concepto de libertad, que halló sus más significativas expresiones ideológicas en nuevas doctrinas religiosas: las de la Reforma. Cualquier estudio de la libertad en la sociedad moderna debe iniciarse con aquel período en el cual fueron colocados los cimientos de la moderna cultura, ya que esta etapa formativa del hombre moderno ha de permitirnos reconocer, con más claridad que cualquier otra época posterior, aquel significado ambiguo de la libertad que debía operar a través de esa cultura: por un lado, la creciente independencia del hombre frente a las autoridades externas; por otro, su aislamiento creciente y el sentimiento que surge de este hecho: la insignificancia del individuo y su impotencia. Nuestra comprensión de los nuevos elementos de la estructura de la personalidad humana se acrecienta por el estudio de sus orígenes, por cuanto al analizar las características esenciales del capitalismo y del individualismo en sus mismas raíces, nos vemos en condiciones de compararlas con un sistema económico y un tipo de personalidad fundamentalmente distintos del nuestro. Este mismo contraste nos proporciona una perspectiva mejor para la comprensión de las peculiaridades del sistema social moderno, de la manera según la cual se ha formado la estructura del carácter de la gente que vive en él, y del nuevo espíritu que ha resultado de esta transformación de la personalidad.

El capítulo siguiente mostrará también cómo el período de la Reforma es más similar a la escena contemporánea de lo que parecería a primera vista; en realidad, a pesar de todas las diferencias evidentes que existen entre los dos períodos, probablemente no haya otra época desde el siglo XVI en adelante que se parezca más a la nuestra, en lo que concierne al significado ambiguo de la libertad. La Reforma constituye una de las raíces de la idea de libertad y autonomía humanas, tal como ellas se expresan en la democracia moderna. Sin embargo, aun cuando no se deja nunca de subrayar este hecho, especialmente en los países no católicos, se olvida su otro aspecto: la importancia que ella atribuye a la maldad de la naturaleza humana, a la insignificancia y la impotencia del individuo y a la necesidad para éste de subordinarse a un poder exterior a él mismo. Esta idea de la indignidad del individuo, de su incapacidad fundamental para confiar en sí mismo y su necesidad de someterse, constituye también el tema principal de la ideología hitleriana, que, por otra parte, no asigna a la libertad y a los principios morales aquella importancia que es esencial en el protestantismo.

Esta similitud ideológica no es la única que hace del estudio de los siglos XV y XVI un punto de partida particularmente fecundo para la comprensión de la escena contemporánea. También existe una similitud fundamental en la situación social. Trataré de mostrar cómo se debe a tal parecido la similitud ideológica y psicológica. Entonces como ahora había un vasto sector de la población que se hallaba amenazado en sus formas tradicionales de vida por obra de cambios revolucionarios en la organización económica y social; especialmente se veía amenazada la clase media tal como lo está hoy por el poder de los monopolios y por la fuerza superior del capital, y tal amenaza ejercía un importante efecto sobre el espíritu y la ideología del sector amenazado, al agravar el sentimiento de soledad e insignificancia del individuo.

## Capítulo III

# LA LIBERTAD EN LA ÉPOCA DE LA REFORMA

### 1. La sociedad medieval y el Renacimiento

La imagen de la Edad Media [1] ha sido deformada de dos maneras distintas. El racionalismo la ha considerado sobre todo como un período de oscurantismo. Ha señalado la falta general de libertad personal, el despojo de la gran masa de población por parte de una pequeña minoría y el predominio de la superstición y la ignorancia, así como de una estrechez mental que hacía del campesino de los aledaños de la ciudad —para no hablar de las personas originarias de otros países— un extranjero sospechoso y peligroso a los ojos del habitante urbano. Por otro lado, la Edad Media ha sido idealizada, sobre todo por los filósofos reaccionarios, y en ciertos casos también por algunos críticos progresistas del capitalismo. Se ha señalado el sentido de la solidaridad, la subordinación de las necesidades económicas a las humanas, el carácter directo y concreto de las relaciones entre los hombres, el principio supranacional de la Iglesia católica y el sentimiento de seguridad característico del hombre

[1] Al hablar de "sociedad medieval" y de "espíritu de la Edad Media" en contraste con la "sociedad capitalista", nos referimos a *tipos ideales* *. Por supuesto, históricamente,

* En el sentido que poseen en la metodología de Max Weber. [T.]

medieval. Ambas imágenes son correctas: lo que las hace erróneas es el considerar tan sólo una de ellas, cerrando los ojos ante la otra.

Lo que caracteriza a la sociedad medieval, en contraste con la moderna, es la ausencia de libertad individual. Todos, durante el período más primitivo, se hallaban encadenados a una determinada función dentro del orden social. Un hombre tenía pocas probabilidades de trasladarse socialmente de una clase a otra, y no menores dificultades tenía para hacerlo desde el punto de vista geográfico, para pasar de una ciudad a otra o de un país a otro. Con pocas excepciones, se veía obligado a permanecer en el lugar de su nacimiento. Frecuentemente no poseía ni la libertad de vestirse como quería ni de comer lo que le gustaba. El artesano debía vender a un cierto precio y el campesino hacer lo propio en un determinado lugar, el mercado de la

---

la Edad Media no acabó de repente en un determinado momento, ni nació de golpe la sociedad moderna. Todas las fuerzas económicas y sociales que caracterizan a la sociedad moderna ya se habían desarrollado en el seno de la sociedad medieval de los siglos XII, XIII y XIV. Durante la última parte de la Edad Media el papel del capital iba en aumento y lo mismo ocurría con el antagonismo entre las clases sociales urbanas. Como siempre acontece en la historia, todos los elementos del nuevo sistema social ya se habían desarrollado en el seno del viejo orden, reemplazado por aquél. Pero, si bien es importante saber cuántos elementos modernos existían en la Edad Media y cuántos elementos medievales continúan existiendo en la sociedad moderna, toda comprensión teórica del proceso histórico se vería impedida si, al acentuar la continuidad, se disminuyera la importancia de las fundamentales diferencias que existen entre la sociedad moderna y la medieval, o se rechazaran conceptos como los de "sociedad medieval" y "sociedad capitalista", con el pretexto de tratarse de construcciones no científicas. Tales intentos, bajo la apariencia de objetividad y exactitud científicas, de hecho reducen la investigación social a la recolección de una cantidad infinita de detalles y cierran el paso a toda comprensión de la estructura social y de su dinámica.

ciudad. Al miembro de una corporación le estaba prohibido revelar todo secreto técnico de producción a cualquiera que no fuera miembro de la misma corporación y estaba obligado a dejar que sus compañeros de gremio participaran de toda compra ventajosa de materia prima. La vida personal, económica y social se hallaba dominada por reglas y obligaciones a las que prácticamente no escapaba esfera alguna de actividad.

Pero aun cuando una persona no estuviera libre en el sentido moderno, no se hallaba ni sola ni aislada. Al poseer desde su nacimiento un lugar determinado, inmutable y fuera de toda discusión, dentro del mundo social, el hombre se hallaba arraigado en un todo estructurado, y de este modo la vida poseía una significación que no dejaba ni lugar ni necesidad para la duda. Una persona se identificaba con su papel dentro de la sociedad; era campesino, artesano, caballero, y no *un individuo* a quien le *había ocurrido* tener esta o aquella ocupación. El orden social era concebido como un orden natural, y el ser una parte definida del mismo proporcionaba al hombre un sentimiento de seguridad y *pertenencia*. Había, comparativamente, poca competencia. Se nacía en una determinada posición económica que garantizaba un nivel de vida establecido por la tradición, del mismo modo como la jerarquía social más elevada llevaba consigo determinadas obligaciones económicas. Pero dentro de los límites de su esfera social el individuo disfrutaba realmente de mucha libertad para poder expresar su yo en el trabajo y en su vida emocional. Aunque no existía un individualismo en el sentido moderno de elección ilimitada entre muchos modos de vida posibles (libertad de elección que en gran parte es abstracta), existía un grado considerable de *individualismo concreto dentro de la vida real.*

Había mucho sufrimiento y dolor, pero también

estaba allí la Iglesia que los hacía más tolerables al explicarlos como una consecuencia del pecado de Adán y de los pecados individuales de cada uno. La Iglesia, al tiempo que fomentaba un sentimiento de culpabilidad, también aseguraba al individuo su amor incondicional para todos sus hijos y ofrecía una manera de adquirir la convicción de ser perdonado y amado por Dios. La relación con el Señor era antes de confianza y amor que de miedo y duda. Así como el campesino y el habitante de la ciudad raramente iban más allá de los límites de la pequeña área geográfica que les había tocado, también el universo era limitado y de sencilla comprensión. La tierra y el hombre eran su centro; el cielo o el infierno el lugar predestinado para la vida futura, y todas las acciones, desde el nacimiento hasta la muerte, eran de una claridad cristalina en cuanto a sus relaciones causales recíprocas.

Sin embargo, aun cuando la sociedad se hallaba estructurada de este modo y proporcionaba seguridad al hombre, también lo mantenía encadenado. Tratábase de una forma de servidumbre distinta de la que se formó, en siglos posteriores, por obra del autoritarismo y la opresión. La sociedad medieval no despojaba al individuo de su libertad, porque el "individuo" no existía todavía; el hombre estaba aún conectado con el mundo por medio de sus vínculos primarios. No se concebía a sí mismo como un individuo, excepto a través de su papel social (que entonces poseía también carácter natural). Tampoco concebía a ninguna otra persona como "individuo". El campesino que llegaba a la ciudad era un extranjero, y aun dentro de la ciudad los miembros de los diferentes grupos sociales se consideraban extranjeros entre sí. No se había desarrollado todavía la conciencia del propio yo individual, del yo ajeno y del mundo como entidades separadas.

La falta de autoconciencia del individuo en la

sociedad medieval ha encontrado una expresión clásica en la descripción que nos proporciona Jacob Burckhardt:

> Durante la Edad Media ambos lados de la conciencia humana —la que se dirige hacia adentro y la que se dirige hacia afuera—, yacen en el sueño o semidespiertas bajo un velo común. Un velo tejido de fe, ilusión e infantil inclinación, a través del cual el mundo y la historia eran vistos bajo extraños matices. El hombre era consciente de sí mismo tan sólo como miembro de una raza, pueblo, partido, familia o corporación; tan sólo a través de alguna categoría general [2].

La estructura de la sociedad y la personalidad del hombre cambiaron en el período posterior de la Edad Media. La unidad y la centralización de la sociedad medieval se fueron debilitando. Crecieron en importancia el capital, la iniciativa económica individual y la competencia; se desarrolló una nueva clase adinerada. Podía observarse un individualismo creciente en todas las esferas de la actividad humana, el gusto, la moda, el arte, la filosofía y la teología. Quisiera destacar aquí cómo todo este proceso poseía un significado diferente para el pequeño grupo de los capitalistas ricos y prósperos, por un lado, y por el otro, para las masas campesinas y especialmente para la clase media urbana, para la cual este nuevo desarrollo, si bien significaba hasta cierto punto la posibilidad de riquezas y nuevas perspectivas para la iniciativa individual, esencialmente constituía una amenaza a su manera tradicional de vivir. Es importante grabar desde ahora en nuestra mente tal diferencia, porque las reacciones psicológicas e ideológicas de estos distintos grupos se vieron determinadas por aquélla.

El nuevo desenvolvimiento social y económico se efectuó en Italia con mayor intensidad y con ma-

[2] Jacob Burckhardt, *The civilization of the Renaissance in Italy*, Londres, Allen & Unwin, 1921, pág. 129. (Hay traducción castellana. Buenos Aires, Losada, 1943.) [T.]

yores repercusiones sobre la filosofía, el arte y todo el estilo de vida, que en la Europa occidental y central. En Italia por vez primera el individuo emergió de la sociedad medieval y rompió las cadenas que le habían otorgado seguridad y que a la vez lo habían limitado. El italiano del Renacimiento llegó a ser, según las palabras de Burckhardt, el primogénito entre "los hijos de la Europa moderna", el primer individuo.

El hecho de que la sociedad medieval se derrumbara en Italia antes que en la Europa central y occidental, se debió a un cierto número de factores económicos y políticos. Entre ellos debe contarse la posición geográfica de Italia y las ventajas comerciales resultantes, en un período en que el Mediterráneo era la mayor ruta comercial de Europa; la lucha entre el papado y el imperio de la cual resultaba la existencia de un gran número de unidades políticas independientes; la cercanía del Oriente, cuya consecuencia fue la introducción en Italia, antes que en otras partes de Europa, de ciertas profesiones que eran importantes para el desarrollo de las industrias, tales como, por ejemplo, la de la seda.

A consecuencia de estas y otras condiciones surgió en Italia una poderosa clase adinerada cuyos miembros estaban impulsados por el espíritu de iniciativa, el poder y la ambición. La estratificación correspondiente a las clases medievales perdió importancia. Desde el siglo XII en adelante, nobles y burgueses vivieron juntos dentro de los muros de la ciudad. En el intercambio social comenzaron a ignorarse las distinciones de casta. El nacimiento y el origen se volvieron menos importantes que la riqueza.

Por otra parte, también entre las masas la estratificación social tradicional había sido debilitada. En su lugar hallamos una masa urbana de trabajadores explotados y desprovistos de poder político. Ya en 1231, como lo señala Burckhardt, las medidas políticas de Federico II se dirigían "a la completa destrucción del Estado feudal, a la transformación del pueblo en una multitud despojada del deseo y de los medios de resistencia, pero sumamente útil para el fisco" [3].

El resultado de esta progresiva destrucción de la estructura social medieval fue la emergencia del individuo en el sentido moderno. Citaremos una vez más a Burckhardt:

> Fue en Italia donde este velo (de ilusión, de fe y de infantil inclinación) desapareció primeramente; llegó a ser posible la discusión y la consideración *objetiva* del Estado y de todas las cosas de este mundo. Al mismo tiempo se afirmó el lado *subjetivo* con un vigor análogo; el hombre se transformó en un *individuo* espiritual y se reconoció a sí mismo como tal. De este mismo modo los griegos se habían una vez distinguido de los bárbaros, y los árabes se habían sentido individuos en una época en que los otros asiáticos se reconocían tan sólo como miembros de una raza [4].

La descripción que proporciona Burckhardt del espíritu del nuevo individuo ilustra lo que hemos expuesto en el capítulo anterior acerca de la emergencia del individuo de sus vínculos primarios. El hombre se descubre a sí mismo y a los demás como individuos, como entes separados; descubre la naturaleza como algo distinto a él mismo en dos aspectos: como objeto de dominación teórica y práctica y, por su belleza, como objeto de goce. Descubre el mundo, desde el punto de vista práctico, al descubrir nuevos continentes, y desde el punto de vista espiritual, al desarrollar un espíritu cosmopolita, un espíritu que hace decir al Dante: "Mi patria es todo el mundo" [5].

[3] *Op. cit.*, pág. 5.
[4] *Op. cit.*, pág. 129.

[5] La tesis central de Burckhardt ha sido confirmada y ampliada por algunos autores, mientras que otros la han

El Renacimiento fue la cultura de una clase rica y poderosa, colocada sobre la cresta de una ola levantada por la tormenta de nuevas fuerzas económicas. Las masas que no participaban del poder y la riqueza del grupo gobernante perdieron la seguridad que les otorgaba su estado anterior y se volvieron un conjunto informe —objetos de lisonjas o de amenazas— pero siempre víctimas de las manipulaciones y la explotación de los detentadores del poder. Al lado del nuevo individualismo surgió

---

repudiado. Más o menos en la misma dirección se hallan W. Dilthey, *Weltanschauung und Analyse des Menschen seit Renaissance und Reformation*, en *Gesammelte Schriften*, Leipzig, Teubner, 1914. (Hay traducción castellana: *Hombre y mundo en los siglos XVI y XVII*, México, Fondo de Cultura Económica, 1944), y el estudio de E. Cassirer sobre *Individuum und Cosmos in der Philosophie der Renaissance*. Por otra parte, Burckhardt ha sido atacado en forma decidida por algunos autores. J. Huizinga ha señalado que Burckhardt ha menospreciado el grado de similitud existente entre la vida de las masas en Italia y la de otros países europeos durante la baja Edad Media; que coloca el comienzo del Renacimiento alrededor de 1400, en tanto la mayor parte del material que emplea como ilustración de su tesis corresponde al siglo XV y principios del XVI; que desdeña el carácter cristiano del Renacimiento y atribuye una importancia injustificada a sus elementos paganos; que toma el individualismo como el rasgo dominante de la cultura renacentista, cuando en realidad se trata de uno entre varios; que la Edad Media no carecía de individualidad en el grado que supone Burckhardt, y que, por lo tanto, su manera de oponer la Edad Media al Renacimiento es incorrecta; que el Renacimiento siguió tan respetuoso de la autoridad como lo había sido la Edad Media; que el mundo medieval no era tan hostil a los placeres mundanos ni el Renacimiento tan optimista como lo piensa Burckhardt; que durante el Renacimiento no existieron más que los gérmenes de la actitud del hombre moderno, es decir, su tendencia hacia los logros personales y el desarrollo de la individualidad; que en el siglo XIII los trovadores habían desarrollado la idea de la nobleza del corazón, y que, por otra parte, el Renacimiento no rompió con el concepto medieval de superior jerarquía social. (J. Huizinga, *Das Problem der Renaissance in Wege der Kulturgeschichte*, München, Drei Masken Verlag, 1930, págs. 89 y sigts.; véase

un nuevo despotismo. Estaban así entrelazadas de una manera inextricable la libertad y la tiranía, la individualidad y el desorden. El Renacimiento no fue una cultura de pequeños comerciantes y de pequeños burgueses, sino de ricos, nobles o ciudadanos. Su actividad económica y su riqueza les proporcionaban un sentimiento de libertad y un sentimiento de individualidad. Pero a la vez esta misma gente había perdido algo: la seguridad y el sentimiento de *pertenencia* que ofrecía la estructura

---

también *Herbst des Mittelalters*, München, Drei Masken Verlag, 1924; hay traducción castellana: *El otoño de la Edad Media*, Madrid, Rev. de Occidente.)

Me parece, sin embargo, que aun cuando estos argumentos fueran correctos en detalle, no invalidan la tesis central de Burckhardt. El argumento de Huizinga en realidad sigue este principio: Burckhardt está equivocado porque parte de los fenómenos que invoca para el Renacimiento ya existían, en la baja Edad Media, en la Europa central y occidental, y otros surgieron solamente después del final de la época renacentista. Éste es el mismo tipo de argumento que ha sido empleado en contra de todas las teorías que contraponen la sociedad feudal medieval con la sociedad capitalista moderna; lo que se ha dicho a propósito de esto último vale también para las críticas presentadas a Burckhardt. Éste ha reconocido la diferencia esencial entre la cultura medieval y moderna. Puede haber insistido demasiado en el uso de los conceptos de "Renacimiento" y "Edad Media" —como "tipos ideales"—, y haber atribuido carácter cualitativo a diferencias que eran cuantitativas; a pesar de todo me parece que tuvo la visión de distinguir claramente la peculiaridad y la dinámica de aquellas tendencias que debían transformarse de cuantitativas en cualitativas en el curso de la historia europea.

Sobre todo este problema véase también el excelente estudio de Charles E. Trinkhaus, *Adversity's Noblemen* (Nueva York, Columbia University Press, 1940), que contiene una crítica constructiva de la obra de Burckhardt, llevada a cabo por medio del análisis de las opiniones de los humanistas italianos acerca del problema de la felicidad en la vida. Por lo que concierne al problema tratado en este libro, revisten especial interés sus consideraciones sobre la inseguridad, la resignación y la desesperación, como consecuencia del aumento de la lucha y la competencia por los logros personales (pág. 18).

social medieval. Eran más libres, pero a la vez se hallaban más solos. Usaron de su poder y de su riqueza para exprimir hasta la última gota los placeres de la vida; pero, al hacerlo, debían emplear despiadadamente todos los medios, desde la tortura física hasta la manipulación psicológica, a fin de gobernar a las masas y vencer a los competidores en el seno de su misma clase. Todas las relaciones humanas fueron envenenadas por esta lucha cruel por la vida o por la muerte, para el mantenimiento del poder y la riqueza. La solidaridad con los demás hombres —o, por lo menos, con los miembros de su propia clase— se vio reemplazada por una actitud cínica e indiferente; a los otros individuos se los consideraba como "objetos" para ser usados o manipulados, o bien para ser destruidos sin piedad, si ello resultaba conveniente para la consecución de los propios fines. El individuo se halla absorbido por un egocentrismo apasionado, una voracidad insaciable de poder y riqueza. Como consecuencia de todo ello también resultaron envenenados la relación, el individuo afortunado con su propio yo y su sentido de la seguridad y la confianza. Su mismo yo se tornó para él un objeto de manipulación como lo eran las demás personas. Tenemos razones para dudar acerca de si los poderosos señores del capitalismo renacentista eran tan felices y se sentían tan seguros como han sido descritos a menudo. Parece que la nueva libertad les dio dos cosas: un aumento en el sentimiento de fuerza y, a la vez, aislamiento, duda y escepticismo creciente [6] y, como consecuencia de ello, angustia. Se trata de la misma contradicción que hallamos en los escritos filosóficos de los humanistas. Junto con su insistencia acerca de la dignidad humana, la individualidad y la fuerza dieron, en su filosofía, muestras de inseguridad y desesperación [7].

[6] Cf., J. Huizinga, *op. cit.*, pág. 159.

[7] Cf. el análisis de Dilthey acerca de Petrarca (*op. cit.*, págs. 19 y sigts.) y Trinkhaus, *op cit.*

Esta inseguridad subyacente, consecuencia de la posición del individuo aislado en un mundo hostil, tiende a explicar el origen de un rasgo de carácter que fue —como lo señaló Burckhardt [8]— peculiar del individuo del Renacimiento, y que no se halla presente, por lo menos con la misma intensidad, en el miembro de la estructura social del medioevo: su apasionado anhelo de fama. Si el significado de la vida se ha tornado dudoso, si las relaciones con los otros y con uno mismo ya no ofrecen seguridad, entonces la fama es un medio para acallar las propias dudas. Posee una función con respecto a la inmortalidad, comparable a la de las pirámides egipcias, o la de la fe cristiana; eleva la propia vida individual, por encima de sus limitaciones e inestabilidad, hasta el plano de lo indestructible; si el propio nombre es conocido por los contemporáneos y se abriga la esperanza de que durará por siglos, entonces la propia vida adquiere sentido y significación por el mero hecho de reflejarse en los juicios de los otros. Es obvio que esta solución de la inseguridad individual era posible tan sólo para un grupo social cuyos miembros poseyeran los medios efectivos para alcanzar la fama. No era una solución posible para las masas impotentes que pertenecían a esa misma cultura, ni tampoco la solución que hallaremos en la clase media urbana que constituyó el fundamento de la Reforma.

Hemos empezado por la discusión del Renacimiento porque este período representa el comienzo del individualismo moderno, y también por cuanto el trabajo realizado por sus historiadores arroja alguna luz sobre aquellos mismos factores que son significativos para el proceso principal analizado en el presente estudio, es decir, la emergencia del hombre de la existencia preïndividualista hacia aquella en que alcanzó una conciencia plena de sí

[8] *Op. cit.*, pág. 139.

mismo, como entidad separada. Pero no obstante el hecho de que las ideas renacentistas no dejaron de tener influencia sobre el ulterior desarrollo del pensamiento europeo, las raíces esenciales del capitalismo europeo, su estructura económica y su espíritu no han de hallarse en la cultura italiana de la baja Edad Media, sino en la situación económica y social de la Europa central y occidental y en las doctrinas de Lutero y Calvino.

La principal diferencia entre las dos culturas es la siguiente: el período del Renacimiento representó un grado de evolución comparativamente alto del capitalismo industrial y comercial; se trataba de una sociedad en la que gobernaba un pequeño grupo de individuos ricos y poderosos que formaban la base social necesaria para los filósofos y los artistas que expresaban el espíritu de esta cultura. La Reforma, por otra parte, fue esencialmente una religión de las clases urbanas medias y bajas y de los campesinos. También Alemania tenía sus comerciantes ricos, como los Fuggers, pero no era a ellos a quienes interesaban las nuevas doctrinas religiosas, ni eran ellos la base principal sobre la que se desarrolló el capitalismo moderno. Como lo ha demostrado Max Weber, fue la clase media urbana la que constituyó el fundamento del moderno desarrollo capitalista en el mundo occidental [9]. En conformidad con la completa diferencia en el sustrato social de los dos movimientos, debemos suponer que el espíritu del Renacimiento y de la Reforma fueron distintos [10]. Al discutir la teología de Calvino y Lutero, aparecerán implícitamente algunas diferencias. Nuestra atención se enfocará sobre el problema de cómo la liberación de los vínculos individuales afectó la estructura del carácter de la clase

[9] Cf. Max Weber, *The Protestant Ethic and the Spirit of Capitalism*, Londres, Allen & Unwin, 1930, pág. 65.

[10] Cf. Ernest Troeltsch, *Renaissance und Reformation*, vol. IV, *Gesammelte Schriften*, Tübingen, 1923.

media urbana; trataremos de mostrar de qué modo el protestantismo y el calvinismo, si bien expresaron un nuevo sentimiento de la libertad, constituyeron a la vez una forma de evasión de sus responsabilidades.

Discutiremos primero cuál fue la situación económica y social de Europa, especialmente de la Europa central, en los comienzos del siglo XVI, y luego analizaremos cuáles fueron las repercusiones de esta situación sobre la personalidad de los hombres que vivían en ese período, qué relaciones tuvieron las enseñanzas de Calvino y Lutero con tales factores psicológicos y cuál fue la relación de estas nuevas doctrinas religiosas con el espíritu del capitalismo [11].

En la *sociedad medieval* la organización económica de la ciudad fue relativamente estática. Los artesanos, desde el último período de la Edad Media, se hallaban unidos en sus gremios. Cada maestro tenía uno o dos aprendices y el número de maestros estaba relacionado en alguna medida con las necesidades de la comunidad. Aunque siempre había alguien que debía luchar duramente para ganar lo suficiente con qué vivir, por lo general el miembro de la corporación podía estar seguro de que viviría con el fruto de su trabajo. Si fabricaba

[11] La exposición de la historia económica de la última parte de la Edad Media, que sigue a continuación, se funda principalmente en las siguientes obras:

Lamprecht, *Zum Verständnis der Wirtschftlichen und sozial Wandlungen in Deutschland vom,* 14, *zum* 16. *Jahrhundert, Akademische Verlagsbuchhandlung,* J. C. B. Mohr, Ztsch, für Sozialunter Wirtschaftsgeschichte, Freiburg i. B. und Leipzig, 1893.

Enremberg, *Das Zeitalter der Fugger,* Jena, G. Fischer, 1896.

Sombart, W., *Der Moderne Kapitalismus,* 1921, 1928.

V. Balow, *Probleme der Wirtschaftsgeschichte.* Tübingen, J. C. B. Mohr, 1920.

Kulischer, *Allgemeine Wirtschaftsgeschichte des Mittelalters und der Neuzeit,* München und Berlin, Druck und Verlag von R. Oldembourg, 1928.

buenas sillas, zapatos, pan, monturas, etc., eso era todo lo necesario para tener la seguridad de vivir sin riesgos dentro del nivel que le estaba tradicionalmente asignado a su posición social. Podía tener confianza en sus "buenas obras", para emplear la expresión no ya en el significado teológico, sino en su sencillo sentido económico. Las corporaciones impedían toda competencia seria entre sus miembros y constreñían a la cooperación en lo referente a la compra de las materias primas, las técnicas de producción y los precios de sus productos. En contradicción con una tendencia a idealizar el sistema corporativo juntamente con la vida medieval, algunos escritores han señalado cómo los gremios se hallaron siempre imbuidos de un espíritu monopolista que intentaba proteger a un pequeño grupo con exclusión de los recién llegados. La mayoría de los autores, sin embargo, coincide en que, aun evitando toda idealización de las corporaciones, éstas se hallaban basadas en la cooperación mutua y ofrecían una relativa seguridad a sus miembros [12].

El comercio medieval era llevado a cabo, como lo

Andreas, *Deutschland vor der Reformation*, Stuttgart und Berlin, Deutsches Verlags-Anstant, 1932.

Weber, Max, *The Protestant Ethic and the Spirit of Capitalism*. Londres, Allen & Unwin, 1930.

Schapiro, *Social Reform and the Reformation*, tesis, en la Universidad de Columbia, 1909.

Pascal, *The Social Basis of the German Reformation, Martin Luther and his Times*, Londres, 1933.

Tawney, *Religion and the Rise of Capitalism*, Londres, J. Murray, 1926 (hay traducción castellana: *La religión en el orto del capitalismo*; Madrid, Editorial Revista de Derecho Privado, 1936, *N. del T.*).

Brentano, *Der Wirtschaftende Mensch in der Geschichte*, Leipzig, Meiner, 1923.

Kraus, *Scholastik, Puritanismus und Kapitalismus*, München, Dunker & Humboldt, 1930.

[12] Cf. la bibliografía sobre esta cuestión, citada por J. Kulischer, *op. cit.*, págs. 192 y sigts.

ha indicado Sombart, por una multitud de pequeños comerciantes. La venta al por mayor y la venta al detalle todavía no se habían separado, y hasta aquellos comerciantes que visitaban el extranjero, tales como los miembros de la Hansa del norte de Alemania, todavía se ocupaban del comercio al detalle. También la acumulación del capital fue muy lenta hasta fines del siglo XV. De este modo el pequeño comerciante poseía un grado considerable de seguridad en comparación con lo que ocurrió durante la última parte de la Edad Media, cuando el gran capital y el comercio monopolista asumieron una importancia creciente.

Mucho de lo que ahora tiene carácter mecánico (dice el profesor Tawney acerca de la vida de una ciudad medieval) era entonces personal, íntimo y directo, y había poco lugar para una organización demasiado vasta para el individuo y para la doctrina que hace acallar los escrúpulos y cierra todas las cuentas con la justificación final de la conveniencia económica [13].

Esto nos conduce a un asunto esencial para la comprensión de la posición del individuo en la sociedad medieval: el que se refiere a las *opiniones éticas* concernientes a las *actividades económicas*, tales como ellas se expresaban no solamente en las doctrinas de la Iglesia católica, sino también en las leyes seculares. Sobre este punto seguimos la exposición de Tawney, pues que su posición no puede ser sospechada de ningún intento de idealizar el mundo medieval o de considerarlo bajo un aspecto romántico. Los supuestos básicos referentes a la vida económica eran dos: "*Que los intereses económicos se subordinan al problema de la vida, que es la salvación*, y que la conducta económica es un aspecto de la conducta personal, sometida, al igual que las otras, a las reglas de la moralidad".

Tawney formula así la opinión medieval acerca de las actividades económicas:

[13] R. Tawney, *op. cit.*, pág. 28.

Las riquezas materiales poseen importancia secundaria, pero son necesarias, puesto que sin ellas los hombres no se pueden mantener ni ayudarse entre sí... Mas los motivos económicos son sospechosos. Como constituyen apetitos poderosos, los hombres los temen, pero no son tan bajos como para llegar a aplaudirlos... No hay lugar, según la teoría medieval, para una actividad económica que no esté relacionada con un fin moral, y el hallar una ciencia de la sociedad fundada en el supuesto de que el apetito para la ganancia económica es una fuerza constante y mensurable, que debe ser aceptada, al modo de las demás fuerzas naturales, como un hecho inevitable y evidente por sí mismo, hubiera parecido al pensador medieval casi tan irracional e inmoral como el escoger, como supuesto de la filosofía social, la actividad desenfrenada de atributos humanos tales como la belicosidad y el instinto sexual... Las riquezas, como dice San Antonio, existen para el hombre y no el hombre para las riquezas... A cada paso, entonces, hay límites, restricciones, advertencias contra toda posible interferencia de los asuntos económicos sobre las cuestiones serias. Es lícito para un hombre buscar aquellas riquezas que son necesarias para mantener el nivel de vida propio de su posición social. Buscar más no es ser emprendedor, sino ser avaro, y la avaricia es un pecado mortal. El comercio es legítimo; los diferentes recursos naturales de los distintos países muestran que la Providencia lo había previsto. Pero se trata de un asunto peligroso. Hay que estar seguro de que se lo está ejercitando para el beneficio público y que las ganancias de que uno se apropia no son más que el salario de su trabajo. La propiedad privada es una institución necesaria, por lo menos en un mundo caído en el pecado; los hombres trabajan más y disputan menos cuando los bienes son privados que cuando son comunes. Pero la propiedad privada debe ser tolerada como una concesión a la debilidad humana y no ser exaltada como un bien en sí misma; el ideal, si es que el hombre pudiera elevarse hasta él, sería el comunismo. "*Communis enim* —escribe Graciano en su *decretum*—, *usus omnium quæ sunt in hoc mundo, omnibus hominibus ese debuit*". En el mejor de los casos las posesiones son un estorbo. Deben ser adquiridas legítimamente. Deben hallarse en el mayor número posible de manos. Deben proveer al sustento de los pobres. Su uso en la medida de lo practicable debe ser común. Sus propietarios han de estar prontos para compartirlas con los necesitados, aun cuando éstos no se hallen en la indigencia inmediata [14].

[14] *Op. cit.*, págs. 31 y sigts.

Aun cuando estas opiniones expresan normas y no constituyan la imagen precisa de la realidad de la vida económica, reflejan, sin embargo, en alguna medida el real espíritu de la sociedad medieval.

La relativa estabilidad de la posición de los artesanos y de los mercaderes, que era característica de la ciudad medieval, fue debilitándose paulatinamente durante la baja Edad Media, hasta que se derrumbó por completo durante el siglo XVI. Ya desde el siglo XIV, y aun antes se había iniciado una diferenciación creciente en el seno de las corporaciones, que siguió su curso a pesar de todos los esfuerzos por detenerla. Algunos miembros de los gremios poseían más capital que otros y empleaban cinco o seis jornaleros en lugar de uno o dos. Muy pronto algunos gremios admitieron solamente a las personas que dispusieran de un cierto capital. Otras corporaciones se tornaron poderosos monopolios que trataban de lograr todas las ventajas posibles de su posición monopolista y de explotar al consumidor en todo cuanto podían. Por otra parte, muchos miembros de las corporaciones se empobrecieron y debieron buscar alguna ganancia fuera de su ocupación tradicional, llegando frecuentemente a ser pequeños comerciantes accidentales. Muchos de ellos habían perdido su independencia económica y su seguridad, mientras al mismo tiempo se aferraban al ideal tradicional de la independencia económica [15].

En conexión con esta evolución del sistema de gremios la situación de los jornaleros fue de mal en peor. Mientras en las industrias de Italia y de Flandes existía una clase de obreros insatisfechos ya desde el siglo XIII o aun antes, la situación del jornalero en los gremios artesanos todavía era relativamente segura. Aun cuando no fuera cierto que

[15] Cf. Lamprecht, *op cit.*, pág. 207; Andreas, *op. cit.*, pág. 303.

todo jornalero podía llegar a patrón, muchos lo conseguían. Pero a medida que aumentaba el número de jornaleros dependientes de un solo patrón, que aumentaba el capital necesario para hacerse patrón y que aumentaba el carácter monopolista y exclusivo asumido por los gremios, disminuían las oportunidades del jornalero. El empeoramiento de su posición económica y social se manifestó en su creciente descontento, en la formación de organizaciones propias, huelgas y hasta violentas insurrecciones.

Lo que se ha dicho acerca del creciente desarrollo capitalista de los gremios de artesanos es aún más evidente en lo que toca al *comercio*. Mientras el comercio medieval había sido principalmente un modesto negocio interurbano, durante los siglos XIV y XV el comercio nacional e internacional creció rápidamente. Aun cuando los historiadores no están de acuerdo acerca del momento de iniciación de las grandes compañías comerciales, coinciden en que en el siglo XV ellas se estaban volviendo cada vez más poderosas y se habían desarrollado en monopolios que, por la fuerza superior de su capital, amenazaban tanto al pequeño comerciante como al consumidor. La reforma del emperador Segismundo, en el siglo XV, intentó restringir el poder de los monopolios por medios legislativos. Pero la posición del pequeño negociante se tornó cada vez más insegura; apenas ejercía la influencia suficiente para dejar oír sus quejas, pero no la necesaria para impulsar una acción efectiva [16].

La indignación y la ira del pequeño comerciante contra los monopolios fueron expresadas elocuentemente por Lutero en su folleto "Sobre el comercio y la usura" [17], impreso en 1524.

> Ellos tienen bajo su vigilancia todos los bienes y practican sin disimulo todos los engaños que han sido mencionados; suben y bajan los precios según su gusto, y oprimen y arruinan a todos los pequeños comerciantes, al modo como el lucio come los pececillos, justamente como si fueran

señores de las criaturas de Dios y no tuvieran obligación de prestar obediencia a todas las leyes de la fe y el amor.

Estas palabras de Lutero habrían podido escribirse hoy. El miedo y la ira de la clase media contra los ricos monopolistas, durante los siglos XV y XVI, son similares en muchos aspectos al sentimiento que caracteriza la actitud de la clase media contra los monopolistas y los poderosos capitalistas de nuestra época.

También aumentaba el papel del capital en la *industria.* Un ejemplo notable es el de la industria minera. Originariamente la parte de cada miembro de una corporación minera era proporcional a la cantidad de trabajo por él realizada. Pero alrededor del siglo XV, las participaciones pertenecían en muchos casos a capitalistas que no trabajaban personalmente y, en medida cada vez más creciente, el trabajo era llevado a cabo por obreros retribuidos con salarios y sin participación en la empresa. El mismo desarrollo capitalista ocurrió también en otras industrias, y aumentó la tendencia que derivaba del papel creciente del capital en los gremios de artesanos y en el comercio: un aumento en la división entre ricos y pobres y en el descontento reinante entre estos últimos.

Por lo que se refiere a la situación de la gente del campo, las opiniones de los historiadores difieren. Sin embargo, el análisis de Schapiro, que citamos a continuación, parece hallarse suficientemente sustentado por los hallazgos de la mayoría de los historiadores.

No obstante estas pruebas de prosperidad, las condiciones del paisanaje empeoraban rápidamente. A principios del siglo XVI había en realidad muy pocos propietarios independientes que cultivaran su propia tierra con derecho de re-

[16] Schapiro, *op. cit.*, pág. 59.

[17] *Works of Martin Luther*, Philadelphia, A. J. Holman Co., vol. IV, pág. 34.

presentación en las dietas locales, lo cual era en la Edad Media un signo de independencia e igualdad social. La gran mayoría era *Hoerige*, es decir, pertenecía a una clase de gentes personalmente libres, pero cuya tierra se hallaba sometida a tributo, viéndose obligados los individuos a prestar determinados servicios según acuerdos... Era el *Hoerige* el fundamento de todas las insurrecciones campesinas. El campesino de la clase media, que vivía en una comunidad semiindependiente cercana a la finca señorial, se dio cuenta que el aumento de los tributos y de los servicios lo estaban conduciendo prácticamente a un estado de servidumbre e iban reduciendo la propiedad comunal de la aldea a ser una parte del feudo del señor [18].

Ciertos cambios significativos en la *atmósfera psicológica*, acompañaron el desarrollo económico del capitalismo. Un espíritu de desasosiego fue penetrando en la vida. Hacia fines de la Edad Media comenzó a desarrollarse el concepto del tiempo en el sentido moderno. Los minutos empezaron a tener valor; un síntoma de este nuevo sentido del tiempo es el hecho de que en Nuremberg las campanas empezaron a tocar los cuartos de hora a partir del siglo XVI [19]. Un número demasiado grande de feriados comenzó a parecer una desgracia. El tiempo tenía tanto valor que la gente se daba cuenta de que no debería gastarse en nada que no fuera útil. El trabajo se transformó cada vez más en el valor supremo. Con respecto a él la nueva actitud se desarrolló con tanta fuerza que la clase media empezó a indignarse contra la improductividad económica de las instituciones eclesiásticas. Se resentía contra las órdenes mendicantes por ser improductivas y, por tanto, inmorales.

El principio de la eficiencia asumió el papel de una de las más altas virtudes morales. Al mismo tiempo el deseo de riqueza y de éxito material llegaron a ser una pasión que todo lo absorbía.

18 Schapiro, *op. cit.*, págs. 54-55.
19 Lamprecht, *op. cit.*, pág. 200.

Todo el mundo (dice el predicador Martín Butzer) corre detrás de aquellos asuntos y ocupaciones que reportan mayores beneficios. El estudio de las artes y de las ciencias es desechado en beneficio de las formas más innobles del trabajo manual. Todas las cabezas inteligentes, dotadas por Dios de capacidad para los más nobles estudios, se ven monopolizadas por el comercio, el cual está hoy en día tan saturado de deshonestidad, que es la última especie de ocupación que todo hombre honorable debiera emprender [20].

Una muy importante consecuencia de los cambios económicos descritos llegó a afectar a todos. El sistema social medieval quedó destruido y con él la estabilidad y la relativa seguridad que ofrecía al individuo. Ahora, con los comienzos del capitalismo, todas las clases empezaron a moverse. Dejó de haber un lugar fijo en el orden económico que pudiera ser considerado como natural, como incuestionable. *El individuo fue dejado solo; todo dependía de su propio esfuerzo y no de la seguridad de su posición tradicional.*

Cada clase, por otra parte, se vio afectada de una manera distinta por este desarrollo. Para el pobre de las ciudades, los obreros y los aprendices, significó un aumento de la explotación y el empobrecimiento, y para los campesinos, también un crecimiento de la presión individual y económica; la nobleza más baja tuvo que enfrentar la ruina, aunque de distinta manera. Mientras para estas clases el nuevo desarrollo era esencialmente un cambio hacia lo peor, la situación era mucho más complicada para la clase media urbana. Nos hemos referido ya a la diferenciación creciente que había tenido lugar en sus filas. Amplios sectores de esta clase se hallaron en una situación cada vez más difícil. Muchos artesanos y pequeños comerciantes tuvieron que enfrentar el poder superior de los monopolistas y de otros competidores con mayor capital, teniendo así dificultades siempre más graves

[20] Citado por Schapiro, *op. cit.*, págs. 21, 22.

para mantenerse independientes. A menudo luchaban contra fuerzas abrumadoras por su peso, y para muchos se trataba de una lucha temeraria y desesperada. Otros sectores de la clase media eran más prósperos y participaban de la tendencia ascensional general del naciente capitalismo. Pero hasta para estas personas más afortunadas, el papel creciente del *capital*, del *mercado* y de la *competencia* condujo su situación personal hacia la inseguridad, el aislamiento y la angustia.

El hecho de que el capital asumiera una importancia decisiva significó que una fuerza impersonal estaba ahora determinando su destino económico y con él, su destino personal.

> El capital había dejado de ser un sirviente y se había vuelto un amo. Asumiendo una vitalidad separada e independiente, reclamaba el derecho, propio del socio más poderoso, de dictar el tipo de organización económica acorde con sus exigentes requerimientos [21].

Las nuevas funciones del mercado tuvieron un efecto similar. El mercado medieval había sido relativamente pequeño y su funcionamiento resultaba fácilmente comprensible. Llevaba la demanda y la oferta en relación directa y concreta. El productor sabía aproximadamente cuánto debía producir y podía estar relativamente seguro de vender sus productos por un precio adecuado. Pero ahora era menester producir para un mercado cada vez más vasto y ya no se podían determinar por adelantado las posibilidades de venta. Por tanto, no era suficiente producir mercaderías útiles. Aun cuando esto fuera una condición necesaria para la venta, las leyes imprevisibles del mercado decidían si los productos podían ser vendidos y con qué beneficio. El mecanismo del nuevo mercado parecía similar a la doctrina calvinista de la predestinación, según la cual el individuo debe realizar todos los esfuerzos

[21] R. H. Tawney, *op. cit.*, pág. 86.

posibles para ser bueno, pero mientras tanto su salvación o perdición se halla decidida desde antes del nacimiento. El día del mercado se tornó en el día del juicio para los productos del esfuerzo humano.

Otro factor importante dentro de la situación era el papel creciente de la competencia. Si bien ésta no estaba del todo ausente en la sociedad medieval, el sistema económico feudal se basaba en el principio de la cooperación y estaba regulado —o regimentado— por normas capaces de restringir la competencia. Con el surgir del capitalismo estos principios medievales cedieron lugar cada vez más al principio de la empresa individualista. Cada individuo debía seguir adelante y tentar la suerte. Debía nadar o hundirse. Los otros no eran ya sus aliados en una empresa común; se habían vuelto sus competidores, y frecuentemente el individuo se veía obligado a elegir entre su propia destrucción o la ajena [22].

Ciertamente el papel del capital, del mercado y de la competencia individual no era tan importante en el siglo XVI como lo fue más tarde. Pero, al mismo tiempo, todos los elementos decisivos del capitalismo moderno ya habían surgido juntamente con sus efectos psicológicos sobre el individuo.

Hemos descrito una parte del cuadro, pero también hay otra: el capitalismo libertó al individuo. Libertó al hombre de la regimentación del sistema corporativo; le permitió elevarse por sí solo y tentar su suerte. El individuo se convirtió en dueño de su destino: suyo sería el riesgo, suyo el beneficio. El esfuerzo individual podía conducirlo al éxito y a la independencia económica. La moneda se convirtió en un gran factor de igualdad humana y re-

[22] Cf. sobre este problema de la competencia: M. Mead *Cooperation and Competition among Primitive Peoples*, Londres, MacGraw Hill, 1937; L. K. Frank, *The Costs of Competition*, en Plain Age, vol. VI, noviembre-diciembre, 1940.

sultó más poderosa que el nacimiento y la casta.

Este aspecto del capitalismo apenas empezaba a desarrollarse en el primitivo período que hemos tratado hasta ahora. Desempeñó un papel más importante entre el pequeño grupo de capitalistas prósperos que entre la clase media urbana. Sin embargo, hasta en la medida restringida en que existió efectivamente en ese entonces, tuvo efectos importantes en la formación de la personalidad humana.

Si ahora tratamos de resumir nuestra discusión relativa al choque de los cambios económicos y sociales sobre el individuo durante los siglos XV y XVI, llegamos al siguiente cuadro de conjunto.

Nos encontramos con aquel mismo carácter ambiguo de la libertad que antes se discutió. El hombre es liberado de la esclavitud que entrañan los lazos económicos y políticos. También gana en el sentido de la libertad positiva, merced al papel activo e independiente que ejerce en el nuevo sistema. Pero, a la vez, se ha liberado de aquellos vínculos que le otorgan seguridad y un sentimiento de *pertenencia.* La vida ya no transcurre en un mundo cerrado, cuyo centro es el hombre; el mundo se ha vuelto ahora ilimitado y, al mismo tiempo, amenazador. Al perder su lugar fijo en un mundo cerrado, el hombre ya no posee una respuesta a las preguntas sobre el significado de su vida; el resultado está en que ahora es víctima de la duda acerca de sí mismo y del fin de su existencia. Se halla amenazado por fuerzas poderosas y suprapersonales; el capital y el mercado. Sus relaciones con los otros hombres, ahora que cada uno es un competidor potencial, se han tornado lejanas y hostiles; es libre, esto es, está solo, aislado, amenazado desde todos lados. Al no poseer la riqueza o el poder que tenía el capitalista del Renacimiento, y habiendo perdido también el sentimiento de unidad con los otros hombres y el universo, se siente abrumado por su nulidad y desamparo individuales. El Paraíso ha sido perdido para siempre, el individuo está solo y enfrenta el mundo; es un extranjero abandonado en un mundo ilimitado y amenazador. La nueva libertad está destinada a crear un sentimiento profundo de inseguridad, de impotencia, de duda, de soledad y de angustia. Estos sentimientos deben ser aliviados si el individuo ha de obrar con éxito.

## 2. El período de la Reforma

En este momento del desarrollo histórico surgieron el *luteranismo* y el *calvinismo*. Las nuevas religiones no pertenecían a una rica clase elevada sino a la clase media urbana, a los pobres de las ciudades y a los campesinos. Ellas entrañaban un llamamiento a estos grupos al expresar aquel nuevo sentimiento de libertad e independencia —así como de impotencia y angustia— que había penetrado en sus miembros. Pero las nuevas doctrinas religiosas hicieron algo más que proporcionar una expresión articulada a los sentimientos generados por el orden económico en evolución. Por medio de sus enseñanzas aumentaron y, al mismo tiempo, ofrecieron soluciones capaces de permitir al individuo hacer frente al sentimiento de inseguridad, que de otro modo hubiera sido insoportable.

Antes de comenzar el análisis del significado social y psicológico de las nuevas doctrinas religiosas, haremos algunas consideraciones acerca del método de nuestro estudio, lo cual contribuirá a la comprensión de tal análisis.

Al estudiar el significado psicológico de una doctrina política o religiosa, debemos ante todo tener presente que el análisis psicológico no implica juicio alguno acerca de la verdad de la doctrina analizada. Esta última cuestión sólo puede ser juzgada en los términos de la estructura lógica del problema mismo. El análisis de los motivos psíquicos existentes detrás de ciertas doctrinas o ideas no puede ser nunca un sustituto del juicio racional referente a la validez de la doctrina y de sus valores implícitos, aun cuando aquel análisis puede conducir a una mejor comprensión del significado real de una doctrina, y de este modo influir sobre el propio juicio de valor.

Lo que el análisis psicológico de las doctrinas puede mostrar son las motivaciones subjetivas que proporcionan a una persona la conciencia de ciertos problemas y le hacen buscar una respuesta en determinadas direcciones. Cualquier clase de pensamiento, verdadero o falso, si representa algo más que una conformidad superficial con las ideas convencionales, es motivado por las necesidades subjetivas y los intereses de la persona que lo piensa. Ocurre que ciertos intereses se ven favorecidos por el hallazgo de la verdad, mientras que otros lo son por su destrucción. Pero en ambos casos los motivos psicológicos constituyen incentivos importantes para llegar a ciertas conclusiones. Hasta podríamos ir más lejos y afirmar que aquellas ideas que no se hallan arraigadas en poderosas necesidades de la personalidad ejercerán poca influencia sobre las acciones y la vida toda del individuo en cuestión.

Si analizamos las doctrinas religiosas y políticas con relación a su significado psicológico, deberemos distinguir dos problemas. Podemos estudiar la estructura del carácter del individuo que crea una nueva doctrina, tratando de entender cuáles rasgos de su personalidad explican la orientación especial de su pensamiento. Hablando concretamente ello significa, por ejemplo, que debemos analizar la estructura del carácter de Calvino o de Lutero para hallar cuáles tendencias de su personalidad los condujeron a determinadas conclusiones y a formular ciertas doctrinas. El otro problema se halla en el estudio de los motivos psicológicos, no ya del creador de la doctrina, sino del grupo social hacia el cual la doctrina misma orienta su llamado. La influencia de toda doctrina o idea depende de la medida en que responda a las necesidades psíquicas propias de la estructura del carácter de aquellos hacia los cuales se dirige. Solamente cuando la idea responda a poderosas necesidades psicológicas de ciertos grupos sociales, llegará a ser una potente fuerza histórica.

Por supuesto, ambos problemas, la psicología del "líder" y la del grupo de sus adeptos, se hallan estrechamente ligados entre sí. Si la misma idea influye sobre ambos, la estructura de su carácter ha de ser similar en muchos aspectos importantes. Prescindiendo de factores tales como el talento especial del "líder" para el pensamiento y la acción, la estructura de su carácter exhibirá generalmente, en una forma extrema y claramente definida, la peculiar estructura del carácter correspondiente a aquellos sobre quienes influyen sus doctrinas; el "líder" puede llegar a una formulación más clara y franca de ciertas ideas para las cuales sus adeptos se hallan ya psicológicamente preparados. El hecho de que la estructura del carácter del "líder" muestre con mayor vivacidad algunos de los rasgos que puedan encontrarse en sus secuaces, se debe a uno de los siguientes factores o a una combinación de ambos: primero, que su posición social sea la que típicamente corresponde a aquellas condiciones que modelan la personalidad de todo el grupo; segundo, que por las circunstancias accidentales de su educación y de sus experiencias personales, aquellos mismos rasgos que en el grupo son consecuencia de la posición social, se desarrollen en él en un grado muy marcado.

En nuestro análisis del significado psicológico de las doctrinas del protestantismo y del calvinismo no se tratará de las personalidades de Calvino y Lutero, sino de la situación psicológica de las clases sociales hacia las cuales se dirigían sus ideas. Quiero tan sólo mencionar, antes de comenzar nuestra discusión de la teoría luterana, que Lutero, como persona, era un representante típico del "carácter autoritario", que será descrito más adelante. Habiendo sido educado por un padre excepcionalmente severo y gozado cuando niño de muy poca seguridad o amor, su personalidad se desengarzaba en una constante ambivalencia con respecto a la autoridad; la odiaba y se rebelaba contra ella, pero al mismo tiempo la admiraba y tendía a sometérsele. Durante toda su vida tuvo siempre una autoridad a la cual se oponía y otra que era objeto de su admiración: cuando joven, su padre y sus superiores en el monasterio; el Papa y los príncipes más tarde. Se hallaba henchido del sentimiento extremo de su soledad, impotencia y perversidad, pero, a la vez, de la pasión de dominio. Se veía tan torturado por las dudas como sólo puede estarlo un carácter compulsivo, buscando constantemente algo que le diera seguridad interior y lo aliviara de los tormentos de la incertidumbre. Odiaba a los otros, especialmente a la "chusma", se odiaba a sí mismo, odiaba la vida, y de todo este odio se originó un apasionado y desesperado deseo de ser amado. Todo su ser estaba penetrado por el miedo, la duda y el aislamiento íntimo, y era sobre esta base personal que debía llegar a ser el paladín de grupos sociales que se hallaban psicológicamente en una posición muy similar.

Nos parece conveniente hacer una última consideración a propósito del método empleado en el análisis que seguirá. Todo análisis psicológico de los pensamientos de un individuo o de una ideología tiende a la comprensión de las raíces psicológicas de las cuales surgen tales ideas o pensamientos. La primera condición para dicho análisis es el comprender plenamente la contextura lógica de una idea y lo que su autor se propone decir conscientemente. Sabemos, sin embargo, que una persona, aun cuando sea subjetivamente sincera, con frecuencia puede ser inconscientemente llevada por un motivo diferente del que ella misma se atribuye; que puede emplear un concepto que desde el punto de vista lógico implica cierto significado, mientras que para ella, inconscientemente, quiere decir algo distinto de este significado "oficial". Sabemos, además, que puede intentar armonizar ciertas contradicciones existentes en sus propios pensamientos, por medio de una construcción ideológica, o bien encubrir una idea reprimida con una racionalización que exprese lo contrario. La comprensión de la manera de obrar de los elementos inconscientes nos ha enseñado a ser escépticos respecto de las palabras y a no tomarlas en su valor aparente.

El análisis de las ideas se dirige principalmente a dos tareas: la primera es la de determinar el peso que una idea posee en el conjunto de un sistema ideológico; la segunda es la de determinar si se trata de una racionalización que no coincide con el significado *real* de los pensamientos. Un ejemplo del primer punto es el siguiente: dentro de la ideología hitlerista la importancia atribuida a la injusticia del tratado de Versalles desempeñaba un papel formidable, y además era cierto que Hitler estaba sinceramente indignado con respecto a ese tratado de paz. Pero si analizamos toda su ideología política, veremos cómo sus fundamentos están constituidos por un intenso deseo de poder y de conquista, y que, a pesar de la importancia concedida conscientemente a la injusticia que se le hizo a Alemania, en realidad este pensamiento pesaba muy poco en el conjunto de sus ideas. Un ejemplo de la diferencia entre el significado intencional consciente de un pensamiento y su significado psicológico real, puede hallarse en el análisis de las doctrinas de Lutero tratadas en el presente capítulo.

Afirmamos que su manera de concebir las relaciones con Dios posee el carácter de una sumisión, la cual es debida a la impotencia del hombre. Él mismo habla de esta sumisión como de algo voluntario, como de una consecuencia, no ya del miedo, sino del amor. Se podría argüir entonces que, desde el punto de vista lógico, no se trata de sumisión. Psicológicamente, sin embargo, se sigue de toda la estructura de los pensamientos de Lutero que esta especie de amor o de fe, es en realidad sumisión, y que, aun cuando *conscientemente* piense en función del aspecto voluntario y lleno de amor de su "sumisión" a Dios, se siente, en realidad, penetrado por un sentimiento de impotencia y de pecado que otorga a su relación con Dios el carácter de sumisión (exactamente como la dependencia masoquista de una persona con respecto a la otra, con frecuencia es conscientemente concebida como "amor"). Desde el punto de vista del análisis psicológico, por lo tanto, la objeción de que Lutero dice algo diferente de lo que, según nosotros, *quiere realmente decir* (si bien inconscientemente), tiene poca importancia. Creemos que ciertas contradicciones de su sistema pueden ser entendidas tan sólo por medio del análisis del significado psicológico de sus conceptos.

En el siguiente análisis del protestantismo he interpretado las doctrinas religiosas de acuerdo con su significado según el contexto de todo el sistema. No cito frases que contradigan algunas de las doctrinas de Lutero o de Calvino, si he llegado al convencimiento de que su importancia y sentido son tales que no constituyen contradicciones reales. Pero mi interpretación no se basa en el procedimiento de escoger aquellas determinadas proposiciones que sean adecuadas para la interpretación misma, sino sobre el estudio de todo el sistema de Calvino y Lutero, de sus bases psicológicas, y según el método de interpretar sus elementos aislados a la luz de la estructura psicológica de todo el sistema.

Si queremos entender qué es lo nuevo en las doctrinas de la Reforma, debemos primero considerar lo esencial de la teología de la iglesia medieval [23].

Al intentar hacerlo, hay que enfrentar la misma dificultad metodológica que hemos discutido en conexión con conceptos tales como "sociedad medieval" y "sociedad capitalista". Del mismo modo que en la esfera económica no se dan cambios bruscos de una estructura a otra, así tampoco hay tales cambios en la esfera teológica. Ciertas doctrinas de Calvino y Lutero son tan similares a las de la Iglesia medieval, que a veces es muy difícil hallar diferencias esenciales entre ellas. La Iglesia católica, como el calvinismo y el protestantismo, siempre había negado que el hombre pudiese salvarse por la sola fuerza de sus virtudes y de sus méritos, que pudiera dejar de utilizar la gracia divina como medio indispensable de salvación. Sin embargo, a pesar de todos los elementos comunes entre la nueva y la vieja teología, el espíritu de la Iglesia católica fue esencialmente distinto del de la Reforma, especialmente con relación al problema de la dignidad y la libertad humanas y al efecto de las acciones del hombre sobre su propio destino.

Determinados principios fueron característicos de la teología católica durante el largo período anterior a la Reforma: la doctrina según la cual la naturaleza humana, aunque corrompida por el pecado de Adán, tiene una tendencia innata hacia lo bueno; el principio de que la voluntad del hombre es libre para desear lo bueno, que los esfuerzos del hombre son útiles para su salvación, y que el pecador puede salvarse por medio de los sacramentos de la Iglesia, fundados en los méritos de la muerte de Cristo.

No obstante, algunos de los teólogos más representativos, como San Agustín y Santo Tomás de

23 Sobre este asunto sigo principalmente a R. Seeberg, *Lehrbuch der Dogmengeschichte*, Leipzig, Deutsche Verlagsbuchhandlung, 1930, vol. III, 1, 1920, vol. IV, 2; y B. Bartmann, *Lehrbuch der Dogmatik, Freiburg*, Herder, 1911.

Aquino, aunque sustentaban los puntos de vista que se acaban de mencionar, enseñaban al mismo tiempo ciertas doctrinas que poseían un espíritu profundamente distinto. Pero aun cuando Santo Tomás enseñe una doctrina que admite la predestinación, nunca deja de señalar la importancia del libre albedrío como una de sus ideas fundamentales. Para superar el contraste entre la teoría de la libertad y la de la predestinación se ve obligado a emplear las construcciones más complicadas; pero, si bien éstas no parecen resolver de manera satisfactoria las contradicciones, Santo Tomás persiste en la doctrina del libre albedrío y de la utilidad del esfuerzo humano para lograr la salvación, aun cuando la voluntad misma necesite del apoyo de la gracia divina [24].

Sobre el libre albedrío Santo Tomás dice que sería contradictorio con la esencia de Dios y la naturaleza del hombre suponer que éste no sea libre de decidir y hasta de rehusar la gracia que Dios le ofrece [25].

Otros teólogos subrayaron más que Santo Tomás el papel del obrar humano en la salvación. Según Buenaventura, está en la intención de Dios el ofrecer la gracia al hombre, pero sólo la reciben los que se preparan para ello por medio de sus méritos.

La importancia asignada al obrar humano aumentó durante los siglos XIII, XIV y XV en los sistemas de Duns Scoto, Occam y Biel; y es éste un

24 Por lo que concierne a este último punto, dice: "Por consiguiente, el predestinado debe esforzarse con la oración y las buenas obras; porque por estos medios se cumple con mayor seguridad la predestinación... y por lo tanto la predestinación puede ser apoyada por las criaturas, pero no puede ser impedida por ellas". *The Summa Theologica of St. Thomas Aquinas*, traducida literalmente por los padres de la Provincia Dominicana Inglesa, Londres, Burnes Oates Washboune Lt., 1929, 2ª edición revisada, Parte I, Q. 23, Art. 8.

25 Cf. *Summa contra Gentiles*, vol. III, caps. 73, 85 y 159.

desarrollo de especial importancia para la comprensión del nuevo espíritu de la Reforma, puesto que los ataques de Lutero se dirigían sobre todo contra los escolásticos de la última parte de la Edad Media. a quienes llamaba *San Theologen.*

Duns Scoto refirmó el papel de la voluntad. La voluntad es libre. A través de la realización de su voluntad el hombre realiza su yo individual, y tal autorrealización constituye una satisfacción suprema para el individuo. Como es una orden de Dios el que la voluntad sea un acto del yo individual, ni aun Dios posee influencia directa sobre las decisiones humanas.

Biel y Occam insisten sobre el papel de los méritos propios del hombre en tanto que condición de su salvación, y aun cuando hablan también de la ayuda de Dios, el significado básico de ésta, tal como estaba contenido en las doctrinas más antiguas, fue abandonado por ellos [26].

Biel supone que el hombre es libre y que puede siempre dirigirse hacia Dios, cuya gracia va en su ayuda. Occam enseña que la naturaleza del hombre no ha sido realmente corrompida por el pecado; según él, el pecado es solamente un acto aislado, que no cambia la sustancia del hombre. El Tridentino afirma muy claramente que el libre albedrío coopera con la gracia de Dios, pero que también puede abstenerse de tal cooperación [27]. La imagen del hombre tal como la presentan Occam y otros escolásticos de la última época, lo muestra no ya como un pobre pecador, sino como un ser libre cuya naturaleza misma lo hace capaz de todo lo bueno y cuya voluntad se halla libre del vínculo de toda fuerza natural o externa.

La práctica de la compra de las indulgencias, que desempeñó un creciente papel en la última parte

[26] R. Seeberg, *op. cit.*, pág. 766.

[27] Cf. Bartmann, *op. cit.*, pág. 468.

de la Edad Media, y que fuera objeto de uno de los ataques principales de Lutero, se relacionaba con ese aumento de la importancia asignada a la voluntad del hombre y al valor de sus esfuerzos. Al comprar a los emisarios papales una indulgencia, el hombre era eximido del castigo temporal, considerado como un sustituto del castigo eterno, y como lo ha señalado Seeberg [28], una persona tenía todas las razones para esperar una absolución de todos sus pecados.

A primera vista pudiera parecer que esta práctica de comprar al Papa la propia remisión de los castigos del purgatorio se hallaba en contradicción con la idea de la eficacia de los esfuerzos humanos para lograr la salvación, puesto que tal remisión supone la dependencia de la autoridad eclasiástica y de sus sacramentos. Pero si bien ello es en cierta medida verdad, también debe reconocerse que esa práctica se inspira en un cierto espíritu de esperanza y de seguridad; si el hombre pudiera eximirse del castigo con tanta facilidad, entonces se habría aliviado de manera considerable la carga de culpabilidad. Podría liberarse de la carga del pasado de un modo relativamente fácil, y así desembarazarse de la angustia que lo obsesionara. Además, no debe olvidarse que, de acuerdo con la teoría eclesiástica, explícita o implícita, el efecto de una indulgencia dependía del supuesto de que su comprador estaba arrepentido y se había confesado [29].

Otras ideas que difieren netamente del espíritu de la Reforma pueden hallarse en los escritos de los místicos, en los sermones y en las reglas, tan elaboradas, destinadas a la práctica de la confesión.

[28] *Op. cit.*, pág. 264.

[29] La práctica y la teoría de la indulgencia parece ser un ejemplo especialmente ilustrativo de la influencia del creciente capitalismo. No solamente la idea de que se puede comprar la propia exención del castigo expresa un sentimiento nuevo acerca del eminente papel de la moneda, sino

Encontramos en ellos un espíritu de afirmación de la dignidad humana y de la legitimidad de la expresión de toda su personalidad. Juntamente con esta actitud hallamos la noción de la imitación de Cristo, que se difunde desde la época tan temprana como el siglo XII, y la creencia de que el hombre puede aspirar a parecerse a Dios. Las reglas para los confesores mostraban una gran comprensión de las situaciones concretas en que pudiera hallarse el individuo y reconocían las diferencias individuales subjetivas. No consideraban el pecado como una carga destinada a oprimir y humillar al individuo, sino como una debilidad humana para la cual debe tenerse comprensión y respeto [30].

Resumiendo: la Iglesia medieval insistía sobre la importancia de la dignidad humana, el libre albedrío y el hecho de la utilidad de los esfuerzos humanos para obtener la salvación; también insistía sobre la semejanza entre Dios y el hombre y sobre el derecho de este último para confiar en el amor divino. Se consideraba que los hombres eran iguales y hermanos por el hecho mismo de su semejanza con Dios. En la última parte de la Edad Media, en conexión con los comienzos del capitalismo, comenzó a surgir un sentimiento de perplejidad e in-

---

que la teoría de la indulgencia tal como fuera formulada en 1343 por Clemente VI, muestra también el espíritu de las nuevas maneras capitalistas de pensar. Clemente VI afirmaba que al Papa le estaba confiada la cantidad infinita de méritos adquiridos por Cristo y los Santos, y que, por lo tanto, podía distribuir entre los creyentes partes de este tesoro (Cf. R. Seeberg, *op. cit.*, pág. 621). Hallamos aquí la concepción del Papa como monopolista, propietario de un inmenso capital moral, y libre de usarlo en su propia ventaja financiera y con beneficios morales para sus "clientes".

30 Debo a Charles Trinkhaus el haber dirigido especialmente mi atención hacia la importancia de la literatura mística y los sermones, así como un cierto número de sugestiones específicas contenidas en este párrafo.

seguridad; pero al mismo tiempo se reforzaron aquellas tendencias que exaltaban el papel de la voluntad y de las obras humanas. Podemos suponer que tanto la filosofía del Renacimiento como la doctrina católica predominante en la baja Edad Media reflejaban el espíritu prevaleciente en aquellos grupos sociales que debían a su posición económica el sentimiento de poder e independencia que los animaba. Por otra parte, la teología de Lutero expresó los sentimientos de la clase media que luchaba contra la autoridad de la Iglesia, y se mostraba resentida contra la nueva clase adinerada, al verse amenazada por el naciente capitalismo y subyugada por un sentimiento de impotencia e insignificancia individuales.

El sistema de Lutero, en la medida en que difiere de la tradición católica, posee dos aspectos, uno de los cuales ha sido subrayado más que el otro en la habitual exposición de sus doctrinas en los países protestantes. Según este último aspecto, se señala que Lutero dio al hombre independencia en las cuestiones religiosas; que despojó a la Iglesia de su autoridad, otorgándosela en cambio al individuo; que su concepto de la fe y de la salvación se apoya en la experiencia individual subjetiva, según la cual toda la responsabilidad cae sobre el individuo y ninguna sobre una autoridad susceptible de darle lo que él mismo es incapaz de obtener. Existen razones para alabar este aspecto de las doctrinas de Lutero y de Calvino, puesto que ellas constituyen una de las fuentes del desarrollo de la libertad política y espiritual de la sociedad moderna; un desarrollo que, especialmente en los países anglosajones, se halla conexo de modo inseparable con las ideas puritanas.

El otro aspecto de la libertad moderna —el aislamiento y el sentimiento de impotencia que ha aportado al individuo— tiene sus raíces en el protestantismo, no menos que el sentimiento de independencia. Como este libro tiene sobre todo por objeto estudiar la libertad como peligro y como carga, el análisis que se expone a continuación es intencionalmente parcial, pues subraya aquel lado de las doctrinas de Calvino y de Lutero que constituyen las raíces del aspecto negativo de la libertad; su exaltación de la impotencia y maldad fundamentales del hombre.

Lutero presumía la existencia de una maldad innata en la naturaleza humana, maldad que dirige su voluntad hacia el mal e impide a todos los hombres el poder realizar, fundándose solamente en su naturaleza, cualquier acto bueno. El hombre posee una naturaleza mala y depravada (*naturaliter et inevitabiliter mala e vitiata natura*). La depravación de la naturaleza del hombre y su absoluta falta de libertad para elegir lo justo constituye uno de los conceptos fundamentales de todo el pensamiento de Lutero. Con este espíritu comienza su comentario a la Epístola a los Romanos, de San Pablo:

> La esencia de esta epístola es: destruir, desarraigar y aniquilar toda la sabiduría y justicia de la carne, que puedan aparecer —antes nuestros ojos y ante los de los demás— notables y sinceras... Lo que importa es que nuestra justicia y nuestra sabiduría, que se despliegan ante nuestros ojos, son destruidas y arrancadas de raíz de nuestro corazón y de nuestro yo vano [31].

Esta convicción acerca de la corrupción del hombre y de su impotencia para realizar lo bueno por sus propios méritos, es una condición esencial de la gracia divina. Solamente si el hombre se humilla a sí mismo y destruye su voluntad y orgullo individuales podrá descender sobre él la gracia de Dios.

> Porque Dios quiere salvarnos por medio de una justicia y una sabiduría que nos son extrañas (*fremde*), y no ya por medio de las nuéstras; mediante una justicia que no

[31] Martín Lutero, *Vorlesung über den Römerbrief*, cap. 1. (De la traducción al inglés efectuada por el autor.)

parte de nosotros, sino que llega a nosotros desde afuera... Esto es, ha de enseñarse aquella justicia que viene exclusivamente desde afuera y es enteramente ajena a nosotros [32].

Una expresión aún más radical de la impotencia humana la proporcionó Lutero siete años más tarde en su folleto *De servo arbitrio*, que entrañaba una crítica a la defensa que del libre albedrío formulara Erasmo.

... Por lo tanto, la voluntad humana es, por decirlo así, una bestia entre dos amos. Si Dios está encima de ella, quiere y va donde Dios manda, como dice el Salmo: "Ante ti yo era una bestia y, sin embargo, estoy continuamente contigo" (Salmos, 22, 23, 73). Si es el Diablo quien está encima de la voluntad, ésta quiere y va como Satán quiere. Ni está en poder de su propia voluntad el elegir para qué jinete correrá ni a quién buscará, sino que los jinetes mismos disputan quién ha de obtenerlo y retenerlo [33].

Lutero declara que si uno no quiere

abandonar del todo este asunto (del libre albedrío) —lo cual sería lo más seguro y también lo más religioso—, podemos, sin embargo, con buena conciencia, aconsejar que sea usado tan sólo en la medida en que permita al hombre una "voluntad libre", no ya con respecto a los que les son superiores, sino tan sólo con aquellos seres que están por debajo de él mismo... Con respecto a Dios el hombre no posee "libre albedrío", sino que es un cautivo, un esclavo y un siervo de la voluntad de Dios o de la voluntad de Satán [34].

Las doctrinas que hacen del hombre un instrumento pasivo en las manos de Dios, y esencialmente malo, que su única tarea es la de entregarse a la voluntad divina, y que Dios podría salvarlo mediante un incomprensible acto de justicia, no constituían

[32] *Op. cit.*, cap. I, 1.

[33] Martín Lutero, *The Bondage of the Will*. Traducido por Henry Cole M. A. Grand Rapids, Mich., B. Erdmans Publ. Co., 1931, pág. 74.

[34] *Op. cit.*, pág. 79. Esta dicotomía —sumisión a los poderes superiores y dominación sobre los inferiores— es, como veremos luego, una peculiaridad de la actitud del carácter autoritario.

la respuesta definitiva que era capaz de dar un hombre como Lutero, arrastrado de tal modo por la desesperanza, la angustia y la duda, y al mismo tiempo por el deseo ardiente de certidumbre. A su debido tiempo halló la respuesta a sus dudas. En 1518 tuvo una revelación imprevista. El hombre no puede ser salvado por sus virtudes, ni tampoco debe meditar acerca de si sus obras agradarán o no al Señor; pero sí puede obtener la certidumbre de su salvación si tiene fe. La fe es otorgada al hombre por Dios; una vez que el hombre ha tenido la experiencia subjetiva de la fe, también puede estar cierto de su salvación. El individuo, en su relación con Dios, es esencialmente receptivo. Una vez que el hombre ha recibido la gracia de Dios en la experiencia de la fe, su naturaleza cambia, puesto que en ese acto mismo se une a Cristo, y la justicia de Cristo reemplaza la suya propia, que se había perdido por el pecado de Adán. Sin embargo, el hombre no puede llegar jamás a ser enteramente virtuoso en vida, puesto que su maldad natural nunca puede llegar a desaparecer [35].

La doctrina de Lutero acerca de la fe experimentada como sentimiento subjetivo de la salvación propia superior a cualquier duda, podría parecer a primera vista una grave contradicción con aquel intenso sentimiento de duda que era característico de su personalidad y de sus enseñanzas hasta 1518. Sin embargo, desde el punto de vista psicológico, este cambio desde la duda a la certidumbre, lejos de ser contradictorio, posee una relación causal. Debemos recordar lo que se ha dicho acerca de la naturaleza de esta duda: no se trata de la duda racional, inseparable de la libertad de pensamiento, que se atreve a discutir las opiniones establecidas. Se trata, por el contrario, de una duda irracional

[35] Cf. *Sermo de duplici iustitia* (*Luthers Werke*, ed. Weimar, vol. II).

que brota del aislamiento e impotencia de un individuo cuya actitud hacia el mundo se caracteriza por el odio y la angustia. Esta duda irracional no puede remediarse por medio de respuestas racionales; tan sólo puede desaparecer si el individuo llega a ser parte integrante de un mundo que posea algún sentido. Si ello no ocurre, como no ocurrió en el caso de Lutero y de la clase media que él representaba, la duda solamente puede ser acallada, enterrada por así decirlo, cosa que es dado hacer mediante alguna fórmula que prometa la certidumbre absoluta. La *búsqueda compulsiva de la certidumbre*, tal como la hallamos en Lutero, *no es la expresión de una fe genuina, sino que tiene su raíz en la necesidad de vencer una duda insoportable.* La solución que proporciona Lutero es análoga a la que encontramos hoy en muchos individuos que, por otra parte, no piensan en términos teológicos: a saber, el hallar la certidumbre por la eliminación del yo individual aislado, de modo de tornarse un instrumento en manos de un fuerte poder subyugante, exterior al individuo. Para Lutero este poder era Dios, y en la ilimitada sumisión era donde buscaba la certidumbre. Pero aun cuando lograra así acallar en cierta medida sus dudas, éstas en realidad nunca desaparecieron; hasta en sus últimos días tuvo accesos de duda, que hubo de dominar con renovados esfuerzos hasta llegar a la sumisión. Desde el punto de vista psicológico la fe posee dos significados completamente distintos. Puede representar la expresión de una relación íntima con la humanidad y una afirmación de vida, o bien puede constituir una forma de reacción contra un sentimiento fundamental de duda, arraigado en el aislamiento del individuo y en su actitud negativa hacia la vida. La fe de Lutero poseía este carácter compensatorio.

Es especialmente importante entender el significado de la duda y de los intentos de acallarla, porque no se trata solamente de un problema que concierne a Lutero y —como lo veremos pronto— a la teología de Calvino, sino que sigue siendo uno de los problemas básicos del hombre moderno. La duda es el punto de partida de la filosofía moderna; la necesidad de acallarla constituyó un poderoso estímulo para el desarrollo de la filosofía y de la ciencia modernas. Pero aunque muchas dudas racionales han sido resueltas por medio de respuestas racionales, la duda irracional no ha desaparecido y no puede desaparecer hasta tanto el hombre no progrese desde la libertad negativa a la positiva. Los intentos modernos de acallarla, ya consistan éstos en una tendencia compulsiva hacia el éxito, en la creencia de que un conocimiento ilimitado de los hechos puede resolver la búsqueda de la certidumbre, o bien en la sumisión a un "líder" que asuma la responsabilidad de la "certidumbre", todas estas soluciones tan sólo pueden eliminar la *conciencia* de la duda. La duda misma no desaparecerá hasta tanto el hombre no supere su aislamiento y hasta que su lugar en el mundo no haya adquirido un sentido expresado en función de sus humanas necesidades.

¿Cuál es la conexión de las doctrinas de Lutero con la situación psicológica en que se hallaban todos, excepto los ricos y los poderosos, hacia fines de la Edad Media? Como hemos visto ya, el viejo orden se estaba derrumbando. El individuo había perdido la seguridad de la certidumbre y era amenazado por nuevas fuerzas económicas, por capitalistas y monopolistas; el principio corporativo estaba siendo reemplazado por el de la competencia; las clases bajas experimentaban el peso de la explotación creciente. El llamamiento del luteranismo a estas últimas era diferente del que se dirigía a la clase media. Los pobres de las ciudades, y aún más los campesinos, se hallaban en una situación desesperada. Eran explotados despiadadamente y privados de sus derechos y privilegios tradicionales. Se hallaban en un estado de ánimo revolucionario, sentimiento que encontró su expresión en las sublevaciones campesinas y en los movimientos revolucionarios de las ciudades. Los Evangelios articulaban sus esperanzas y sus expectativas, tal como lo habían hecho para los esclavos y los trabajadores del cristianismo primitivo, y guiaban al pueblo en su búsqueda de la libertad y de la justicia. En la medida en que Lutero atacaba la autoridad y hacía de la palabra evangélica el centro de sus enseñanzas, se dirigía a estas masas inquietas del mismo modo que lo habían hecho antes que él otros movimientos religiosos de carácter evangélico.

Pero aun cuando Lutero aceptara la adhesión de esas masas y las apoyara, sólo podía persistir en esta actitud hasta cierto punto; debía romper la alianza apenas los campesinos llegaran más allá del ataque a la autoridad de la Iglesia y de la formulación de simples demandas de mejoras. Pero los campesinos avanzaron hasta transformarse en una clase revolucionaria que amenazaba con destruir los fundamentos del orden social, en cuyo mantenimiento la clase media se hallaba vitalmente interesada. Porque, a pesar de todas las dificultades anteriormente descritas, la clase media, hasta su estrato más bajo, poseía privilegios que defender contra las demandas de los pobres, y por lo tanto era intensamente hostil a aquellos movimientos revolucionarios que se dirigían a destruir no solamente los privilegios de la aristocracia, de la Iglesia y de los monopolios, sino también los propios privilegios de la clase media.

La posición en que ésta se hallaba, entre los ricos y los muy pobres, complicaba su forma de reaccionar y en cierto sentido la hacía contradictoria. Deseaba sostener la ley y el orden, y sin embargo ella misma se hallaba virtualmente amenazada por el capitalismo creciente. Tampoco los más afortunados miembros de la clase media eran tan ricos y tan poderosos como el pequeño grupo de los grandes capitalistas. Debían luchar duramente para sobrevivir y tener éxito. El lujo de la clase adinerada aumentaba su sentimiento de pequeñez y los llenaba de envidia e indignación. En conjunto, el colapso del orden feudal y el surgimiento del capitalismo constituían una amenaza más que una ayuda.

La concepción del hombre sustentada por Lutero reflejaba precisamente este dilema. El hombre se halla libre de todos los vínculos que lo ligaban a las autoridades espirituales, pero esta misma libertad lo deja solo y lo llena de angustia, lo domina con el sentimiento de insignificancia e impotencia individuales. Esta experiencia aplasta al individuo libre y aislado. La teología luterana manifiesta tal sentimiento de desamparo y de duda. La imagen del hombre que Lutero expresa en términos religiosos describe la situación del individuo tal como había sido producida por la evolución general, social y económica. El miembro de la clase media se hallaba tan indefenso frente a las nuevas fuerzas económicas como el hombre descrito por Lutero lo estaba en sus relaciones con Dios.

Pero Lutero hizo algo más que poner de manifiesto el sentimiento de insignificancia que prevalecía en las clases sociales que recibían su prédica: también le ofreció una solución. El individuo podía tener la esperanza de ser aceptado por Dios no solamente por el hecho de reconocer su propia insignificancia, sino también humillándose al extremo, abandonando todo vestigio de voluntad personal, renunciando a su fuerza individual y condenándola. La relación de Lutero con Dios era de completa sumisión. Su concepción de la fe, expresada en términos psicológicos, significa: si te sometes completamente, si aceptas tu pequeñez individual, entonces Dios Todopoderoso puede estar dispuesto a quererte y a salvarte. Si te deshaces, por un acto de extrema humildad, de tu personalidad individual con todas sus limitaciones y dudas, te libertarás del sentimiento de tu nulidad y podrás participar de la gloria de Dios. Por lo tanto, Lutero, si bien libertaba al pueblo de la autoridad de la Iglesia, lo obligaba a someterse a una autoridad mucho más tiránica, la de un Dios que exigía como condición esencial de salvación la completa sumisión del hombre y el aniquilamiento de su personalidad individual. La "*fe*" *de Lutero consistía en la convicción de que sólo a condición de someterse uno podía ser amado*, solución ésta que tiene mucho de común con el principio de la completa sumisión del individuo al Estado y al "líder".

El reverente temor que Lutero sentía a la autoridad, y su amor hacia ella, también aparecen en sus convicciones políticas. Aunque combatiera contra la autoridad de la Iglesia, aunque se sintiera lleno de indignación contra la nueva clase adinerada, una de cuyas partes estaba constituida por la capa superior de la jerarquía eclesiástica, y aunque apoyara hasta cierto punto las tendencias revolucionarias de los campesinos, postulada la más absoluta sumisión a las autoridades mundanas y a los príncipes.

Aun cuando aquellos que ejercen la autoridad fueran malos o desprovistos de fe, la autoridad y el poder que ésta posee son buenos y vienen de Dios... Por lo tanto, donde existe

el poder y donde éste florece, su existencia y su permanencia se deben a las órdenes de Dios [36].

Y también dice:

Dios preferiría la subsistencia del gobierno, no importa cuán malo fuere, antes que permitir los motines de la chusma, no importa cuán justificada pudiera estar en sublevarse... El príncipe debe permanecer príncipe, no interesa todo lo tiránico que pueda ser. Tan sólo puede decapitar a unos pocos, pues ha de tener súbditos para ser gobernante.

[36] *Römerbrief*, 13. 1.

El otro aspecto de su adhesión y de su terror a la autoridad aparece en su odio y desprecio para con las masas impotentes —la "chusma"—, especialmente cuando ésta va más allá de ciertos límites en sus intentos revolucionarios. En una de sus diatribas, escribe las famosas palabras:

> Por lo tanto, dejemos que todos aquellos que puedan hacerlo, castiguen, maten y hieran abierta o secretamente, pues debemos recordar que nada puede ser más venenoso perjudicial o diabólico que un rebelde. Es exactamente lo que ocurre cuando debe matarse a un perro rabioso; si no lo abates, él te abatirá a ti, y contigo a todo el país [37].

La personalidad de Lutero, así como sus enseñanzas, muestran ambivalencia con respecto a la autoridad. Por un lado, experimenta un extremo y reverente temor a ella —ya se trate de la autoridad mundana, ya de la eclesiástica— y por el otro, se rebela contra ella —contra la autoridad de la Iglesia—. Muestra la misma ambivalencia en su actitud frente a las masas. En la medida en que éstas se rebelan dentro de los límites que él mismo ha fijado, está con ellas. Pero cuando éstas atacan a las autoridades que él aprueba, aparece en la superficie un odio y un desprecio intensos. En el capítulo referente a los mecanismos psicológicos de evasión, mostraremos cómo este amor a la autoridad experimentado simultáneamente con el odio contra aquellos que no ejercen poder, constituye un rasgo distintivo del "carácter autoritario".

Llegados a este punto, es importante comprender que la actitud de Lutero frente a la autoridad secular está íntimamente relacionada con sus enseñan-

[37] "Against the Robbing and Murdering Hordes of Peasants" (1525); *Works of Martin Luther*, traducción: C. J. Jacobs, Philadelphia: A. T. Holman Co., 1931. Vol. X, IV, pág. 411. Cf. la discusión de H. Marcuse acerca de la actitud de Lutero frente a la libertad, en *Autorität und Familie*, París, Alcan, 1936.

zas religiosas. Al hacer sentir al individuo la conciencia de su insignificancia e inutilidad en lo concerniente a sus méritos, al darle conciencia de su carácter de instrumento pasivo en las manos de Dios, lo privó de la confianza en sí mismo y del sentimiento de la dignidad humana, que es la premisa necesaria para toda actitud firme hacia las opresoras autoridades seculares. En el curso de la evolución histórica, las consecuencias de las enseñanzas de Lutero tuvieron un alcance aún mayor. Una vez que el individuo había perdido su sentimiento de orgullo y dignidad, estaba psicológicamente preparado para perder aquel sentimiento característico del pensamiento medieval, a saber, que el fin de la vida es el hombre, su salvación y sus fines espirituales; estaba así preparado a aceptar un papel en el cual su vida se transformaba en un medio para fines exteriores a él mismo, la productividad económica y la acumulación del capital.

Las concepciones de Lutero acerca de los problemas económicos eran típicamente medievales, aún más que las de Calvino. Hubiera aborrecido la idea de que la vida humana llegara a ser un medio para fines económicos. Pero si bien su pensamiento sobre la economía era de carácter tradicional, su insistencia acerca de la nonada del individuo se hallaba en contraste con tal concepción, al tiempo que era favorable a un desarrollo social en el cual no solamente el hombre debía obedecer a las autoridades seculares, sino que también debía subordinar su vida a las finalidades de los logros económicos. Hoy esta tendencia ha alcanzado su culminación en la exaltación del fin de la vida que hallamos en la ideología fascista y que afirma como objetivo sumo el sacrificio en pro de poderes "superiores": el "líder" o la comunidad racial.

La teología de Calvino, que debía adquirir para los países anglosajones la misma importancia que la de Lutero para Alemania, muestra en esencia el mismo espíritu, tanto desde el punto de vista teológico como psicológico. Aun cuando él también se oponga a la autoridad de la Iglesia y a la aceptación ciega de sus doctrinas, la religión, según el, está arraigada en la impotencia del género humano; la humillación de sí mismo y la destrucción del orgullo del hombre constituyen el *leitmotiv* de todo su pensamiento. Solamente el que desprecia este mundo puede dedicarse a su preparación para el mundo futuro [38].

Enseña que deberíamos humillarnos y que esta autohumillación es el medio para obtener la seguridad de la fuerza divina. "Porque nada nos induce tanto a otorgar nuestra confianza y certidumbre espiritual al Señor como la desconfianza hacia nosotros mismos y la angustia que surge de la conciencia de nuestra propia miseria [39].

Predica que el individuo no debería sentirse dueño de sí mismo:

No nos pertenecemos; por lo tanto, ni nuestra razón ni nuestra voluntad deberían predominar en nuestras deliberaciones y acciones. No nos pertenecemos; por lo tanto, no propongamos como fin la búsqueda de lo más conveniente según los dictados de la carne. No nos pertenecemos; por lo tanto olvidémonos de nosotros mismos y de todas nuestras cosas. En cambio, pertenecemos a Dios, y por lo tanto vivamos y muramos por Él. Porque, del mismo modo que la más destructora de las pestilencias causa la ruina de las personas cuando éstas se obedecen a sí mismas, el único puerto de salvación no es el saberlo todo o quererlo todo uno mismo, sino el ser guiado por Dios, que camina delante de nosotros [40].

[38] John Calvin, *Institutes of the Christian Religion*, traducción de John Allen, Philadelphia, Presbiterian Board of Christian Education, 1928, Libro III, Cap. IX, 1.

[39] *Op. cit.*, Libro III, Cap. II, 23.

[40] *Op. cit.*, Libro III, Cap. VIII, 1. Desde las palabras "Porque, del... etc." la traducción ha sido hecha del original latino, *Johannes Institutio Christianae Religionis*. Editionem Curavit A. Tholuk, Berolini, 1835, Cap. I, pág. 445. La razón de este cambio es que la traducción de Allen introduce una ligera modificación con respecto al original,

El hombre no debería esforzarse por alcanzar la virtud por la virtud misma. Ello no lo conduciría sino a la vanidad:

> Porque es una observación antigua y verdadera que hay un mundo de vicios oculto en el alma humana. Ni se puede hallar otro remedio que el de la autonegación, el eliminar toda consideración egoísta, y el dedicar toda su atención a la persecución de aquellas cosas que el Señor requiere de ti, cosas todas que deberían ser perseguidas por esta sola razón: porque le agradan [41].

También Calvino niega que las buenas obras puedan conducir a la salvación. Nosotros carecemos por completo de ellas. "No existió nunca obra alguna de un hombre pío que, si fuera examinada

---

en el sentido de mitigar la rigidez del pensamiento de Calvino. Allen traduce aquella frase así: "porque, del mismo modo que la complacencia hacia sus propias inclinaciones conduce a los hombres hacia la ruina, de la manera más efectiva, así también el desconfiar de nuestro propio conocimiento o voluntad, siguiendo simplemente la guía del Señor, constituye el único camino de salvación". Sin embargo la expresión latina *sibi ipsis obtemperant*, no equivale a "seguir sus propias inclinaciones", sino a "obedecerse a sí mismo". La prohibición de seguir sus propias inclinaciones posee el carácter moderado de la ética kantiana, según la cual el hombre debería suprimir sus inclinaciones naturales y, al hacerlo así, seguir los dictados de la conciencia. Por otra parte, la prohibición de obedecerse a sí mismo constituye una negación de la autonomía del hombre. Al mismo cambio sutil del significado se llega al traducir *ita unicus et salutis portis nihil nec sapere, nec velle per se ipsum* como "el desconfiar de nuestro propio conocimiento o voluntad siguiendo... etc." Mientras la expresión original contradice directamente el lema de la filosofía de la ilustración: *sapere aude* —atrévete a saber— la traducción de Allen sólo formula una advertencia acerca de la confianza hacia el conocimiento propio, advertencia que contradice en una medida mucho menor el pensamiento moderno. Menciono estas desviaciones de la traducción sobre el original por cuanto ofrecen una buena ilustración de cómo el espíritu de un autor es "modernizado" y adquiere matices —sin duda inintencionalmente— por el solo hecho de ser traducido.

[41] *Op. cit.*, Libro III, Capítulo VII, 2.

ante el estricto juicio divino, no revelara ser condenable"[42].

Si queremos entender el significado psicológico del sistema de Calvino, en principio bastaría repetir todo lo que se ha dicho acerca de las enseñanzas de Lutero. También Calvino, como aquél, predicaba a la clase media conservadora, cuyos sentimientos hallaban expresión en su doctrina de la insignificancia e impotencia del individuo y en la futilidad de sus esfuerzos. Sin embargo, podemos suponer la existencia de alguna ligera diferencia: mientras la Alemania de los tiempos de Lutero se hallaba en un estado de sublevación general, en el cual no solamente la clase media sino también los campesinos y la sociedad urbana pobre se hallaban amenazados por el surgimiento del capitalismo, Ginebra era una comunidad relativamente próspera. Había sido uno de los importantes mercados de Europa durante la primera mitad del siglo XV, y aunque en los tiempos de Calvino ya estaba siendo eclipsada a este respecto por Lyon[43], conservaba, no obstante, una gran parte de su solidez económica.

En general puede afirmarse con cierta seguridad que los adeptos de Calvino se reclutaban principalmente entre la clase media conservadora[44], y que también en Francia, Holanda e Inglaterra sus principales partidarios no eran los grupos capitalistas avanzados, sino los artesanos, los pequeños hombres de negocios, algunos de los cuales ya eran más prósperos que otros, pero que, como grupo, estaban amenazados por el surgimiento del capitalismo[45].

[42] *Op. cit.*, Libro III, Capítulo XIV, 11.

[43] Cf. J. Kulischer, *op. cit.*, pág. 249.

[44] Cf. Georgia Harknees, *John Calvin, The Man and His Ethics*, Nueva York, H. Holt & Co., 1931, págs. 151 y siguientes.

[45] Cf. F. Borkenau, *Der Übergang vom feudalem zum bürgerlichen Weltbild*, París, Alcan, 1934, págs. 156 y sigts.

Hacia esta clase social el calvinismo formulaba el mismo tipo de llamamiento psicológico que ya hemos tratado en conexión con el luteranismo. Expresa el sentimiento de libertad, pero también el de insignificancia e impotencia individuales. Ofreció una solución al enseñar al individuo que por la completa sumisión y autohumillación podría tener la esperanza de hallar una nueva forma de seguridad.

Hay cierto número de sutiles diferencias entre las enseñanzas de Calvino y las de Lutero, que no son importantes para el desarrollo del pensamiento principal de este libro. Sólo es necesario subrayar dos puntos. El primero es la doctrina calvinista de la predestinación. En contraste con la que hallamos en San Agustín, Santo Tomás y Lutero, en Calvino la doctrina de la predestinación se vuelve una de las piedras angulares, quizás el punto central, de todo su sistema. Formula una nueva versión de la misma, al suponer que Dios no solamente predestina a algunos hombres como objetos de la gracia, sino que también decide la condenación eterna de otros [46].

La salvación o la condenación no constituyen el resultado del bien o del mal obrar del hombre durante su vida, sino que son predestinadas por Dios antes que él llegue a nacer. El porqué Dios elige a éste y condena a aquél es un secreto que el hombre no debe inquirir. Lo hizo porque le agradó mostrar de esa manera su poder ilimitado. El Dios de Calvino, a despecho de todos los intentos para preservar la idea de justicia y amor divinos, posee todos los caracteres de un tirano desprovisto de amor y aun de justicia. En estridente contradicción con el Nuevo Testamento, Calvino niega el supremo papel del amor y dice: "En cuanto a lo que los escolásticos insinúan acerca de la prioridad de la ca-

[46] *Op. cit.*, Libro III, Cap. 21, 5.

ridad, la fe y la esperanza, se trata de la mera fantasía de una imaginación destemplada..." [47]

El significado psicológico de la doctrina de la predestinación es doble. Expresa y acrecienta el sentimiento de impotencia e insignificancia individuales. Ninguna doctrina podría expresar con mayor fuerza la inutilidad de la voluntad y del esfuerzo humanos. Se priva por completo al hombre de la decisión acerca de su destino y no hay nada que él pueda hacer para cambiar tal decisión. Es un instrumento impotente en las manos de Dios. El otro significado de esta doctrina, como el de la luterana, consiste en su función de acallar la duda irracional, que era, en Calvino y sus secuaces, la misma que en Lutero. A primera vista la doctrina de la predestinación parece aumentar la duda antes que acallarla. ¿No debería el individuo sentirse lacerado por dudas aún más atormentadoras que las experimentadas antes de saber que está predestinado, con anterioridad a su nacimiento, a la condenación o a la salvación? ¿Cómo puede llegar a estar seguro de cuál habrá de ser su suerte?

Aunque Calvino no haya enseñado que existiera alguna prueba concreta de tal certidumbre, él y sus secuaces poseían realmente la convicción de pertenecer al grupo de los elegidos. Alcanzaron esta convicción por medio del mismo mecanismo de autohumillación que ya se ha analizado a propósito de la doctrina de Lutero. Con semejante convicción, la doctrina de la predestinación implicaba la certidumbre más extrema. No existía la posibilidad de hacer nada que pusiera en peligro el estado de salvación, puesto que ésta no dependía de las propias acciones, sino que era decidida antes de que uno llegara a nacer. Además, como en el caso de Lutero, la duda fundamental tenía por consecuencia la búsqueda de la certeza absoluta; pero si bien la doctri-

[47] *Op. cit.*, Libro II, Cap. 2, 41.

na de la predestinación otorgaba tal certeza, en el fondo permanecía una duda que debía ser acallada una y otra vez por obra de la creencia fanática, siempre en aumento, de que la comunidad religiosa a que uno pertenecía representaba la parte de la humanidad elegida por Dios.

La doctrina calvinista de la predestinación tiene una consecuencia que debe ser mencionada explícitamente aquí, puesto que ha experimentado su resurgimiento más vigoroso en la ideología nazi: el principio de la desigualdad básica en los hombres. Para Calvino hay dos clases de personas: las que serán salvadas y las que están destinadas a la condenación eterna. Como este destino está determinado antes del nacimiento y sin posibilidad de modificación por parte de los predestinados, con prescindencia de lo que hagan o dejen de hacer en su vida, se niega, en principio, la igualdad del género humano. Los hombres son creados desiguales. Este principio implica también la ausencia de solidaridad entre los hombres, puesto que se niega el factor que constituye la base más fuerte de solidaridad entre ellos: la igualdad del destino humano. Los calvinistas creían de una manera completamente inocente, que eran ellos los elegidos, y todos los demás los que Dios había condenado a la perdición. Es obvio que esta creencia, psicológicamente hablando, expresaba un desprecio y odio profundos hacia los otros seres humanos; en realidad, aquel mismo odio que habían atribuido a Dios. Si bien el pensamiento moderno ha llevado a una creciente afirmación de la igualdad entre los hombres, no por ello el principio calvinista ha enmudecido del todo. La doctrina según la cual los hombres son fundamentalmente desiguales, según sea su estrato social, constituye una afirmación del mismo principio con una racionalización diferente. Los supuestos psicológicos son los mismos.

Otra diferencia muy significativa con respecto a las enseñanzas de Lutero, es la mayor exaltación de la importancia del esfuerzo moral y de la vida virtuosa. No se trata de que el individuo pueda *cambiar su destino* por medio de alguna de sus obras, sino que el mero hecho de ser capaz de realizar tal esfuerzo constituye el signo de su pertenencia al grupo de los elegidos. Las virtudes que el hombre debe adquirir son: la modestia y la moderación (*sobrietas*), la justicia (*iustitia*), en el sentido de que debe darse a cada uno lo que le corresponde, y la religiosidad (*pietas*), que une al hombre con Dios [48]. En el desarrollo posterior del calvinismo, la exaltación de la vida virtuosa y del significado del esfuerzo incesante gana en importancia y, muy especialmente, se afirma la idea de que el éxito en la vida terrenal, resultante de tales esfuerzos, es un signo de salvación [49].

Pero la especial exaltación de la vida virtuosa, característica del calvinismo, poseía también una significación psicológica. El calvinismo atribuía mucha importancia al esfuerzo humano incesante. El hombre debe tratar constantemente de vivir de acuerdo con la palabra divina y no cejar nunca en sus esfuerzos por alcanzar ese objetivo. Tal doctrina parece estar en contradicción con aquella según la cual el esfuerzo humano no tiene utilidad con respecto a la salvación. La actitud fatalista de no realizar ningún esfuerzo podría parecer más apropiada. Sin embargo, algunas consideraciones psicológicas mostrarán cómo no es así. El estado de angustia, el sentimiento de impotencia e insignificancia, y especialmente la duda acerca del propio destino después de la muerte, constituyen un estado de ánimo prácticamente insoportable para cualquiera. Casi no habría nadie que, atormentado por un miedo semejante, fuese capaz de abandonar la tensión,

[48] *Op. cit.*, Libro III, Cap. VII, pág. 3.

[49] Este último punto ha sido tratado especialmente por M. Weber en su obra, como un nexo importante entre la doctrina de Calvino y el espíritu del capitalismo.

gozar de la vida y quedar indiferente a lo que ocurrirá después. Un camino posible para escapar a este insoportable estado de incertidumbre es justamente ese rasgo que llegó a ser tan prominente en el calvinismo: el desarrollo de una actividad frenética y la tendencia impulsiva a hacer *algo*. La actividad en este caso asume un carácter compulsivo: *el individuo debe estar activo para poder superar su sentimiento de duda y de impotencia.* Este tipo de esfuerzo y de actividad no es el resultado de una fuerza íntima y de la confianza en sí mismo; es, por el contrario, una manera desesperada de evadirse de la angustia.

Este mecanismo puede ser observado fácilmente en los accesos de angustia pánica en ciertos individuos. Una persona que espera recibir dentro de pocas horas un diagnóstico de su enfermedad —que puede ser fatal— se halla naturalmente en un estado de angustia. Por lo general no se estará tranquilamente sentada, esperando. Con más frecuencia su angustia, si es que no la paraliza, la conducirá hacia una especie de actividad más o menos frenética. Caminará de un lado a otro, hará preguntas y tratará de hablar a todos los que pueda, limpiará su escritorio o escribirá cartas. Puede continuar haciendo su trabajo acostumbrado, pero con una actividad mayor y más febril. Cualquiera que sea la forma que asuma su esfuerzo, se hallará impulsada por la angustia y tenderá a superar el sentimiento de impotencia por medio de esa actividad frenética.

La actividad intensa, en la doctrina de Calvino, poseía además otro significado psicológico. El hecho de no fatigarse en tan incesante esfuerzo y el de tener éxito, tanto en las obras morales como en las seculares, constituía un signo más o menos distintivo de ser uno de los elegidos. La irracionalidad de tal esfuerzo compulsivo está en que la *actividad no se dirige a crear un fin deseado, sino que sirve para indicar si ocurrirá o no algo* que ha sido predeterminado con independencia de la propia actividad o fiscalización. Este mecanismo es una característica bien conocida en los neuróticos obsesivos. Tales personas cuando temen el resultado de algún importante asunto, mientras tanto aguardan la respuesta pueden dedicarse a contar las ventanas de las casas o los árboles de la calle: si su número es par creerán que todo irá bien, y lo contrario si es impar. A menudo esta duda no se refiere a un caso específico sino a toda la vida de la persona, y, de acuerdo con ello, habrá una tendencia compulsiva a buscar "signos". Con frecuencia la conexión entre el contar piedras, hacer solitarios o jugar por dinero, etc., y la angustia y la duda, no es consciente. Un individuo puede estar haciendo solitarios tan sólo por un vago sentimiento de inquietud, en tanto que la función oculta de su actividad únicamente será descubierta por el análisis, a saber: la revelación del futuro.

En el calvinismo este significado del esfuerzo formaba parte de la doctrina religiosa. Originariamente se refería esencialmente al esfuerzo moral, pero más tarde se atribuyó cada vez más importancia al esfuerzo dedicado a la propia ocupación y a sus resultados, es decir, al éxito o al fracaso en los negocios. El éxito llegó a ser el signo de la gracia divina; el fracaso, el de la condenación.

Estas consideraciones muestran que la compulsión hacia el esfuerzo y el trabajo incesantes, estaba muy lejos de contradecir la convicción básica acerca de la impotencia humana; más bien se trataba de su consecuencia psicológica. El esfuerzo y el trabajo asumían en este sentido un carácter totalmente irracional. No se dirigían a cambiar el destino, dado que éste era predeterminado por Dios con prescindencia de toda actividad por parte del individuo. Servían únicamente como medio de predicción de un destino determinado de antemano, y, al mismo tiempo, esa frenética actividad era una renovada defensa contra aquel sentimiento de impotencia, que de otro modo hubiera sido insoportable.

Esta nueva actitud con respecto a la actividad y al trabajo considerados como fines en sí mismos, puede ser estimada como la transformación psicológica de mayor importancia que haya experimentado el hombre desde el final de la Edad Media. En toda sociedad el individuo debe trabajar, si quiere vivir. Muchas sociedades resolvieron el problema haciendo trabajar a los esclavos, permitiendo así al hombre libre dedicarse a ocupaciones "más nobles". En tales sociedades el trabajo no era una actividad digna del hombre libre. También en la sociedad medieval la carga del trabajo estaba distribuida de manera desigual entre las distintas clases de la jerarquía social, existiendo un grado considerable de brutal explotación. Pero la actitud hacia el trabajo era diferente de la que se desarrolló después, durante la era moderna. El trabajo no poseía la calidad abstracta de ser el medio para producir alguna mercancía susceptible de venderse con beneficio en el mercado. Por el contrario, constituía una respuesta concreta a una concreta exigencia: ganarse la vida. Como lo ha demostrado especialmente Max Weber, no existía ningún impulso a trabajar más de lo que fuera necesario para mantener el *standard* de la vida tradicional. Parece que entre algunos grupos de la sociedad medieval se disfrutaba del trabajo en tanto que éste permitía la realización de alguna capacidad productiva, y que muchos otros trabajaban porque estaban *obligados* a hacerlo y se daban cuenta de que esa necesidad era debida a la presión exterior. Lo nuevo en la sociedad moderna fue que los hombres estaban ahora impulsados a trabajar, no tanto por la presión exterior como por una tendencia compulsiva interna que los obligaba de una manera sólo comparable a la que hubiera podido alcanzar un patrón muy severo en otras sociedades.

La compulsión interna tenía mayor eficacia en dirigir la totalidad de las energías hacia el trabajo que cualquier otra forma de compulsión externa. Por el contrario, en contra de ésta siempre existe un cierto grado de rebeldía que reduce la eficacia del trabajo o anula la capacidad de la gente para cualquier tipo de ocupación especializada que requiera inteligencia, iniciativa y responsabilidad. La tendencia compulsiva hacia el trabajo, por la cual el hombre llega a ser el esclavo de sí mismo, no tiene esos inconvenientes. Sin duda, el capitalismo no se habría desarrollado si la mayor parte de las energías humanas no se hubieran encauzado en beneficio del trabajo. No existe ningún otro período de la historia en el cual los hombres libres hayan dedicado tantas energías a un solo propósito: el trabajo. La tendencia compulsiva hacia el trabajo incesante fue una de las fuerzas más productivas, no menos importante para el desarrollo de nuestro sistema industrial que el vapor y la electricidad.

Hasta aquí nos hemos referido principalmente a la angustia y al sentimiento de la impotencia que impregnaban la personalidad de los miembros de la clase media. Debemos ahora tratar otro rasgo, del cual hemos hablado sólo brevemente: su *hostilidad* y su *resentimiento*. Que la clase media desarrollara una hostilidad intensa no debe sorprender. Es normal que todos los que se sientan frustrados en su expresión emocional y sensual y también amenazados en su existencia misma, experimenten como reacción un sentimiento de hostilidad. Como ya hemos visto, la clase media en conjunto, y especialmente aquellos miembros que todavía no se beneficiaban con las ventajas del naciente capitalismo, se sentía frustrada y seriamente amenazada. Había otro factor destinado a incrementar su hostilidad: el lujo y el poder que podía permitirse y ostentar el pequeño grupo de capitalistas, incluso los altos dignatarios de la Iglesia. La consecuencia natural era una envidia intensa en contra del mismo. Pero, si bien su hostilidad y envidia aumentaban, los miembros de la clase media no podían hallar una expresión directa de sus sentimientos, tal como les era posible hacerlo a las clases bajas. Éstas odiaban a los ricos que los explotaban, deseaban destruir su poder y, por lo tanto, nada impedía que sintieran y expresaran su odio. También la clase superior podía expresar su agresividad a través del apetito del poder. Pero los miembros de la clase media eran esencialmente conservadores, querían estabilizar la sociedad y no revolucionarla; cada uno de ellos tenía la esperanza de llegar a ser más próspero y participar en el progreso general. La hostilidad, por lo tanto, no debía manifestarse abiertamente, ni aún podía ser experimentada conscientemente: debía ser reprimida. Sin embargo, esta represión sólo aleja el objeto reprimido de la claridad de la conciencia, pero no lo anula. Además, la hostilidad reprimida, al no hallar ninguna forma de expresión directa, aumenta hasta el punto de impregnar la personalidad toda, las relaciones con los otros y con uno mismo, pero de modo más racional y disfrazado.

Lutero y Calvino representan esta hostilidad que todo lo penetra. No solamente en el sentido de que estos hombres, personalmente, pueden contarse entre las grandes figuras de la historia y aún más entre los "líderes" religiosos que con mayor intensidad experimentaron sentimientos de odio, sino —y esto es mucho más importante— en el sentido de que sus doctrinas se hallaban teñidas de esa hostilidad y sólo podían tener eco en un grupo que también se viera impulsado por una hostilidad intensa y reprimida. Su expresión más saliente puede hallarse en la concepción que ellos sustentaban acerca de Dios, especialmente en las doctrinas de Calvino. Si bien estamos familiarizados con este concepto, con frecuencia no nos damos cuenta cabal de lo que significa concebir a Dios como un ser tan arbitrario y despiadado como lo es la divinidad calvinista, capaz de predestinar a una parte de la humanidad a la condenación eterna, sin más justificación o razón que la de manifestar una expresión del poder divino. El mismo Calvino, por supuesto, se preocupaba por las evidentes objeciones que podían hacerse a esta concepción; pero las construcciones más o menos sutiles que formulara para sostener la imagen de un Dios justo y lleno de amor no tenían el don de convencer. Esta concepción de una divinidad despótica que exige un poder ilimitado sobre los hombres, su sumisión y humillación, era la proyección del odio y la envidia sufridos por la clase media.

La hostilidad y el resentimiento también se expresaban en el tipo de relaciones con los demás. La forma principal que ellos asumían era la de indignación moral, característica de la baja clase media desde los tiempos de Lutero hasta los de Hitler. Esta clase, que en realidad era envidiosa de los que poseían riqueza y poder y disfrutaban de la vida, racionalizaba su resentimiento y envidia del buen vivir por medio de la indignación moral y de la convicción de que esos grupos, socialmente superiores, serían castigados por el sufrimiento eterno [50]. Pero la tensión hostil en contra de los demás halló aún otras expresiones. El régimen de Calvino en Ginebra se caracterizaba por un clima de sospecha y hostilidad universales que colocaba a cada uno contra todos los demás; por cierto que en este despotismo hubiera podido hallarse muy poco espíritu de amor y fraternidad. Calvino desconfiaba de la riqueza y, al mismo tiempo, experimentaba poca piedad hacia la pobreza. En el desarrollo ulterior del calvinismo aparecen frecuentes advertencias con-

[50] Cf. S. Ranulf, *Moral Indignation and Middle Class Psychology*; este estudio constituye una contribución importante a la tesis de que la indignación moral es un rasgo típico de la clase media, especialmente en sus estratos inferiores.

tra los sentimientos de amistad hacia los extranjeros, actitudes crueles para con los pobres y una atmósfera general de sospecha [51].

Aparte de la proyección en Dios de la hostilidad y de los celos y de su expresión indirecta bajo la forma de indignación moral, otra manera de manifestar la hostilidad fue la de dirigirla hacia uno mismo. Ya vimos cómo Calvino y Lutero subrayaban la maldad propia del hombre y enseñaban que la autohumillación y degradación son base de toda virtud; para ellos esta exigencia no significaba, conscientemente, otra cosa que un grado extremo de humildad. Pero quien esté familiarizado con los mecanismos psicológicos de la autoacusación y la autohumillación, no puede dudar de que esta clase de "humillación" se arraiga en un odio violento que, por una razón u otra, halla bloqueada su expresión hacia el mundo exterior y opera entonces en contra del propio yo. Para entender cabalmente este fenómeno es menester darse cuenta de que las actitudes hacia los otros y hacia uno mismo, lejos de ser contradictorias, en principio corren paralelas. Pero mientras la hostilidad contra los otros a menudo es consciente y puede expresarse en forma abierta, la hostilidad en contra de uno mismo, generalmente (excepto en los casos patológicos), es inconsciente, y halla su expresión en formas indirectas y racionalizadas. Una de ellas consiste —como ya se ha dicho— en subrayar la propia maldad e insignificancia; otra aparece como imperativo de la conciencia o sentimiento del deber. Del mismo modo como existe un tipo de humildad que no tiene nada que ver con el odio de sí mismo, así también existen imperativos de la conciencia que son genuinos, y un sentido del deber que no está arraigado en la hostilidad. Estos sentimientos legítimos son

[51] Cf. Max Weber, *op. cit.*, pág. 102; Tawney, *op. cit.*, pág. 190; Ranulf, *op. cit.*, págs. 66 y sigts.

parte de la personalidad integrada, y el obedecer a sus demandas constituye una afirmación del yo. Por el contrario, el sentimiento del "deber", tal como lo vemos impregnar la vida del hombre moderno, desde el período de la Reforma hasta el presente, en las racionalizaciones religiosas o seculares, se halla intensamente coloreado por la hostilidad contra el yo. La "conciencia" es un negrero que el hombre se ha colocado dentro de sí mismo y que lo obliga a obrar de acuerdo con los deseos y fines que él *cree* suyos propios, mientras que en realidad no son otra cosa que las exigencias sociales externas que se han hecho internas. Lo manda con crueldad y rigor, prohibiéndole el placer y la felicidad, y haciendo de toda su vida la expiación de algún pecado misterioso [52]. Es también la base de aquel "ascetismo mundano interior" tan característico del calvinismo primitivo y del puritanismo ulterior. La hostilidad en la cual se arraiga esta forma moderna de la humildad y del sentimiento del deber explica también una contradicción, que de otra manera sería desconcertante: el hecho de que tal humildad se halle acompañada por el desprecio hacia los otros y que el sentimiento de la propia virtud haya reemplazado el amor y la piedad. Una humildad y ur sentimiento del deber genuinos no hubieran podido hacerlo; mas la conciencia que se niega y humilla a sí misma en sólo un lado de la histilidad; en el otro están el odio y el desprecio para con los demás.

Me parece conveniente resumir ahora, sobre la base de este breve análisis acerca del significado de la libertad durante el período de la Reforma, las conclusiones alcanzadas con referencia al problema

[52] Freud se ha dado cuenta de la hostilidad del hombre contra sí mismo, la cual se halla contenida en lo que él llama *Superyó*. También observó que éste, en su origen, era la *internalización* de una autoridad externa peligrosa. Pero no distinguió entre los ideales espontáneos que parten del yo y las órdenes *internalizadas* que mandan al yo... El punto de vista que aquí se presenta se trata con mayores de-

específico de la libertad y al problema general de la interacción de los factores económicos, psicológicos y sociales en el proceso social.

El derrumbamiento del sistema medieval de la sociedad feudal posee un significado capital que rige para todas las clases sociales: el individuo fue dejado solo y aislado. Estaba libre y esta libertad tuvo un doble resultado. El hombre fue privado de la seguridad de que gozaba, del incuestionable sentimiento de *pertenencia*, y se vio arrancado de aquel mundo que había satisfecho su anhelo de seguridad tanto económica como social. Se sintió solo y angustiado. Pero también era libre de obrar y pensar con independencia, de hacerse dueño de sí mismo y de hacer de su propia vida todo lo que era capaz de hacer, y no lo que le mandaban hacer.

Sin embargo, estos dos clases de libertades poseían una importancia distinta según la situación vital efectiva de los miembros de las diferentes clases sociales. Solamente la clase más afortunada de la sociedad pudo beneficiarse del naciente capitalismo en una medida que le dio realmente poder y riqueza. Sus miembros pudieron expandirse, conquistar, mandar y acumular fortuna como resultado de su propia actividad y cálculos racionales. Esta nueva aristocracia del dinero, combinada con la del nacimiento, se hallaba en situación de poder disfrutar las conquistas de la naciente libertad y de adquirir un sentimiento nuevo de dominio e iniciativa individual. Por otra parte, estos capitalistas debían dominar a las masas y a la vez competir entre sí; de ese modo tampoco su posición se hallaba exenta de cierta angustia e inseguridad fundamentales. No obstante, en general, para los nuevos capitalistas lo que predominaba era el significado positivo de la

---

talles en mi estudio sobre la psicología de la autoridad (M. Horkheimer, ed., *Authcrität und Familie*, París, Alcan, 1934). Karen Horney ha subrayado el carácter compulsivo de las demandas del *superyó* en *New Ways in Psychoanalysis.* (Ya citado. Hay traducción castellana.)

libertad. Ello se expresaba en la cultura que floreció en el suelo de la nueva aristocracia: la cultura del Renacimiento. En su arte y en su filosofía descubrimos un nuevo espíritu de humana dignidad, voluntad y dominio, aunque también a veces escepticismo y desesperanza. Esta misma exaltación de la fuerza de la actividad individual puede hallarse en las enseñanzas teológicas de la Iglesia católica durante la baja Edad Media. Los escolásticos de este período no se rebelaron en contra de la autoridad, aceptaron su guía; pero señalaron con vigor el significado positivo de la libertad, la participación del hombre en la determinación de su destino, su fuerza, su dignidad y el libre albedrío.

Por otra parte, las clases inferiores, la población pobre de las ciudades y especialmente los campesinos fueron impulsados por una búsqueda antes desconocida de la libertad y por la ardiente esperanza de poner fin a la creciente opresión económica y personal. Tenían poco que perder y mucho que ganar. No se interesaban por sutilezas dogmáticas, sino en los principios bíblicos fundamentales: fraternidad y justicia. Sus esperanzas asumieron una forma activa en un cierto número de rebeliones políticas y de movimientos religiosos que se caracterizaron por el espíritu inflexible, típico de los primeros tiempos del cristianismo.

Pero nuestro interés principal se ha dirigido al estudio de la reacción ofrecida por la clase media. El naciente capitalismo, aun cuando contribuyera también a acrecentar su independencia e iniciativa, constituía una gran amenaza. A principios del siglo XVI el miembro de la clase media todavía no estaba en condiciones de ganar mucho poder y seguridad por medio de la nueva libertad. La libertad trajo el aislamiento y la insignificancia personales antes que la fuerza y la confianza. Además, estaba animado por un vehemente resentimiento en contra del lujo y el poder de las clases ricas, incluyendo en ellas la jerarquía de la iglesia romana. El protestantismo dio expresión a los sentimientos de insignificancia y de resentimiento; destruyó la confianza del hombre en el amor incondicional de Dios y le enseñó a despreciarse y a desconfiar de sí mismo y de los demás; hizo de él un instrumento en lugar de un fin, capituló frente al poder secular y renunció al principio de que ese poder no se justifica por el hecho de una mera existencia, si es que contradice los principios morales; y al hacer todo esto abandonó ciertos elementos que habían constituido los cimientos de la tradición judeo-cristiana. Sus doctrinas presentaron una imagen del individuo, de Dios y del mundo, en la cual tales sentimientos estaban justificados por la creencia de que la insignificancia y la impotencia sentidas por un individuo eran debidas a su naturaleza de hombre como tal, y que él *debía* sentir tal como sentía.

Con ello las nuevas doctrinas religiosas no solamente expresaron los sentimientos propios del miembro común de la clase media, sino que, al racionalizar y sistematizar tal actitud, también la aumentaron y la reforzaron. Por otra parte, hicieron algo más que eso: estas doctrinas también le mostraron al individuo una manera de acallar su angustia. Le enseñaron que si reconocía plenamente su impotencia y la maldad de su naturaleza, si consideraba toda su vida como un medio de expiación de sus pecados, si llegaba al extremo de la autohumillación, y si además de todo esto, se abandonaba a una incesante actividad, podría llegar a superar su duda y angustia; que por medio de su completa sumisión podría ser amado por Dios y, por lo menos, tener la esperanza de pertenecer a las filas de aquellos que Dios había decidido salvar. El protestantismo satisfacía las humanas necesidades del individuo atemorizado, desarraigado y aislado, que se veía obligado a orientarse y relacionarse con un nuevo mundo. La nueva estructura del carácter que derivaba de los cambios sociales y económicos y adquiría intensidad por obra de las nuevas doctrinas religiosas, se tornó a su vez un importante factor formativo del desarrollo económico y social ulterior. Aquellas mismas cualidades que se hallaban arraigadas en este tipo de estructura del carácter —tendencia compulsiva hacia el trabajo, pasión por el ahorro, disposición para hacer de la propia vida un simple instrumento para los fines de un poder extrapersonal, ascetismo, y sentido compulsivo del deber— fueron los ragos de carácter que llegaron a ser las fuerzas eficientes de la sociedad capitalista, sin las cuales sería inconcebible el moderno desarrollo económico y social; ésas fueron las formas específicas que adquirió la energía humana y que constituyeron una de las fuerzas creadoras dentro del proceso social. Obrar de conformidad con los rasgos propios de este carácter resultaba ventajoso desde el punto de vista de las necesidades económicas; también resultaba satisfactorio psicológicamente, puesto que esa forma de comportarse respondía a las necesidades y a la angustia propias de este nuevo tipo de personalidad. Para expresar el mismo principio en términos más generales, podríamos decir: el proceso social, al determinar el modo de vida del individuo, esto es, su relación con los otros y con el trabajo, moldea la estructura del carácter; de ésta se derivan nuevas ideologías —filosóficas, religiosas o política—, que son capaces a su vez de influir sobre aquella misma estructura y, de este modo, acentuarla, satisfacerla y estabilizarla; los rasgos de carácter recién constituidos llegan a ser, también ellos, factores importantes del desarrollo económico e influyen así en el proceso social; si bien esencialmente se habían desarrollado como una reacción a la amenaza de los nuevos elementos económicos, lentamente se transformaron en fuerzas productivas que adelantaron e intensificaron el nuevo desarrollo de la economía [53].

[53] Una discusión más detallada de la interacción entre los factores económicos, ideológicos y psicológicos, puede hallarse en el Apéndice.

## Capítulo IV

# LOS DOS ASPECTOS DE LA LIBERTAD PARA EL HOMBRE MODERNO

Hemos dedicado el capítulo anterior al análisis del significado psicológico de las principales doctrinas del protestantismo. Se ha visto cómo las nuevas teorías religiosas constituían una respuesta a las necesidades psíquicas producidas por el colapso del sistema social medieval y por los comienzos del capitalismo. El análisis estaba enfocado hacia el problema de la libertad en su doble sentido: mostraba cómo la libertad *de* los vínculos tradicionales de la Edad Media, aun cuando otorgara al individuo un sentimiento de independencia desconocido hasta ese momento, hizo al propio tiempo que se sintiera solo y aislado, llenándolo de angustia y de duda y empujándolo hacia nuevos tipos de sumisión y hacia actividades irracionales y de carácter compulsivo.

En el presente capítulo quiero exponer de qué modo el desarrollo ulterior de la sociedad capitalista incidió sobre la personalidad en aquella misma dirección que se había podido observar durante el período de la Reforma.

Las doctrinas protestantes prepararon psicológicamente al individuo para el papel que le tocaría desempeñar en el moderno sistema industrial. Este sistema, en su práctica y conforme al espíritu que de ésta debía resultar, al incluir en sí todos los aspectos de la vida pudo moldear por entero la personalidad humana y acentuar las contradicciones que hemos tratado en el capítulo anterior: desarrolló al individuo —y lo hizo más desamparado—; aumentó la libertad —y creó nuevas especies de dependencia—. No intentaremos describir el efecto del capitalismo sobre toda la estructura del carácter humano, puesto que hemos enfocado tan sólo un aspecto de este problema general, a saber, el del carácter dialéctico del proceso de crecimiento de la libertad. Nuestro fin será, por el contrario, el de mostrar que la estructura de la sociedad moderna afecta simultáneamente al hombre de dos maneras: por un lado, lo hace más independiente y más crítico, otorgándole una mayor confianza en sí mismo, y por otro, más solo, aislado y atemorizado. La comprensión del problema de la libertad en conjunto depende justamente de la capacidad de observar ambos lados del proceso sin perder de vista uno de ellos al ocuparse del otro.

Esto resulta difícil, pues acostumbramos pensar de una manera no dialéctica y nos inclinamos a dudar acerca de la posibilidad de que dos tendencias contradictorias se deriven simultáneamente de la misma causa. Además, especialmente para aquellos que aman la libertad, es arduo darse cuenta de su lado negativo, de la carga que ella impone al hombre. Como en la lucha por la libertad, durante la época moderna, toda la atención se dirigió a combatir las *viejas* formas de autoridad y de limitación, era natural que se pensara que cuanto más se eliminaran estos lazos tradicionales, tanto más se ganaría en libertad. Sin embargo, al creer así dejamos de prestar atención debida al hecho de que, si bien el hombre se ha liberado de los antiguos enemigos de la libertad, han surgido otros de distinta naturaleza: un tipo de enemigo que no consiste necesariamente en alguna forma de restricción exterior, sino que está constituido por factores internos que obstruyen la realización plena de la personalidad. Estamos convencidos de que la libertad religiosa constituye una de las victorias definitivas del espíritu de libertad. Pero no nos damos cuenta de que, si bien se trata de un triunfo sobre aquellos poderes eclesiásticos y estatales que prohiben al hombre expresar su religiosidad de acuerdo con su conciencia, el individuo moderno ha perdido en gran medida la capacidad íntima de tener fe en algo que no sea comprobable según los métodos de las ciencias naturales. O, para escoger otro ejemplo, creemos que la libertad de palabra es la última etapa en la victoriosa marcha de la libertad. Y, sin embargo, olvidamos que, aun cuando ese derecho constituye una victoria importante en la batalla librada en contra de las *viejas* cadenas, el hombre moderno se halla en una posición en la que mucho de lo que *él* piensa y dice no es otra cosa que lo que todo el mundo igualmente piensa y dice; olvidamos que no ha adquirido la capacidad de pensar de una manera original —es decir, por sí mismo—, capacidad que es lo único capaz de otorgar algún significado a su pretensión de que nadie interfiera con la expresión de sus pensamientos. Aún más, nos sentimos orgullosos de que el hombre, en el desarrollo de su vida, se haya liberado de las trabas de las autoridades externas que le indicaban lo que debía hacer o dejar de hacer, olvidando de ese modo la importancia de autoridades anónimas, como la opinión pública y el "sentido común", tan poderosas a causa de nuestra profunda disposición a ajustarnos a los requerimientos de todo el mundo, y de nuestro no menos profundo terror de parecer distintos de los demás. En otras palabras, nos sentimos fascinados por la libertad creciente que adquirimos a expensas de poderes *exteriores* a nosotros, y nos cegamos frente al hecho de la restricción, angustia y miedo interiores, que tienden a destruir el significado de las victorias que la libertad ha logrado sobre sus enemigos tradicionales. Por ello estamos dispuestos a pensar que el problema de la libertad se reduce exclusivamente al de lograr un grado aún *mayor* que aquellas libertades que hemos ido consiguiendo en el curso de la historia moderna, y creemos que la defensa de nuestros derechos contra los poderes que se les oponen constituye todo cuanto es necesario para mantener nuestras conquistas. Olvidamos que, aun cuando debemos defender con el máximo vigor cada una de las libertades obtenidas, el problema de que se trata no es solamente cuantitativo, sino también cualitativo; que no sólo debemos preservar y aumentar las libertades tradicionales, sino que, además, debemos lograr un nuevo tipo de libertad, capaz de permitirnos la realización plena de nuestro propio yo individual, de tener fe en él y en la vida.

Toda valoración crítica del efecto del sistema industrial sobre este tipo de libertad íntima debe comenzar por la comprensión plena del enorme progreso que el capitalismo ha aportado al desarrollo de la personalidad humana. Por supuesto, todo juicio crítico acerca de la sociedad moderna que descuide este aspecto del conjunto, dará con ello pruebas de estar arraigado en un romanticismo irracional y podrá ser justamente sospechado de criticar al capitalismo, no ya en beneficio del progreso, sino en favor de la destrucción de las conquistas más significativas alcanzadas por el hombre en la historia moderna.

La obra iniciada por el protestantismo, al liberar espiritualmente al hombre, ha sido continuada por el capitalismo, el cual lo hizo desde el punto de vista mental, social y político. La libertad económica constituía la base de este desarrollo, y la clase media era su abanderada. El individuo había dejado de estar encadenado por un orden social fijo, fundado en la tradición, que sólo le otorgaba un estrecho margen para el logro de una mejor posición personal, situada más allá de los límites tradicionales. Ahora confiaba —y le estaba permitiendo hacerlo— en tener éxito en todas las ganancias económicas personales que fuera capaz de obtener con el ejercicio de su diligencia, capacidad intelectual, coraje, frugalidad o fortuna. Suya era la oportunidad del éxito, suyo el riesgo del fracaso, el de contarse entre los muertos o heridos en la cruel batalla económica que cada uno libraba contra todos los demás. Bajo el sistema feudal, aun antes de que él naciera, ya habían sido fijados los límites de la expansión de su vida; pero bajo el sistema capitalista, el individuo, y especialmente el miembro de la clase media, poseía la oportunidad —a pesar de las muchas limitaciones—, de triunfar de acuerdo con sus propios méritos y acciones. Tenía frente a sí un fin por el cual podía luchar y que a menudo le cabía en suerte alcanzar. Aprendió a contar consigo mismo, a asumir la responsabilidad de sus decisiones, a abandonar tanto las supersticiones terroríficas como las consoladoras. Se fue liberando progresivamente de las limitaciones de la naturaleza; dominó las fuerzas naturales en un grado jamás conocido y nunca previsto en épocas anteriores. Los hombres lograron la igualdad; las diferencias de casta y de religión, que en un tiempo habían significado fronteras naturales que obstruían la unificación de la raza humana, desaparecieron, y así los hombres aprendieron a reconocerse entre sí como seres humanos. El mundo fue zafándose cada vez más de la superchería; el hombre empezó a observarse objetivamente, despojándose progresivamente de las ilusiones. También aumentó la libertad política. Sobre la base de su fuerza económica, la naciente clase media pudo conquistar el poder político, y este poder recién adquirido creó a su vez nuevas posibilidades de progreso económico. Las grandes revoluciones de Inglaterra y Francia y la lucha por la independencia norteamericana constituyeron las piedras fundamentales de esta evolución. La culminación del desarrollo de la libertad en la esfera política la constituyó el Estado democrático moderno, fundado sobre la igualdad de derecho de todos los ciudadanos para participar en el gobierno por medio de representantes libremente elegidos. Se suponía así que cada uno sería capaz de obrar según sus propios intereses, sin olvidar a la vez el bienestar común de la nación.

En una palabra, el capitalismo no solamente liberó al hombre de sus vínculos tradicionales, sino que también contribuyó poderosamente al aumento de la libertad positiva, al crecimiento de un yo activo, crítico y responsable.

Sin embargo, si bien todo esto fue uno de los efectos que el capitalismo ejerció sobre la libertad en desarrollo, también produjo una consecuencia inversa al hacer al individuo más solo y aislado, y al inspirarle un sentimiento de insignificancia e impotencia.

El primer factor que debemos mencionar a este respecto se refiere a una de las características generales de la economía capitalista: el principio de la actividad individualista. En contraste con el sistema feudal de la Edad Media, bajo el cual cada uno poseía un lugar fijo dentro de una estructura social ordenada y perfectamente clara, la economía capitalista abandonó al individuo completamente a sí mismo. Lo que hacía y cómo lo hacía, si tenía éxito o dejaba de tenerlo, eso era asunto suyo. Es obvio que este principio intensificó el proceso de individualización, y por ello se lo menciona siempre como un elemento importante en el aporte positivo de la cultura moderna. Pero al favorecer la *libertad de*, este principio contribuyó a cortar todos los vínculos existentes entre los individuos, y de este modo separó y aisló a cada uno de todos los demás hombres. Este desarrollo había sido preparado por las enseñanzas de la Reforma. En la Iglesia católica la relación del individuo con Dios se fundaba en la pertenencia a la Iglesia misma. Ésta constituía el enlace entre el hombre y Dios, y así, mientras por una parte restringía su individualidad, por otra le permitía enfrentar a Dios, no ya estando solo, sino como formando parte integrante de un grupo. El protestantismo, en cambio, hizo que el hombre se hallara solo frente a Dios. La fe, según la entendía Lutero, era una experiencia completamente subjetiva, y, según Calvino, la convicción de la propia salvación poseía ese mismo carácter subjetivo. El individuo que enfrentaba al poderío divino estando solo, no podía dejar de sentirse aplastado y de buscar su salvación en el sometimiento más completo. Desde el punto de vista psicológico este individualismo espiritual no es muy distinto del económico. En ambos casos el individuo se halla completamente solo y en su aislamiento debe enfrentar un poder superior: sea éste el de Dios, el de los competidores, o el de fuerzas económicas impersonales. *El carácter individual de las relaciones con Dios constituía la preparación psicológica para las características individualistas de las actividades humanas de carácter secular.*

Mientras la naturaleza individualista del sistema económico representa un hecho incuestionable y tan sólo podría aparecer dudoso el efecto que tal carácter ha ejercido sobre el incremento de la soledad individual, la tesis que vamos a discutir ahora contradice algunos de los conceptos convencionales más difundidos acerca del capitalismo. Según tales conceptos, el hombre, en la sociedad moderna, ha llegado a ser el centro y el fin de toda la actividad: todo lo que hace, lo hace para sí mismo; el principio del autointerés y del egoísmo constituyen las motivaciones todopoderosas de la actividad humana. De lo que se ha dicho en los comienzos de este capítulo se deduce que, hasta cierto punto, estamos de acuerdo con tales afirmaciones. El hombre ha realizado mucho para sí mismo, para sus propios propósitos, en los cuatro últimos siglos. Sin embargo, gran parte de lo que parecía ser *su* propósito no le pertenecía realmente, puesto que correspondía más bien al "obrero", al "industrial", etc., y no al concreto ser humano, con todas sus potencialidades emocionales. intelectuales y sensibles. Al lado de la afirmación del individuo que realizara el capitalismo, también están la autonegación y el ascetismo, que son la continuación directa del espíritu protestante.

Para explicar esta tesis debemos mencionar en primer lugar un hecho que ya ha sido descrito en el capítulo anterior. Dentro del sistema medieval, el capital era siervo del hombre; dentro del sistema moderno se ha vuelto su dueño. En el mundo medieval las actividades económicas constituían un medio para un fin, y el fin era la vida misma, o —como lo entendía la Iglesia católica— la salvación espiritual del hombre. Las actividades económicas son necesarias; hasta los ricos pueden servir los propósitos divinos, pero toda actividad externa sólo adquiere significado y dignidad en la medida en que favorezca los fines de la vida. La actividad económica y el apetito de ganancia como fines en sí mismos parecían cosa tan irracional al pensador medieval, como su ausencia lo es para los modernos.

En el capitalismo, la actividad económica, el éxito, las ganancias materiales, se vuelven fines en sí mismos. El destino del hombre se transforma en el de contribuir al crecimiento del sistema económico, a la acumulación del capital, no ya para lograr la propia felicidad o salvación, sino como un fin último. El hombre se convierte en un engranaje de la vasta máquina económica —un engranaje importante si posee mucho capital, uno insignificante si carece de él—, pero en todos los casos continúa siendo un engranaje destinado a servir propósitos que le son exteriores. Esta disposición a someter el propio yo a fines extrahumanos fue de hecho preparada por el protestantismo, a pesar de que nada se hallaba más lejos del espíritu de Calvino y Lutero que tal aprobación de la supremacía de las actividades económicas. Pero fueron sus enseñanzas teológicas las que prepararon el terreno para este proceso al quebrar el sostén espiritual del hombre, su sentimiento de dignidad y orgullo, y al enseñarle que la actividad debía dirigirse a fines exteriores al individuo.

Como ya vimos en el capítulo anterior, uno de los puntos principales de la enseñanza de Lutero residía en su insistencia sobre la maldad de la naturaleza humana, la inutilidad de su voluntad y de sus esfuerzos. Análogamente Calvino colocó el acento sobre la perversidad del hombre e hizo girar todo su sistema alrededor del principio según el cual el hombre debe humillar su orgullo hasta el máximo; afirmó, además, que el propósito de la vida humana reside exclusivamente en la gloria divina y no en la propia. De este modo, Calvino y Lutero prepararon psicológicamente al individuo para el papel que debía desempeñar en la sociedad moderna: sentirse insignificante y dispuesto a subordinar toda su vida a propósitos que no le pertenecían. Una vez que el hombre estuvo dispuesto a reducirse tan sólo a un medio para la gloria de un Dios que no representaba ni la justicia ni el amor, ya estaba suficientemente preparado para aceptar la función de sirviente de la máquina económica, y, con el tiempo, la de sirviente de algún *Führer*.

La subordinación del individuo como medio para fines económicos se funda en las características del modo capitalista de producción, que hacen de la acumulación del capital el propósito y el objetivo de la actividad económica. Se trabaja para obtener un beneficio, pero éste no es obtenido con el fin de ser gastado, sino con el de ser invertido como nuevo capital; el capital así acrecentado trae nuevos beneficios que a su vez son invertidos, siguiéndose de este modo un proceso circular infinito. Naturalmente, siempre hubo capitalistas que gastaban su dinero con fines de lujo o bajo la forma de *derroche ostensible* (*Conspicuo consuption*[1]). Pero los representantes clásicos del capitalismo gozaban del trabajo —no del gasto—. Este principio de la acumulación del capital en lugar de su uso para el consumo, constituye la premisa de las grandiosas conquistas de nuestro moderno sistema industrial. Si el hombre no hubiera asumido tal actitud ascética hacia el trabajo y el deseo de invertir los frutos de éste con el propósito de desarrollar las capacidades productivas del sistema económico, nunca se habría realizado el progreso que hemos logrado al dominar las fuerzas naturales; ha sido este crecimiento de las fuerzas productivas de la sociedad el que por primera vez en la historia nos ha permitido enfocar un futuro en el que tendrá fin la incesante lucha por la satisfacción de las necesidades materiales. Sin embargo, aun cuando el principio de que debe trabajarse en pro de la acumulación de capital es de un valor enorme para el progreso de la humanidad, desde el punto de vista subjetivo ha hecho que el hombre trabajara para fines extrapersonales, lo ha transformado en el esclavo de aquella máquina que él mismo construyó, y por lo tanto le ha dado el sentimiento de su insignificancia e impotencia personales.

Hasta ahora nos hemos ocupado de aquellos individuos de la sociedad moderna que poseían capital y podían dirigir sus beneficios hacia nuevas inversiones. Sin tener en cuenta su carácter de grandes o pequeños capitalistas, su vida estaba dedicada al cumplimiento de su función económica, la acumulación del capital. Pero ¿qué ocurrió con aquellos que, careciendo de capital, debían ganarse el pan vendiendo su trabajo? El efecto psicológico de su posición económica no fue muy distinto del que experimentó el capitalista. En primer lugar, al estar empleados dependían de las leyes del mercado, de

[1] Alusión al conocido concepto de Th. Veblen en *Teoría de la clase ociosa.* Trad. cast., México, Fondo de Cultura Económica, 1944. [T.]

la prosperidad y la crisis y del efecto de las mejores técnicas de que disponía su patrón. Éste los manejaba directamente, transformándose así, frente a ellos, en la expresión de un poder superior, al cual había que someterse. Tal fue especialmente la posición de los obreros durante todo el siglo XIX hasta su término. Desde entonces el movimiento sindical ha proporcionado al obrero algún poder propio, y con ello le ha permitido superar su posición de simple y pasivo objeto en las manos del patrón.

Pero, aparte esta dependencia directa y personal del obrero con respecto al empleador, el espíritu de ascetismo y la sumisión a fines extrapersonales, que hemos señalado como rasgos característicos del capitalista, impregnaron también la mentalidad del trabajador, así como todo el resto de la sociedad. Esto no debe sorprendernos. En cada sociedad el espíritu de toda la cultura está determinado por el de sus grupos más poderosos. Así ocurre, en parte porque tales grupos poseen el poder de dirigir el sistema educacional, escuelas, iglesia, prensa y teatro, penetrando de esta manera con sus ideas en la mentalidad de toda la población; y en parte porque estos poderosos grupos ejercen tal prestigio, que las clases bajas se hallan muy dispuestas a aceptar e imitar sus valores y a identificarse psicológicamente con ellas.

Hasta ahora hemos sostenido que el modo de producción capitalista ha hecho del hombre un instrumento de fines económicos suprapersonales y ha aumentado el espíritu de ascetismo y de insignificancia individual, cuya preparación psicológica había sido llevada a cabo por el protestantismo. Sin embargo, esta tesis se halla en conflicto con el hecho de que el hombre moderno parece impulsado, no por una actitud de sacrificio y de ascetismo, sino, por el contrario, por un grado extremo de egoísmo y por la búsqueda del interés personal. ¿Cómo podemos conciliar el hecho de que mientras objetivamente él llegó a ser el esclavo de fines que no le pertenecían, subjetivamente se creyó movido por el autointerés? ¿Cómo podemos conciliar el espíritu del protestantismo y su exaltación de desinterés con la moderna doctrina del egoísmo, según la cual —de acuerdo con lo dicho por Maquiavelo— el egoísmo constituiría el motivo más poderoso de la conducta humana? ¿El deseo de ventajas personales sería más fuerte que toda consideración moral y el hombre preferiría ver morir a su padre a perder su fortuna? ¿Puede explicarse esta contradicción suponiendo que la exaltación del desinterés constituye tan sólo una ideología destinada a encubrir el egoísmo? Aun cuando esta suposición puede encerrar algo de verdad, no creemos que se trate de una explicación del todo satisfactoria. Para indicar en qué dirección parece hallarse la respuesta, debemos ocuparnos del intrincado problema psicológico del egoísmo [2].

El supuesto implícito en el pensamiento de Lutero y Calvino, y también en el de Kant y Freud, es el siguiente: el egoísmo (*selfishness*) es idéntico al amor a sí mismo (*self-love*). Amar a los otros es una virtud, amarse a sí mismo, un pecado. Además, el amor hacia los otros y el amor hacia sí mismo se excluyen mutuamente.

Desde el punto de vista teórico nos encontramos aquí con un error sobre la naturaleza del amor. El amor, en primer lugar, no es algo "causado" por un objeto específico, sino una cualidad que se halla en potencia en una persona y que se actualiza tan sólo cuando es movida por determinado *objeto*. El odio es un deseo apasionado de destrucción; el amor es la apasionada afirmación de un *objeto;* no es un *afecto* sino una tendencia activa y una conexión íntima cuyo fin reside en la felicidad, la expansión y la

[2] Una discusión detallada de este problema puede hallarse en el artículo del autor: "Selfishness and Self-Love", en *Psychiatry*, vol. 2, Nº 4, noviembre, 1939.

libertad de su objeto [3]. Se trata de una disposición que, en principio, puede dirigirse hacia cualquier persona u objeto, incluso uno mismo. El amor exclusivo es una contradicción en sí. Por cierto que no es un mero azar el hecho de que una persona determinada se vuelva *objeto* del amor manifiesto de alguien. Los factores que condicionan tal elección específica son demasiado numerosos y complejos para ser discutidos ahora. Lo importante es, sin embargo, que el amor hacia un *objeto* especial es tan sólo la actualización y la concentración del amor potencial con respecto a una persona; no ocurre, como lo pide la concepción romántica del amor, que exista tan sólo una *única* persona en el mundo a quien se pueda querer, que la gran oportunidad de la vida es poder hallarla, que el amor hacia ella conduzca a negar el amor a todos los demás. Este tipo de amor, que tan sólo puede ser sentido con relación a una única persona, se revela, en virtud de ese mismo hecho, no ya como amor sino como una unión sadomasoquista. La afirmación básica contenida en el amor se dirige hacia la persona amada, asumiendo ésta el carácter de encarnación de atributos esencialmente humanos. El amor hacia una persona implica amor hacia el hombre como tal. Este último tipo de amor no es, como frecuentemente se supone, una abstracción que se origina *después* de haber conocido el amor hacia una determinada persona, o una generalización de la experiencia sentida con respecto a un *objeto* específico; por el contrario, se trata de una premisa necesaria, aun cuando, desde el punto de vista genético, se adquiera en el contacto con individuos concretos.

[3] Sullivan se ha acercado a esta tesis en sus conferencias. Afirma que la edad de la preadolescencia se caracteriza por la aparición de impulsos en las relaciones interpersonales, capaces de conducir a un nuevo tipo de satisfacción que beneficia a la otra persona (el camarada). Según este autor el amor es una situación en la cual la satisfacción del amado es tan significativa y deseable como la del amante.

De ello se sigue que mi propio yo, en principio, puede constituir un objeto de amor tanto como otra persona. La afirmación de mi propia vida, felicidad, expansión y libertad están arraigadas en la existencia de la disposición básica y de la capacidad de lograr tal afirmación. Si el individuo la posee, también la posee con respecto a sí mismo; si tan sólo puede amar a los *otros*, es simplemente incapaz de amar.

El egoísmo (*selfishness*) no es idéntico al amor a sí mismo, sino a su opuesto. El egoísmo es una forma de codicia. Como toda codicia, es insaciable y, por consiguiente, nunca puede alcanzar una satisfacción real. Es un pozo sin fondo que agota al individuo en un esfuerzo interminable para satisfacer la necesidad sin alcanzar nunca la satisfacción. La observación atenta descubre que si bien el egoísta nunca deja de estar angustiosamente preocupado de sí mismo, se halla siempre insatisfecho, inquieto, torturado por el miedo de no tener bastante, de perder algo, de ser despojado de alguna cosa. Se consume de envidia por todos aquellos que logran algo más. Y si observamos aún más de cerca este proceso, especialmente su dinámica inconsciente, hallaremos que el egoísta, en esencia, no se quiere a sí mismo sino que se tiene una profunda aversión.

El enigma de este aparente contrasentido es de fácil solución. El egoísmo se halla arraigado justamente en esa aversión hacia sí mismo. El individuo que se desprecia, que no está satisfecho de sí, se halla en una angustia constante con respecto a su propio yo. No posee aquella seguridad interior que puede darse tan sólo sobre la base del cariño genuino y de la autoafirmación. Debe preocuparse de sí mismo, debe ser codicioso y quererlo todo para sí, puesto que, fundamentalmente, carece de seguridad y de la capacidad de alcanzar la satisfacción. Lo mismo ocurre con el llamado narcisista, que no se preocupa tanto por obtener cosas para sí, como de admirarse a sí mismo. Mientras en la superficie parece que tales personas se quieren mucho, en realidad se tienen aversión, y su narcisismo —como el egoísmo— constituye la *sobrecompensación* de la carencia básica de amor hacia sí mismos. Freud ha señalado que el narcisista ha retirado su amor a los otros dirigiéndolo hacia su persona: si bien lo primero es cierto, la segunda parte de esta afirmación no lo es. En realidad, no quiere ni a los otros ni a sí mismo.

Volvamos ahora al problema que nos condujo a este análisis psicológico del egoísmo. Como se recordará, habíamos tropezado con la contradicción inherente al hecho de que, mientras el hombre moderno cree que sus acciones están motivadas por el interés personal, en realidad su vida se dedica a fines que no son suyos; tal como ocurría con la creencia calvinista de que el propósito de la existencia humana no es el hombre mismo sino la gloria de Dios. Hemos tratado de demostrar que el egoísmo está fundado en la carencia de autoafirmación y amor hacia el yo real, es decir, hacia todo el ser humano concreto junto con sus potencialidades. El "yo" en cuyo interés obra el hombre moderno es el *yo social*, constituido esencialmente por el papel que se espera deberá desempeñar el individuo y que, en realidad, es tan sólo el disfraz subjetivo de la función social objetiva asignada al hombre dentro de la sociedad. El egoísmo de los modernos no representa otra cosa que la codicia originada por la frustración del yo real, cuyo objeto es el yo social. Mientras el hombre moderno parece caracterizarse por la afirmación del yo, en realidad éste ha sido debilitado y reducido a un segmento del yo total —intelecto y voluntad de poder— con exclusión de todas las demás partes de la personalidad total.

Si bien todo esto es cierto, también debemos preguntarnos ahora si el acrecentado dominio sobre la naturaleza ha tenido o no por consecuencia un aumento del vigor del yo individual. Hasta cierto punto ello ha ocurrido, y tal aumento en la medida en que realmente se produjo, forma parte del aspecto positivo del desarrollo individual, que no debemos perder de vista. Pero, si bien el hombre ha alcanzado en un grado considerable el dominio de la naturaleza, la sociedad no ejerce la fiscalización de aquellas fuerzas que ella misma ha creado. La racionalidad del sistema de producción, en sus aspectos técnicos, se ve acompañada por la irracionalidad de sus aspectos sociales. El destino humano se halla sujeto a las crisis económicas, la desocupación y la guerra. El hombre ha construido su mundo, ha erigido casas y talleres, produce trajes y coches, cultiva cereales y frutas, pero se ha visto apartado del producto de sus propias manos, y en verdad ya no es el dueño del mundo que él mismo ha edificado. Por el contrario, este mundo, que es su obra, se ha transformado en su dueño, un dueño frente al cual debe inclinarse, a quien trata de aplacar o de manejar lo mejor que puede. El producto de sus propios esfuerzos ha llegado a ser su Dios. El hombre parece hallarse impulsado por su propio interés, pero en realidad su yo total, con sus concretas potencialidades, se ha vuelto un instrumento destinado a servir los propósitos de aquella misma máquina que sus manos han forjado. Mantiene la ilusión de constituir el centro del universo, y sin embargo se siente penetrado por un intenso sentimiento de insignificancia e impotencia análogo al que sus antepasados experimentaron de una manera consciente con respecto a Dios.

El sentimiento de aislamiento y de impotencia del hombre moderno se ve ulteriormente acrecentado por el carácter asumido por todas sus relaciones sociales. La relación concreta de un individuo con otro ha perdido su carácter directo y humano, asumiendo un espíritu de instrumentalidad y de manipulación. En todas las relaciones sociales y personales la norma está dada por las leyes del mercado. Es obvio que las relaciones entre competidores han de fundarse sobre la indiferencia mutua. Si fuera de otro modo, cada uno de los competidores se vería paralizado, en el cumplimiento de su tarea económica, de entablar una lucha contra los demás, susceptible de llegar, si fuera necesario, a la destrucción recíproca.

La relación entre empleado y patrón se halla penetrada por el mismo espíritu de indiferencia. La palabra inglesa *employer* encierra toda la historia: el propietario del capital *emplea* a otro ser humano del mismo modo que *emplea* una máquina. Patrón y empleado están usándose mutuamente para el logro de sus fines económicos; su relación se caracteriza por el hecho de que cada uno constituye un medio para un fin, representa un instrumento para el otro. No se trata en modo alguno de la relación entre dos seres humanos que poseen un interés recíproco no estrictamente limitado a esta mutua utilidad. Este mismo carácter instrumental constituye la regla en las relaciones entre el hombre de negocios y su cliente. Éste representa un objeto que debe ser manipulado, y no una persona concreta cuyos propósitos interesen al comerciante. También la actitud hacia el trabajo es de carácter instrumental: en oposición al artesano de la Edad Media, el moderno industrial no se interesa primariamente en lo que produce, sino que considera el producto de su industria como un medio para extraer un beneficio de la inversión del capital y depende fundamentalmente de las condiciones del mercado, las cuales habrán de indicarle cuáles sectores de producción le proporcionarán ganancias para el capital a invertir.

Este carácter de extrañamiento se da no sólo en las relaciones económicas sino también en las personales; éstas toman el aspecto de relación entre cosas en lugar del de relación entre personas. Pero acaso el fenómeno más importante, y el más destructivo, de instrumentalidad y extrañamiento lo constituye la relación del individuo con su propio yo [4]. El hombre no solamente vende mercancías, sino que también se vende a sí mismo y se considera como una mercancía. El obrero manual vende su energía física, el comerciante, el médico, el empleado, venden su *personalidad*. Todos ellos necesitan una *personalidad* si quieren vender sus productos o servicios. Su personalidad debe se agradable: debe poseer energía, iniciativa y todas las cualidades que su posición o profesión requieran. Tal como ocurre con las demás mercancías, al mercado es al que corresponde fijar el valor de estas cualidades humanas, y aun su misma existencia. Si las características ofrecidas por una persona no hallan empleo, simplemente no existen, tal como una mercancía invendible carece de valor económico, aun cuando pudiera tener un valor de uso. De este modo la confianza en sí mismo, el *sentimiento del yo*, es tan sólo una señal de lo que los otros piensan de uno: *yo* no puedo creer en *mi* propio valer, con prescindencia de *mi* popularidad y éxito en el mercado. Si me buscan, entonces soy alguien, si no gozo de popularidad, simplemente no soy nadie. El hecho de que la confianza en sí mismo dependa del éxito de la propia *personalidad*, constituye la causa por la cual la popularidad cobra tamaña importancia para el hombre moderno. De ella depende no solamente el progreso material, sino también la autoestimación; su falta significa estar condenado a hundirse en el abismo de los sentimientos de inferioridad [5].

Hemos intentado demostrar cómo la nueva liber-

[4] Hegel y Marx han formulado los fundamentos necesarios para la comprensión del problema del extrañamiento. Cf. especialmente los conceptos de Marx acerca del "fetichismo de las mercancías" y el "extrañamiento del trabajo".

[5] Este análisis de la autoestimación ha sido claramente expuesto por Ernesto Schachtel en una conferencia inédita: *Self-feeling and the "sale" of personality*.

tad proporcionada al individuo por el capitalismo produjo efectos que se sumaron a los de la libertad religiosa originada por el protestantismo. El individuo llegó a sentirse más solo y más aislado; se transformó en un instrumento en las manos de fuerzas abrumadoras, exteriores a él; se volvió un *individuo,* pero un individuo azorado e inseguro. Existían ciertos factores capaces de ayudarlo a superar las manifestaciones ostensibles de su inseguridad subyacente. En primer lugar su *yo* se sintió respaldado por la posesión de propiedades. *Él,* como persona, y los bienes de su propiedad, no podían ser separados. Los trajes o la casa de cada hombre eran parte de su yo tanto como su cuerpo. Cuanto menos se sentía *alguien,* tanto más necesitaba tener posesiones. Si el individuo no las tenía o las había perdido, carecía de una parte importante de su *yo,* y hasta cierto punto no era considerado como una persona completa, ni por parte de los otros ní de él mismo.

Otros factores que respaldaban al ser eran el prestigio y el poder. En parte se trataba de consecuencies de la posesión de bienes, en parte constituían el resultado directo del éxito logrado en el terreno de la competencia. La admiración de los demás y el poder ejercido sobre ellos se iban a agregar al apoyo proporcionado por la propiedad, sosteniendo al inseguro yo individual.

Para aquellos que sólo poseían escasas propiedades y menguado prestigio social, la familia constituía una fuente de prestigio individual. Allí, en su seno, el individuo podía sentirse *alguien.* Obedecido por la mujer y los hijos, ocupaba el centro de la escena, aceptando ingenuamente este papel como un derecho natural que le perteneciera. Podía ser un don nadie en sus relaciones sociales, pero siempre era un rey en su casa. Aparte de la familia, el orgullo nacional —y en Europa, con frecuencia, el orgullo de clase— también contribuía a darle un sentimiento de importancia. Aun cuando no fuera nadie personalmente, con todo se sentía orgulloso de pertenecer a un grupo que podía considerarse superior a otros.

Debemos distinguir los factores señalados, tendientes a sostener el yo debilitado, de aquellos otros de los que se ha hablado al comenzar este capítulo, a saber: las efectivas libertades políticas y económicas, la oportunidad proporcionada a la iniciativa individual y el avance de la ilustración racionalista. Estos factores contribuyeron realmente a fortificar el yo y condujeron al desarrollo de la individualidad, la independencia y la racionalidad. En cambio, los factores de apoyo al yo tan sólo contribuyeron a compensar la inseguridad y la angustia. No desarraigaron estos dos sentimientos, sino que se limitaron a ocultarlos, ayudando de este modo al individuo a sentirse conscientemente seguro (a creerse seguro); pero esta seguridad era en parte superficial y sólo perduraba en la medida en que subsistían los factores de apoyo que la habían producido.

Todo análisis detallado de la historia europea y americana del período que va desde la Reforma hasta nuestros días, podría mostrar de qué manera las dos tendencias contradictorias, inherentes a la evolución de la *libertad de* a la *libertad para*, corren paralelas o, con más precisión, se entrelazan de continuo. Desgraciadamente tal análisis va más allá de los límites fijados a este libro y debe ser reservado para otra publicación. En algunos períodos y en ciertos grupos sociales la libertad humana en su sentido positivo —fuerza y dignidad del ser— constituía el factor dominante; puede afirmarse, en general, que ello ocurrió en Inglaterra, Francia, Norteamérica y Alemania, cuando la clase media logró sus victorias económicas y políticas sobre los representantes del viejo orden. En esta lucha por la libertad positiva la clase media podía acudir a ese aspecto del protestantismo que exaltaba la autonomía humana y la dignidad del hombre; mientras que de su parte la Iglesia católica se aliaba con aquellos grupos que debían oponerse a la liberación del individuo para poder preservar sus propios privilegios.

En el pensamiento filosófico de la edad moderna también descubrimos que los dos aspectos de la libertad permanecen entrelazados, como lo habían estado ya en las doctrinas teológicas de la Reforma. Así, para Kant y Hegel la autonomía y la libertad del individuo constituyen los postulados centrales de sus sistemas, y sin embargo, los dos filósofos subordinan el individuo a los propósitos de un Estado todopoderoso. Los filósofos del período de la Revolución Francesa, y en el siglo XIX Feuerbach, Marx, Stirner y Nietzsche, expresaron una vez más sin ambages la idea de que el individuo no debería someterse a propósitos ajenos a su propia expansión o felicidad. Los filósofos reaccionarios del mismo siglo, sin embargo, postularon explícitamente la subordinación del individuo a las autoridades espirituales y seculares. La tendencia hacia la libertad humana, en sentido positivo, alcanzó su culminación durante la segunda mitad del siglo XIX y comienzos del siglo XX. No solamente participaron de este progreso las clases medias, sino tambien los obreros, que se transformaron en agentes libres y activos, en luchadores en pro de sus intereses económicos, y al mismo tiempo de los fines más amplios de la humanidad.

Con la fase monopolista del capitalismo, tal como se fue desarrollando de manera creciente en las últimas décadas, la importancia respectiva de ambas tendencias pareció sufrir algún cambio. Adquirieron mayor peso factores tendientes a debilitar el yo individual, mientras que aquellos dirigidos a fortificarlo vieron relativamente mermada su importancia. El sentimiento individual de impotencia y soledad fue en aumento, la *libertad* de todos los vínculos tradicionales se fue acentuando, pero las posibilidades de lograr el éxito económico individual se restringieron. El individuo se siente amenazado por fuerzas gigantescas, y la situación es análoga en muchos respectos a la que existía en los siglos XV y XVI.

El factor más importante de este proceso es el crecimiento del poder del capital monopolista. La concentración del capital (no de la riqueza), en ciertos sectores de nuestro sistema económico, restringió las posibilidades de éxito para la iniciativa, el coraje y la inteligencia individuales. La independencia económica de muchas personas ha resultado destruida en aquellas esferas en las que el capital monopolista se ha impuesto. Para los que siguen defendiéndose, especialmente para gran parte de la clase media, la lucha asume el carácter de una batalla tan desigual que el sentimiento de confianza en la iniciativa y el coraje personales es reemplazado por el de impotencia y desesperación. Un pequeño grupo, de cuyas decisiones depende el destino de gran parte de la población, ejerce un poder enorme, aunque secreto, sobre toda la sociedad. La inflación alemana en 1923 o la crisis norteamericana de 1929 aumentaron el sentimiento de inseguridad, destrozaron en muchos la esperanza de abrirse camino por el esfuerzo personal y anularon la creencia tradicional en las ilimitadas posibilidades de éxito.

Es verdad que el pequeño y mediano hombre de negocios, que se ve virtualmente amenazado por el poder abrumador del gran capital, puede continuar realizando beneficios y preservar su independencia, pero la amenaza que pende sobre su cabeza aumenta su inseguridad e impotencia en una medida mucho mayor de la que podía observarse anteriormente. En su lucha en contra de los competidores monopolistas está enfrentado a gigantes, mientras que antes combatía contra sus pares. También la situación psicológica de aquellos hombres de negocios independientes, para los cuales el desarrollo de la industria moderna ha creado nuevas funciones económicas, difiere de la del antiguo comerciante o industrial. Un ejemplo de tal diferencia lo constituye aquel tipo de hombre de negocios independiente que a veces es citado como un caso del surgimiento de una nueva forma de vida en la clase media: el propietario de un puesto de distribución de gasolina. Muchos de esos propietarios son económicamente independientes. Poseen su negocio del mismo modo que el almacenero o el sastre poseen el suyo. Pero, ¡qué diferencia entre el viejo y el nuevo tipo del hombre de negocios independiente! El almacenero necesitaba de un alto grado de experiencia y capacidad. Debía elegir entre un cierto número de comerciantes al por mayor para hacer sus compras de acuerdo con los precios y calidades que estimara más convenientes; debía conocer las necesidades individuales de sus numerosos clientes, a quienes también debía aconsejar en sus compras y decidir acerca de la conveniencia de concederles crédito. En general, la función del comerciante de viejo estilo no solamente suponía independencia, sino que también requería pericia, conocimiento, actividad y una prestación de servicios de tipo individual. El distribuidor de gasolina, en cambio, se halla en una situación completamente distinta. Vende una sola y única clase de mercadería: gasolina y lubricantes.

Su posición de comprador y su poder de regateo con las compañías petroleras se hallan limitados. Repite mecánicamente siempre el mismo acto de llenar depósitos de gasolina y vender lubricantes. Tiene una oportunidad mucho menor que el antiguo almacenero para utilizar aptitudes de pericia, iniciativa y energía individuales. Sus beneficios se hallan determinados por dos factores: el precio que debe pagar por la gasolina y los lubricantes, y el número de automovilistas que paran en su estación de servicio. Ambos factores escapan en gran parte a su dominio; simplemente debe funcionar como un agente entre el mayorista y el consumidor. Desde el punto de vista psicológico existe muy poca diferencia entre el hecho de estar empleado por la compañía y el de ser un comerciante *independiente*: siempre se trata de un mero engranaje de la vasta máquina de distribución.

Por lo que se refiere a la nueva clase media, integrada por los obreros de "cuello duro", cuyo número ha ido creciendo con la expansión de la gran empresa, es obvio que su posición resulta muy distinta de la de los pequeños comerciantes e industriales independientes de otro tiempo. Podría sostenerse que, si bien han dejado de ser independientes en el sentido formal, de hecho se les ofrecen oportunidades de éxito fundadas en el desarrollo de la iniciativa individual y de la inteligencia, en una medida igual, si no mayor, de la que se le ofrecía al almacenero o al sastre de viejo estilo. En cierto sentido, esto es verdad, pero resulta difícil descubrir en qué grado. Psicológicamente, la situación del empleado es distinta. Es parte de una vasta máquina económica, realiza una tarea altamente especializada, se halla en feroz competencia con centenares de colegas que se encuentran en la misma posición y si llega a dejarse superar es inexorablemente despedido. Más brevemente, aun cuando sus probabilidades de éxito resulten a veces mayores, no deja de haber perdido gran parte de la seguridad y la independencia del antiguo hombre de negocios; en cambio, se ha tornado un engranaje, a veces pequeño, a veces más grande, de una maquinaria que le impone su ritmo, que escapa a su dominio y frente a la cual aparece como una insignificante pequeñez.

Las consecuencias psicológicas de la vastedad y superioridad de poder de la gran empresa han incidido también sobre el obrero. En la pequeña empresa de otrora éste conocía personalmente a su patrón y se hallaba familiarizado con su fábrica, cuyo total funcionamiento podía observar; si bien era tomado y despedido según las necesidades del mercado, siempre existía alguna relación concreta con el patrón y su empresa capaz de otorgarle el sentimiento de pisar un suelo familiar y conocido. Muy distinta es la posición de un hombre en una fábrica en la que trabajan miles de obreros. El patrón se ha vuelto una figura abstracta: nunca logra verlo; la dirección sólo es un poder anónimo que trata con él de un modo indirecto y frente al cual, como individuos, es algo insignificante. La empresa tiene dimensiones tales, que el individuo es incapaz de conocer algo más alá del pequeño sector relacionado con la tarea que le toca desempeñar.

Tal situación ha sido compensada de algún modo por los sindicatos. Éstos no solamente han mejorado la posición económica del obrero, sino que también han producido un efecto psicológico importante al proporcionarle el sentimiento de su fuerza y significado frente a los gigantes económicos con que debe luchar. Desgraciadamente muchos sindicatos han crecido, transformándose también ellos en enormes organizaciones que dejan muy poco lugar a la iniciativa individual del socio. Éste paga su cuota y de vez en cuando ejerce el derecho de voto, pero aquí, como allá, no es más que el pequeño engranaje de una gran maquinaria. Sería asunto de la mayor importancia el que los sindicatos se transformaran en órganos apoyados en la activa cooperación de cada uno de sus miembros, con una organización que asegurara la efectiva participación de todos en la vida de la entidad y los hiciera sentirse responsables de su funcionamiento.

La insignificancia del individuo en nuestros tiempos no atañe solamente a su función como hombre de negocios, empleado o trabajador manual, sino también a su papel de cliente. Esta última función ha sufrido un cambio drástico en las últimas décadas. El cliente que visitaba un negocio cuyo dueño era un comerciante independiente, se hallaba seguro de ser objeto de un trato personal; su adquisición representaba algo importante para el propietario; se lo recibía como una persona que significaba algo para el comerciante; sus deseos eran materia de estudio; el acto mismo de la compra le proporcionaba cierto sentimiento de importancia y dignidad. ¡Cuán distinta es ahora la relación del cliente con las grandes tiendas! La vastedad del edificio, la abundancia de las mercaderías expuestas, el gran número de empleados ejercen sobre él una profunda impresión; todo lo hace sentirse pequeño y sin importancia. Y en verdad, como individuo no ofrece interés alguno al establecimiento comercial. Tan sólo es importante porque es *un* cliente; la tienda no quiere perderlo, pues ello indicaría que hay algo que funciona mal y que probablemente otros clientes se perderían por la misma razón. Es importante en su carácter de cliente abstracto; pero como cliente concreto no significa nada en absoluto. No hay nadie que se alegre por su visita, nadie que se preocupe especialmente para satisfacer sus deseos. El acto de comprar se ha vuelto análogo al de adquirir sellos en una oficina de correos.

Esta situación se acentúa aún más debido a los métodos de la propaganda moderna. Los argumentos comerciales del hombre de negocios de viejo estilo eran esencialmente racionales. Conocía sus mercaderías, las necesidades del cliente y, sobre la base de estos conocimientos, trataba de efectuar su venta. Por cierto sus argumentos no eran del todo objetivos, esforzándose por persuadir al cliente lo mejor posible; sin embargo, para ser eficiente y alcanzar sus objetivos, debía emplear una forma racional y sensata de persuasión. La propaganda moderna, en un amplio sector, es muy distinta; no se dirige a la razón sino a la emoción; como todas las formas de sugestión hipnótica, procura influir emocionalmente sobre los sujetos, para someterlos lue también desde el punto de vista intelectual. E forma de propaganda influye sobre el cliente, a diendo a toda clase de medios: la incesante repetición de la misma fórmula; el influjo de la imagen de alguna persona de prestigio, como ser la de alguna dama de la aristocracia o la de un famoso boxeador que fuma tal marca de cigarrillos; por medio del *sex-appeal* de alguna muchacha bonita, atrayendo de ese modo la atención del cliente y debilitando al propio tiempo su capacidad de crítica; mediante el terror, señalando el peligro del "mal aliento" o de alguna enfermedad de nombre misterioso; o bien estimulando su fantasía acerca de un cambio imprevisto en el curso de su propia vida debido al uso de determinado tipo de camisa o jabón. Todos estos métodos son esencialmente irracionales; no tienen nada que ver con la calidad de la mercadería y apagan o matan la capacidad crítica del cliente, como podría hacerlo el opio o un estado hipnótico absoluto. Son capaces de proporcionarle alguna satisfacción debido a su efecto estimulante sobre la fantasía, tal como ocurre con el cine, pero al mismo tiempo aumentan su sentimiento de pequeñez y de impotencia.

En realidad, estos métodos de embotamiento de la capacidad de pensamiento crítico son más peligrosos para nuestra democracia que muchos ataques abiertos, y más inmorales —si tenemos en cuenta la integridad humana— que la literatura indecente cuya publicación castigamos. Las asociaciones de consumidores han intentado restablecer la capacidad crítica del cliente, su dignidad, su sentimiento de tener algún significado, operando así en la misma dirección que el movimiento sindical. Hasta ahora. sin embargo, sus alcances se han limitado a los de un modesto comienzo.

Lo que se ha afirmado acerca de la esfera económica vale también para la esfera política. Durante los primeros tiempos de la democracia existían varios medios por los cuales el individuo podía participar concreta y activamente con su voto en la elección de algún candidato o en la adopción de determinadas decisiones; los problemas en discusión le eran familiares, así como lo eran los candidatos; el acto de votar, realizado a menudo en una asamblea de toda la población de la ciudad, era algo concreto y en el mismo el individuo significaba realmente algo. Hoy el votante se ve frente a partidos políticos enormes, tan grandiosos y lejanos como las gigantescas organizaciones industriales. Los problemas políticos, complicados ya por naturaleza, se vuelven aún más inextricables debido a la intervención de toda clase de recursos que tienden a oscurecerlos. El votante puede llegar a ver alguna vez a su candidato durante el período electoral; pero desde que se inició el uso de la radio no es probable que lo vea con frecuencia, perdiéndose con ello el último medio que le permitía juzgar a *su candidato*. De hecho debe elegir entre dos o tres personas que las organizaciones partidarias le presentan; pero tales candidatos no son el resultado de *su* elección; elector y candidato se conocen muy poco entre sí, y su recíproca relación posee un carácter tan abstracto como todas las demás.

Los métodos de propaganda política tienen sobre el votante el mismo efecto que los de la propaganda comercial sobre el consumidor, ya que tienden a aumentar su sentimiento de insignificancia. La repetición de *slogans* y la exaltación de factores que nada tienen que ver con las cuestiones discutidas, inutilizan sus capacidades críticas. En la propaganda política, el llamamiento claramente formulado y de tipo racional, constituye más bien la excepción que la regla; estos ocurre hasta en los países democráticos. Obligado a enfrentarse con el poder y la magnitud de los partidos, tal como se le aparecen a través de su propaganda, el votante no puede dejar de sentirse pequeño y poco importante.

Lo que acaba de exponerse no significa que la propaganda comercial o política insista abiertamente sobre la carencia de significado del individuo. Por el contrario, una y otra lo adulan al hacerle creer que es importante y fingiendo dirigirse a su juicio crítico, a su capacidad de discriminación. Pero esta ficción constituye esencialmente un método para apagar las sospechas del individuo y ayudarlo a engañarse a sí mismo acerca del carácter autónomo de su decisión. Es casi innecesario puntualizar que la propaganda a la que nos hemos referido no es totalmente irracional, y que en la propaganda de los diferentes partidos y candidatos existen ciertas diferencias en cuanto a la importancia relativa concedida a los factores racionales.

Además, se han agregado otros factores que contribuyen a la creciente impotencia del individuo. La escena económica y política es más compleja y más vasta de lo que era antes, y las personas ven disminuida su capacidad de observación. También las amenazas que el individuo debe enfrentar han alcanzado mayores dimensiones. La desocupación de muchos millones de personas debido a la crisis en la estructura económica, ha aumentado su sentimiento de inseguridad. Aun cuando la ayuda al desocupado por medio de recursos públicos haya hecho mucho para compensar las consecuencias del paro forzoso, tanto desde el punto de vista económico como del psicológico, siempre queda en pie el hecho de que para la gran mayoría del pueblo, el quedar desocupado constituye una carga muy difícil de soportar psicológicamente, y el terror a la desocupación no deja de ensombrecer toda su vida. Tener un empleo —cualquiera que sea— parece resumir para mucha gente todo cuanto puede pedirse a la vida y constituir algo por lo que debe experimentarse gratitud. La desocupación ha aumentado también el miedo a la vejez. En muchos casos se requiere tan sólo a jóvenes y aun a personas sin experiencia, que, empero, mantienen todavía su capacidad de adaptación; es decir, se pide a aquellos que pueden ser moldeados sin dificultad a fin de que funcionen fácilmente como pequeños engranajes ajustados a las necesidades de una determinada maquinaria.

También la amenaza de la guerra ha contribuido a aumentar el sentimiento de impotencia individual. Por cierto no faltaron guerras durante el siglo XIX; pero, desde la primera guerra mundial, las posibilidades de destrucción han aumentado de una manera tan tremenda, que la amenaza de un conflicto bélico se ha convertido en una pesadilla que, aun cuando pueda permanecer inconsciente en muchas personas hasta tanto su país no se vea directamente envuelto en la guerra, no deja de ensombrecer sus vidas y acrecentar el sentimiento de pánico e impotencia. Por otra parte las categorías de la población que pueden ser afectadas por el conflicto han aumentado de tal manera que ahora comprenden a todo el mundo sin excepción.

El *estilo* de todo este período está de acuerdo con el cuadro que he bosquejado. La inmensidad de las ciudades, en las que el individuo se pierde, los edificios altos como montañas, el incesante bombardeo acústico de la radio, los grandes títulos periodísticos, que cambian tres veces al día y dejan en la incertidumbre acerca de lo que debe considerarse realmente importante, los espectáculos en que cien muchachas exhiben su habilidad con precisión cronométrica, borrando al individuo y actuando como una máquina poderosa y al mismo tiempo suave, el rítmico martilleo del *jazz*..., todos estos y muchos otros detalles expresan una peculiar constelación en la que el individuo se ve enfrentado por un mundo de dimensiones que escapan a su fiscalización, y en comparación al cual él no constituye sino una pequeña partícula. Todo lo que puede hacer es ajustar su paso al ritmo que se le impone, como lo haría un soldado en marcha o el obrero frente a la correa sinfín. Puede actuar, pero su sentimiento de independencia, de significar algo, eso ha desaparecido.

El grado en que el hombre común norteamericano se siente invadido por este sentimiento de miedo y de insignificancia, parece expresarse de una manera eficaz en el fenómeno de la popularidad del *Ratón Mickey*. En esos *films* el tema único —y sus infinitas variaciones— es siempre éste: algo pequeño es perseguido y puesto en peligro por algo que posee una fuerza abrumadora, que amenaza matarlo o devorarlo; la cosa pequeña se escapa y, más tarde, logra salvarse y aun castigar a su enemigo. La gente no se hallaría tan dispuesta a asistir continuamente a las muchas variaciones de este único tema si no se tratara de algo que toca muy de cerca su vida emocional. Aparentemente la pequeña cosa amenazada por un enemigo hostil y poderoso representa al espectador mismo: tal se siente *él*, siendo ésa la situación con la cual puede identificarse. Pero, como es natural, a menos que no hubiera un final feliz, no se mantendría una atracción tan permanente como la que ejerce el espectáculo. De este modo el espectador revive su propio miedo y el sentimiento de su pequeñez, experimentando al final la consoladora emoción de verse salvado y aun de conquistar a su fuerte enemigo. Con todo —y aquí reside el lado significativo y a la vez triste de este *happy end*— su salvación depende en gran parte de su habilidad para la fuga y de los accidentes imprevistos que impiden al monstruo alcanzarlo.

La posición en la que se halla el individuo en nuestra época había sido prevista por algunos pensadores proféticos del siglo XIX. Kierkegaard describe al individuo desamparado, atormentado y lacerado por la duda, abrumado por el sentimiento de su soledad e insignificancia. Nietzsche tiene una visión del futuro nihilismo próximo a venir, que debía manifestarse luego en la ideología nazi, y dibuja la imagen del *superhombre,* negación del individuo insignificante y sin meta que le era dado observar en la realidad. El tema de la impotencia del hombre halló su más precisa expresión en la obra de Franz Kafka. En su libro *El castillo* describe a un hombre que quiere hablar con los misteriosos habitantes de un castillo, que se supone le dirán todo lo que tiene que hacer y cuál es su lugar en el mundo. Toda la vida de este hombre se resume en frenéticos esfuerzos por alcanzar a esas personas, sin lograrlo nunca: al fin queda solo, con el sentimiento de su total futilidad y desamparo.

El sentimiento de aislamiento e impotencia lo ha expresado de una manera muy bella Julian Green en el pasaje siguiente:

> Sabía que nosotros significábamos poco en comparación con el universo, sabía que no éramos nada; pero el hecho de ser nada de una manera tan inconmensurable me parece, en cierto sentido, abrumador y a la vez alentador. Aquellos números, aquellas dimensiones más allá del alcance del pensamiento humano nos subyugan por completo. ¿Existe algo, sea lo que fuere, a que podamos aferrarnos? En medio de este caos de ilusiones en el que estamos sumergidos de cabeza, hay una sola cosa que se erige verdadera: el amor. Todo el resto es la nada, un vacío hueco. Nos asomamos al inmenso abismo negro. Y tenemos miedo [6].

Sin embargo, este sentimiento de aislamiento individual y de impotencia, tal como fuera expresado por los escritores citados y como lo experimentan muchos de los llamados neuróticos, es algo de lo que el hombre común no tiene conciencia. Es demasiado aterrador. Se lo oculta la rutina diaria de sus actividades, la seguridad y la aprobación que halla en sus relaciones privadas y sociales, el éxito en los negocios, cualquier forma de distracción ("divertirse", "trabar relaciones", "ir a lugares"). Pero el silbar en la oscuridad no trae la luz. La

[6] Julian Green, *Personal Record,* 1928-39, traducción inglesa de J. Godefroi, Nueva York, Harper & Brothers, 1939.

soledad, el miedo y el azoramiento quedan; la gente no puede seguir soportándolos. No puede sobrellevar la carga que le impone la *libertad de;* debe tratar de rehuirla si no logra progresar de la libertad negativa a la positiva. Las principales formas colectivas de evasión en nuestra época están representadas por la sumisión a un "líder", tal como ocurrió en los países fascistas, y el conformismo compulsivo automático que prevalece en nuestra democracias. Antes de pasar a describir estas formas de evasión socialmente estructuradas, debo pedirle al lector que me siga en la discusión de los intrincados mecanismos psicológicos de evasión. Ya nos hemos ocupado de algunos de ellos en los capítulos anteriores; mas si queremos entender plenamente el significado psicológico del fascismo y la automatización del hombre en la democracia moderna, debemos comprender los fenómenos psicológicos no sólo de una manera general, sino también en los detalles mismos de su concreto funcionamiento. Esto puede parecer un rodeo; pero, en realidad, se trata de una parte necesaria de toda nuestra discusión. Del mismo modo que no pueden comprenderse correctamente los problemas psicológicos sin conocer su sustrato cultural y social, tampoco pueden estudiarse los fenómenos sociales sin el conocimiento de los mecanismos psicológicos subyacentes. El capítulo que sigue ensaya un análisis de tales mecanismos, con el fin de revelar lo que ocurre en el individuo y mostrar de qué manera, en nuestro esfuerzo por escapar de la soledad y la impotencia, nos disponemos a despojarnos de nuestro yo individual, ya sea por medio de la sumisión a nuevas formas de autoridad o por una forma de conformismo compulsivo con respecto a las normas sociales imperantes.

CAPÍTULO V

# MECANISMOS DE EVASIÓN

HEMOS LLEGADO en nuestra exposición hasta el período actual y nos correspondería ahora pasar a ocuparnos del significado psicológico del fascismo y del sentido que tiene la libertad dentro de los regímenes totalitarios; pero como la validez de nuestra argumentación descansa sobre la de sus premisas psicológicas, parece más conveniente interrumpir aquí la consideración del tema principal, dedicando un capítulo a la discusión concreta y más detallada de aquellos mecanismos psicológicos que ya hemos mencionado y que también trataremos luego. Tales premisas requieren una consideración atenta y cuidadosa, porque se basan en conceptos relativos a las fuerzas inconscientes y a la manera cómo éstas se expresan en las racionalizaciones y en los rasgos del carácter; se trata, como se ve, de conceptos que, para muchos lectores, resultarán, si no extraños, por lo menos merecedores de alguna elaboración.

En el presente capítulo voy a referirme intencionalmente a la psicología individual y a observaciones obtenidas por medio del procedimiento psicoanalítico en sus minuciosos estudios de casos individuales. Si bien el psicoanálisis no satisface del todo la norma que durante muchos años constituyó el ideal de la psicología académica, o sea el de aproximarse lo más posible a los métodos experimentales de las ciencias de la naturaleza, no puede negarse, no obstante, que se trata de un método completamente empírico, fundado en la cuidadosa observación de los pensamientos, sueños y fantasías individuales, luego de haber sido liberados de la *censura.* Sólo una teoría psicológica que utilice el concepto de fuerza inconsciente puede penetrar en las oscuras racionalizaciones que hallamos al analizar al individuo o la cultura. Un gran número de problemas, aparentemente insolubles, desaparecen apenas nos decidimos a abandonar la idea de que los motivos que la gente *cree* constituyen la causa de sus acciones, pensamientos o emociones, sean necesariamente aquellos que en la realidad los impulsa a obrar, sentir y pensar de esa determinada manera.

Más de un lector planteará la cuestión acerca de si los hallazgos debidos a la observación de los individuos pueden aplicarse a la comprensión psicológica de los grupos. Nuestra contestación a este respecto es una afirmación categórica. Todo grupo consta de individuos y nada más que de individuos; por lo tanto los mecanismos psicológicos, cuyo funcionamiento descubrimos en un grupo, no pueden ser sino mecanismos que funcionan en los individuos. Al estudiar la psicología individual como base de la comprensión de la psicología social, hacemos algo comparable a la observación microscópica de un objeto. Eso es lo que nos permite descubrir los detalles mismos de los mecanismos psicológicos, cuyo funcionamiento en vasta escala podemos observar en el proceso social. Si nuestro análisis de los fenómenos psicológicos no se fundara en el estudio detallado de la conducta individual, el mismo no tendría carácter empírico, y, por lo tanto, carecería de validez.

Pero, aun cuando se admitiera que el estudio del comportamiento individual posea una importancia tan grande, podría ponerse en duda si el estudio de personas comúnmente clasificadas como neuróticas proporciona algún provecho para la consideración de los problemas de la psicología social. Aquí también creemos que la contestación debe ser afirmativa. Los fenómenos que observamos en los neuróticos no difieren en principio de los que se dan en las personas normales. Son tan sólo más acentuados, más definidos y con frecuencia más manifiestos a la autoconciencia del neurótico que a la del individuo normal, quien no advierte ningún problema que requiera estudio.

Para aclarar todo esto será conveniente referirnos brevemente al significado de los términos ahora empleados: neurótico y normal o sano.

El término normal (o sano), puede definirse de dos maneras. En primer lugar, desde la perspectiva de una sociedad en funcionamiento, una persona será llamada normal o sana si es capaz de cumplir con el papel social que le toca desempeñar dentro de la sociedad dada. Más concretamente, ello significa que dicha persona puede trabajar según las pautas requeridas por la sociedad a que pertenece y que, además, es capaz de participar en la función de reproducción de la sociedad misma, es decir, está en condiciones de fundar una familia. En segundo lugar, desde la perspectiva del individuo, consideramos sana o normal a la persona que alcanza el grado óptimo de expansión y felicidad individuales.

Si la estructura de una sociedad dada fuera tal que ofreciera la posibilidad óptima de la felicidad individual, coincidirían ambas perspectivas. Sin embargo, en la mayoría de las sociedades —incluida la nuestra— este caso no se da. Si bien ellas difieren en cuanto al grado en que fomentan la expansión individual, siempre hay una discrepancia entre el propósito de asegurar el fluido funcionamiento de la sociedad y el de promover el desarrollo pleno del individuo. Este hecho obliga necesariamente a distinguir de una manera bien definida entre los dos conceptos de salud o normalidad. Uno es regido por las necesidades sociales, el otro por las normas y valores referentes a la existencia individual.

Por desgracia, se olvida a menudo esta diferenciación. En su mayoría, los psiquiatras aceptan como un supuesto indiscutible la estructura de su propia sociedad, de tal manera que, para ellos, la persona no del todo adaptada lleva el estigma de individuo poco valioso; por el contrario, suponen que la persona bien adaptada socialmente es muy valiosa desde el punto de vista humano y personal. Si diferenciamos los dos conceptos de normal y neurótico de la manera indicada, llegamos a esta conclusión: la persona considerada normal en razón de su buena adaptación, de su eficiencia social, es a menudo menos sana que la neurótica, cuando se juzga según una escala de valores humanos. Frecuentemente está bien adaptada tan sólo porque se ha despojado de su yo con el fin de transformarse, en mayor o menor grado, en el tipo de persona que cree se espera socialmente que ella debe ser. De este modo puede haberse perdido por completo la espontaneidad y la verdadera personalidad. Por otra parte, el neurótico puede caracterizarse como alguien que no estuvo dispuesto a someter completamente su yo en esta lucha. Por supuesto, su intento de salvar el yo individual no tuvo éxito y, en lugar de expresar su personalidad de una manera creadora, debió buscar la salvación en los síntomas neuróticos, retrayéndose en una vida de fantasía. Sin embargo, desde el punto de vista de los valores humanos, este neurótico resulta menos mutilado que ese tipo de persona normal que ha perdido toda su personalidad. Es innecesario decir que existen individuos que, sin ser neuróticos, no han ahogado su individualidad al cumplir el proceso de adaptación. Pero el estigma atribuido al neurótico nos parece infundado y susceptible de justificación sólo cuando se juzga en términos de eficiencia social. En este último sentido el término neurótico no puede ser aplicado a toda una sociedad, puesto que ella no podría existir si sus miembros no cumplieran sus funciones sociales. Sin embargo, en el otro sentido, en el de los valores humanos, una sociedad puede ser llamada neurótica cuando sus miembros ven mutilada la expansión de su personalidad. Puesto que el término *neurótico* sirve con tanta frecuencia para indicar la carencia de funcionamiento social, evitaremos el referirnos a una sociedad en términos de neurosis, prefiriendo, en cambio, hablar de su carácter favorable o contrario a la felicidad humana y a la autorrealización de la personalidad.

En este capítulo discutiremos los mecanismos de evasión que resultan de la inseguridad del individuo aislado.

Una vez que hayan sido cortados los vínculos primarios que proporcionaban seguridad al individuo, una vez que éste, como entidad completamente separada, debe enfrentar al mundo exterior, se le abren dos distintos caminos para superar el insoportable estado de soledad e impotencia del que forzosamente debe salir. Siguiendo uno de ellos, estará en condiciones de progresar hacia la *libertad positiva;* puede establecer espontáneamente su conexión con el mundo en el amor y el trabajo, en la expresión genuina de sus facultades emocionales, sensitivas e intelectuales: de este modo volverá a unirse con la humanidad, con la naturaleza y consigo mismo, sin despojarse de la integridad e independencia de su yo individual. El otro camino que se le ofrece es el de retroceder, abandonar su libertad y tratar de superar la soledad eliminando la brecha que se ha abierto entre su personalidad individual y el mundo. Este segundo camino no consigue nunca volver a unirlo con el ambiente de aquella misma manera en que lo estaba antes de emerger como *individuo,* puesto que el hecho de su separación ya no puede ser invertido; es una forma de evadir una situación insoportable que, de prolongarse, haría imposible su vida. Este camino, por lo tanto, se caracteriza por su aspecto compulsivo, tal como ocurre con los estallidos de terror frente a alguna amenaza; también se distingue por la rendición más o menos completa de la individualidad y de la integridad del yo. No se trata así de una solución que conduzca a la felicidad y a la libertad positiva; por el contrario, representa, en principio, una pauta que puede observarse en todos los fenómenos neuróticos. Mitiga una insoportable angustia y hace posible la vida al evitar el desencadenamiento del pánico en el individuo; sin embargo, *no soluciona* el problema subyacente y exige en pago la adopción de un tipo de vida que, a menudo, se reduce únicamente a actividades de carácter automático o compulsivo.

Algunos de tales mecanismos de evasión son de importancia social relativamente reducida; pueden observarse en grado algo notable únicamente en individuos atacados por trastornos mentales y emocionales de carácter grave. En este capítulo me referiré tan sólo a aquellos mecanismos que poseen significado cultural y cuya comprensión constituye una premisa necesaria del análisis psicológico de los fenómenos sociales de que nos ocuparemos en los próximos capítulos: el régimen fascista por un lado y la democracia moderna por el otro [1].

[1] Desde un punto de vista diferente K. Horney con sus *tendencias neuróticas* (Cf. *El nuevo psicoanálisis*), ha llegado a un concepto que posee cierta similitud con la noción aquí expuesta de *mecanismos de evasión*. La principal diferencia entre los dos conceptos es ésta: las tendencias neuróticas constituyen las fuerzas motrices en la neurosis individual, mientras los mecanismos de evasión lo son en la persona normal. Además, Horney insiste sobre todo en el hecho de la angustia, mientras yo me refiero principalmente al del aislamiento del individuo.

## 1. El autoritarismo

El primer mecanismo de evasión de la libertad que trataremos es el que consiste en la tendencia a abandonar la independencia del yo individual propio, para fundirse con algo, o alguien, exterior a uno mismo, a fin de adquirir la fuerza de que el yo individual carece; o, con otras palabras, la tendencia a buscar nuevos *vínculos secundarios* como sustitutos de los primarios que se han perdido.

Las formas más nítidas de este mecanismo pueden observarse en la tendencia compulsiva hacia la sumisión y la dominación o, con mayor precisión, en los impulsos sádicos y masoquistas tal como existen en distinto grado en la persona normal y en la neurática, respectivamente. Primero describiremos estas tendencias y luego trataremos de mostrar cómo ambas constituyen formas de evadir una soledad insoportable.

Las formas más frecuentes en las que se presentan las tendencias *masoquistas* están constituidas por los sentimientos de inferioridad, impotencia e insignificancia individual. El análisis de personas obsesionadas por tales sentimientos demuestra que, si bien éstas conscientemente se quejan de sufrirlos y afirman que quieren librarse de ellos, existe sin embargo algún poder inconsciente que se halla en sus mismas psiquis que las impulsa a sentirse inferiores o insignificantes. Sus sentimientos constituyen algo más que el reflejo de defectos y debilidades realmente existentes (aunque generalmente a éstos se los racionaliza, aumentando su importancia, con lo cual se justifica la inferioridad psíquicamente experimentada); tales personas muestran una tendencia a disminuirse, a hacerse débiles, rehusándose a dominar las cosas. Casi siempre exhiben una dependencia muy marcada con respecto a poderes que les son exteriores, hacia otras personas, instituciones o hacia la naturaleza misma. Tienden a rehuir la autoafirmación, a no hacer lo que quisieran, y a someterse, en cambio, a las órdenes de esas fuerzas exteriores, reales o imaginarias. Con frecuencia son completamente incapaces de experimentar el sentimiento "Yo soy" o "Yo quiero". La vida, en su conjunto, se les aparece como algo poderoso en sumo grado y que ellas no pueden dominar o fiscalizar.

En los casos extremos —y hay muchos— se observará, al lado de la tendencia a disminuirse y a someterse a las fuerzas exteriores, un impulso a castigarse y a infligirse sufrimientos.

Tal tendencia puede asumir distintas formas. Hallamos personas que se complacen en dirigirse acusaciones y críticas tan graves, que hasta sus peores enemigos difícilmente se atreverían a formular. Hay otras, como ciertos neuróticos, que tienden a torturarse con pensamientos y ritos de carácter compulsivo. En algún otro tipo de personalidad neurótica hallamos la tendencia a enfrentarse o a esperar, consciente o inconscientemente, que se le produzca una enfermedad, como si se tratara de un don de Dios. Con frecuencia son víctimas de accidentes que no les habrían ocurrido de no haber estado presente alguna tendencia inconsciente que los empujara. Estos impulsos dirigidos contra uno mismo se revelan a menudo en formas menos manifiestas o dramáticas. Por ejemplo, hay personas que son incapaces de contestar las preguntas en un examen, a pesar de que conocen muy bien las correspondientes respuestas, tanto en el momento del examen como después. Hay otras que dicen cosas que hieren a las personas a quienes quieren o de quienes dependen, aun cuando, en realidad, experimentan sentimientos amistosos a su respecto y no tenían la intención de decir lo que han dicho. Tales individuos parecen comportarse como si siguieran consejos sugeridos por algún enemigo que los empujara hacia la forma de obrar más perjudicial para ellos mismos.

Muchas veces las tendencias masoquistas son experimentadas como manifestaciones irracionales o patológicas; pero, con mayor frecuencia aún, reciben una forma racionalizada. La dependencia de tipo masoquista es concebida como amor o lealtad. los sentimientos de inferioridad como la expresión adecuada de defectos realmente existentes, y los propios sufrimientos como si fueran debidos a circunstancias inmodificables.

En el mismo tipo de carácter hasta ahora descrito pueden hallarse, con mucha regularidad, además de las ya indicadas tendencias masoquistas, otras completamente opuestas, de carácter *sádico,* que varían en el grado de su fuerza y son más o menos conscientes, pero que nunca faltan del todo. Podemos observar tres especies de tales tendencias, enlazadas entre sí en mayor o menor medida. La primera se dirige al sometimiento de los otros, al ejercicio de una forma tan ilimitada y absoluta de poder que reduzca a los sometidos al papel de meros instrumentos, "maleable arcilla en las manos del alfarero". Otra está constituida por el impulso tendiente no sólo a mandar de manera tan autoritaria sobre los demás, sino también a explotarlos, a robarles, a sacarles las entrañas, y, por decirlo así, a incorporar en la propia persona todo lo que hubiere de asimilable en ellos. Este deseo puede referirse tanto a las cosas materiales como a las inmateriales, tales como las cualidades intelectuales o emocionales de una persona. El tercer tipo de tendencia sádica lo constituye el deseo de hacer sufrir a los demás o el de verlos sufrir. Tal sufrimiento puede ser físico, pero más frecuentemente se trata del dolor psíquico. Su objeto es el de castigar de una manera activa, de humillar, de colocar a los otros en situaciones incómodas o depresivas, de hacerles pasar vergüenza.

Por razones obvias, las tendencias sádicas son en general menos conscientes y más racionalizadas que los impulsos masoquistas, que no son tan peligrosos como aquéllas desde el punto de vista social. Con frecuencia ellas se ocultan por completo detrás de formaciones de carácter reactivo que se expresan bajo forma de exagerada bondad o exagerada preocupación para con los demás. Algunas de las racionalizaciones más frecuentes son éstas: "Yo te mando porque sé qué es lo que más te conviene, y en tu propio interés deberías obedecerme sin ofrecer resistencia". O bien: "Yo soy tan maravilloso y único, que tengo con razón el derecho de esperar obediencia de parte de los demás". Otra racionalización que a menudo encubre tendencias dirigidas a la explotación es la siguiente: "Hice tanto por ti, que ahora tengo el derecho de exigirte todo lo que quiera". El tipo más agresivo de impulso sádico halla su más frecuente racionalización en estas dos formas: "He sido herido por los demás, y mi deseo de castigarlos yo a mi vez no es sino un desquite", o bien: "Al golpear yo primero me estoy simplemente defendiendo a mí mismo, o a mis amigos, contra el peligro de algún ataque".

Hay un factor, en la relación entre el sádico y el objeto de su sadismo, que se olvida a menudo y que, por lo tanto, merece nuestra especial atención: la dependencia de la persona sádica con respecto a su objeto.

Mientras la dependencia del masoquista es evidente, en lo que se refiere al sádico lo lógico sería esperar precisamente lo contrario: parece tan fuerte y dominador, y el objeto de su sadismo tan débil y sumiso, que resulta difícil concebirlo como un ser dependiente de aquel a quien manda. Y, sin embargo, el análisis atento descubre que tal es el caso. El sádico necesita de la persona sobre la cual domina y la necesita imprescindiblemente, puesto que sus propios sentimientos de fuerza se arraigan en el hecho de que él es el dominador de alguien. Esta dependencia puede permanecer del todo inconsciente.

Así, por ejemplo, un hombre puede dispensar a su mujer un trato típicamente sádico y repetirle que es libre de dejar su casa, pues el día que así lo hiciere él se alegraría mucho: la mayoría de las veces ella se sentirá tan deprimida que ni intentará irse, y de este modo ambos seguirán creyendo que las afirmaciones del marido reflejan la verdad. Pero si la mujer consigue reunir bastante valor como para anunciarle que está dispuesta a abandonarlo, puede ocurrir algo completamente inesperado para ambos: el marido se desesperará, y humillándose le rogará que no lo abandone; le dirá que no puede vivir sin ella, le declarará cuán grande es su amor... y otras cosas por el estilo. Por lo general, como ella tiene miedo de mantenerse firme, se inclinará a creerle y a quedarse, modificando su decisión. Desde este momento la comedia vuelve a empezar. El marido adopta de nuevo su vieja manera de obrar. la mujer halla cada vez más difícil la permanencia a su lado. Se rebela una vez más, y él volverá a humillarle, ella a quedarse, y seguirán procediendo así.

En miles y miles de matrimonios y en otras relaciones personales el ciclo se repite incesantemente, sin que llegue nunca a quebrarse este círculo mágico. ¿Mintió el marido al decir a su mujer que la amaba tanto y que no podría vivir sin ella? Por lo que se refiere al amor, todo estriba en saber qué se entiende con esa palabra. En cuanto a su afirmación de no poder vivir sin ella, se trata de algo perfectamente cierto —siempre que no lo tomemos al pie de la letra—. No puede vivir sin ella... o por lo menos sin alguna persona a quien pueda manejar como un instrumento pasivo en sus manos. Mientras, en este caso, los sentimientos amorosos aparecen sólo cuando la relación amenaza disolverse, en otros la persona sádica "ama" de una manera completamente manifiesta a aquellos sobre los cuales experimenta su poder. Ya se trate de su mujer, de su hijo, de su ayudante, del camarero o del mendigo de la calle, siempre hay un sentimiento de "amor" y hasta de gratitud hacia estos objetos de su dominación. Puede creer que desea dominar sus vidas porque los quiere tanto. Y *de hecho los quiere porque los domina.* Los soborna con regalos materiales, con alabanzas, con seguridades de amor, con exhibiciones de ingenio y agudeza o con muestras de interés. Les puede dar todo, todo excepto una sola cosa: el derecho de ser libres e independientes. Esta constelación puede observarse a menudo, especialmente en las relaciones de los padres con sus hijos. En esos casos la actitud de dominación —y de propiedad— se oculta con frecuencia detrás de lo que parecería una preocupación *natural* con respecto de los hijos, o un lógico sentimiento de protección hacia ellos. El niño es colocado así en una jaula de oro; puede obtenerlo todo siempre que no quiera dejar su áurea prisión. A menudo la consecuencia de todo esto es el profundo miedo al amor que experimenta el hijo cuando llega a la edad adulta, miedo debido a que el *amor*, para él, implica dejarse atrapar y ver ahogada su propia ansia de libertad.

El sadismo pareció a muchos observadores un problema menos complicado que el masoquismo. El deseo de dañar a los demás o el de dominarlos, parecía, si no necesariamente *bueno*, por lo menos del todo natural. Hobbes postuló como "inclinación general de la humanidad" la existencia de un "perpetuo e incesante deseo de poder que desaparece solamente con la muerte" [2]. Según este autor, el apetito de poder no posee ningún carácter demoníaco, sino que constituye una consecuencia perfectamente racional del deseo humano de placer y seguridad. De Hobbes a Hitler, quien explica el deseo de dominar como el lógico resultado de la lucha

[2] Hobbes, *Leviathan*, Londres, 1651, pág. 47.

por la supervivencia del más apto —lucha que es entendido como una parte de la naturaleza humana de orden biológico—, el apetito de poder ha sido que no ha menester de otra explicación que ésta. Sin embargo, los impulsos masoquistas, las tendencias dirigidas en contra del propio yo, parecieron un enigma. ¿Cómo comprender por qué ciertas personas, no solamente quieren disminuirse, hacerse más débiles y castigarse, sino que también gozan con ello? ¿No contradice el fenómeno del masoquismo toda nuestra concepción de la psiquis humana dirigida hacia el placer y la autoconservación? ¿Cómo explicar que algunos hombres se dejen atraer precisamente por aquello que todos nosotros nos esforzamos en evitar, el dolor y el sufrimiento, y hasta incurran en hechos que los provoquen?

Existe un fenómeno, sin embargo, que prueba que el sufrimiento y la debilidad *pueden* constituir el fin del esfuerzo humano: la *perversión masoquista.* En este caso nos es dado observar a personas que, con plena autoconciencia, desean sufrir de una manera u otra y gozan con su sufrimiento. En la perversión masoquista el individuo experimenta una excitación sexual al sufrir el dolor que otra persona le inflige. Pero no es ésta la única forma. Con frecuencia no se busca el sufrimiento real, sino la excitación y la satisfacción que surgen del sentirse físicamente sometido, débil y desamparado. Otras veces todo lo que se desea, en la perversión masoquista, es sentirse *moralmente* débil, ser tratado como un chiquillo o ser reprendido o humillado en distintas formas. En la perversión sádica hallamos, en cambio, la satisfacción derivante del acto de infligir tales sufrimientos: castigar físicamente a otras personas, atarlas con cuerdas o cadenas, humillarlas por la acción o la palabra.

La perversión masoquista, con su goce consciente e intencional del dolor y la humillación, atrajo el interés de los psicólogos antes que el *carácter maso-*

*quista* (o masoquismo moral). Por otra parte, cada vez fue reconociéndose más el estrecho parecido existente, entre las tendencias masoquistas descritas y la perversión sexual, viéndose claramente que ambos tipos de masoquismo son esencialmente un mismo fenómeno.

Algunos psicólogos formularon la suposición de que, puesto que existen personas que desean someterse y sufrir, tiene que haber algún instinto que explique tal impulso. Hubo sociólogos, como Vierkandt, por ejemplo, que llegaron a las mismas conclusiones. El primer intento para establecer una explicación teórica más completa, se debe a Freud. Originariamente este autor pensaba que el sadomasoquismo es fundamentalmente un fenómeno sexual. Después de haber observado la presencia de impulsos sadomasoquistas en niños muy pequeños, supuso que el sadomasoquismo es un *impulso parcial* que aparece regularmente en el desarrollo del instinto sexual. Creía que las tendencias sadomasoquistas de los adultos son debidas a la fijación del desarrollo psicosexual del individuo en una fase infantil o bien a la regresión hacia ella. Posteriormente Freud prestó una creciente atención a la importancia de aquellos fenómenos que él mismo denominara masoquismo moral, es decir, la tendencia hacia el sufrimiento psíquico (y no físico). También subrayó el hecho de que los impulsos sádicos y masoquistas se hallaran siempre juntos, a pesar de su aparente contradicción. Como quiera que sea, este autor modificó su explicación teórica de los fenómenos masoquistas. Dando por supuesta la existencia de un impulso (de carácter biológico) dirigido a la destrucción y susceptible de orientarse tanto contra los otros como contra uno mismo. Freud sugirió que el masoquismo es esencialmente el producto del llamado instinto de muerte. Además, agregó que tal instinto, imposible de observarse directamente, se mezcla con el instinto sexual, y en esta fusión aparece como masoquismo —cuando se dirige en contra de la propia persona— o como sadismo, si se dirige en contra de los demás. Suponía este autor que tal amalgama con la *libido* protege al hombre del efecto peligroso que le produciría el instinto de la muerte en estado puro. Resumiendo, si el hombre dejara —según Freud— de mezclar la destructividad con el instinto sexual, sólo le quedaría esta alternativa: destruirse a sí mismo o destruir a los otros. Esta teoría es fundamentalmente distinta de la hipótesis originaria. Mientras en ésta el sadomasoquismo era sobre todo un fenómeno sexual, en la nueva teoría se trata esencialmente de un hecho ajeno a la sexualidad, puesto que el factor sexual es debido tan sólo a la fusión del instinto de muerte con la *libido*.

Mientras Freud, durante muchos años, no prestó mucha atención al fenómeno de la agresión de carácter no sexual, Alfred Adler situó las tendencias de que nos ocupamos en el centro de su sistema. Pero este autor no las denomina sadomasoquismo, sino *sentimientos de inferioridad y voluntad de poder*. Adler ve solamente el aspecto racional de tales fenómenos. Mientras nosotros hablamos de tendencias irracionales a disminuirse o a hacerse pequeño, él considera los sentimientos de inferioridad en tanto constituyen una reacción adecuada frente a una inferioridad objetivamente existente, como, por ejemplo los defectos orgánicos o la situación genérica de desvalidez del niño. Y mientras nosotros consideramos la voluntad de poder como la expresión de un impulso irracional de dominación sobre los demás, Adler se refiere exclusivamente a su aspecto racional y habla de tal tendencia como de una reacción adecuada que tiene la función de proteger al individuo contra los peligros que surgen de su inseguridad e inferioridad. Como siempre, Adler no alcanza a ver más allá de las motivaciones racionales y utilitarias de la conducta humana; y, si bien ha proporcionado un valioso punto de vista en el intrincado problema de obrar, se queda en la superficie, sin descender nunca al abismo de los impulsos irracionales, como lo ha hecho Freud.

Puntos de vista distintos al de Freud fueron presentados en la literatura psicoanalítica por Wilhelm Reich [3], Karen Horney [4] y por mí [5].

Si bien la teoría de Reich se basa en el concepto freudiano originario de la *libido*, este autor señala que el fin último del masoquista consiste en la búsqueda del placer, y que el dolor en que incurre es un subproducto y no un fin en sí mismo. Horney fue la primera en reconocer la función fundamental de los impulsos masoquistas en la personalidad neurótica, en proporcionar una descripción completa y detallada de los rasgos del carácter masoquista y en explicarlos teóricamente como el resultado de la estructura total del carácter. En sus escritos, como en los míos, no se admite que los rasgos del carácter masoquista estén arraigados en la perversión sexual, sino que se considera ésta como la expresión sexual de tendencias psíquicas que surgen de un tipo peculiar de estructura del carácter.

Llego ahora a la cuestión principal: ¿Cuál es la raíz de la perversión masoquista y de los rasgos del carácter masoquista, respectivamente? Además: ¿cuál es la raíz común de las tendencias masoquistas y de las sádicas?

La dirección en la que hay que buscar la respuesta ya la hemos sugerido al comienzo de este capítulo. Tanto los impulsos masoquistas como los sádicos tienden a ayudar al individuo a evadirse de su insoportable sensación de soledad e impotencia.

[3] *Charakteranalyse* (*Análisis del carácter*), Viena, 1933. (Hay versión castellana, Ed. Paidós, Buenos Aires, 1957.)

[4] *El nuevo psicoanálisis*, cit.

[5] *Psychologie der Autorität*, en Max Horkheimer (Ed.), *Autorität und Familie*, París. Alcan, 1936.

El psicoanálisis, así como otras observaciones empíricas efectuadas sobre individuos masoquistas, proporciona una prueba amplia que sería imposible citar aquí sin trascender los límites prefijados a la obra) de que estas personas se sienten penetradas de un intenso terror derivado de su soledad e insignificancia. A menudo este sentimiento no es consciente; otras veces se oculta detrás de formaciones compensatorias que exaltan su propia perfección y excelencia. Sin embargo, si la observación penetra profundamente en la dinámica psíquica inconsciente de tales personas, el sentimiento que había sido ocultado no dejará de revelársenos. El individuo descubre que es *libre* en el sentido negativo, es decir, que se halla solo con su yo frente a un mundo extraño y hostil. En tal situación, para citar una descripción significativa, debida a Dostoievsky en *Los hermanos Karamazov,* no tiene "necesidad más urgente que la de hallar a alguien al cual pueda entregar, tan pronto como le sea posible, ese don de la libertad con que él, pobre criatura, tuvo la desgracia de nacer". El individuo aterrorizado busca algo o alguien a quien encadenar su yo; no puede soportar más su propia libre personalidad, se esfuerza frenéticamente para librarse de ella y volver a sentirse seguro una vez más, eliminando esa carga: el yo.

El masoquismo constituye uno de los caminos que a ello conducen. Las distintas formas asumidas por los impulsos masoquistas tienen un solo objetivo: *librarse del yo individual, perderse;* dicho con otras palabras: *librarse de la pesada carga de la libertad.* Este fin aparece claramente en aquellos impulsos masoquistas por medio de los cuales el individuo trata de someterse a una persona o a un poder que supone poseedor de fuerzas abrumadoras. Podemos agregar que la convicción referente a la fuerza superior de otra persona debe entenderse siempre en términos no absolutos sino relativos. Puede fundarse ya sea en la fuerza real de otro individuo o bien en la convicción de la propia infinita impotencia e insignificancia. En este último caso hasta un ratón o una hoja pueden parecer terribles. En las otras formas de impulsos masoquistas, el fin esencial es el mismo. En el sentimiento de pequeñez descubrimos una tendencia dirigida a fomentar el originario sentimiento de insignificancia. ¿Cómo se explica esto? ¿Es admisible suponer que el remedio para curar el miedo consiste en empeorarlo? Y sin embargo así procede el individuo masoquista. "Hasta tanto yo siga debatiéndome entre mi deseo de permanecer independiente y fuerte y mi sentimiento de insignificancia o de impotencia, seré presa de un conflicto torturador. Si logro reducir a la nada mi yo individual, si llego a anular mi conocimiento de que soy un individuo separado, me habré salvado de este conflicto". Sentirse infinitamente pequeño y desamparado es uno de los medios para alcanzar tal fin; dejarse abrumar por el dolor y la agonía, es otro; y un tercer camino es el de abandonarse a los efectos de la embriaguez. La fantasía del suicidio constituye la única esperanza cuando todos los demás no hayan logrado aliviar la carga de la soledad.

En ciertas condiciones, estos impulsos masoquistas obtienen un éxito relativo. Si el individuo halla determinadas formas culturales capaces de satisfacerlos (como la sumisión al "líder" en la ideología fascista), logra alguna seguridad al encontrarse unido con millones de hombres que participan con él en los mismos sentimientos. Sin embargo, incluso en tales casos la *solución masoquista* es tan inadecuada como lo son las manifestaciones neuróticas: el individuo logra eliminar el sufrimiento más evidente, pero no consigue suprimir el conflicto que se halla en su base, así como su silenciosa infelicidad. Cuando el impulso masoquista no halla tales formas culturales o cuando su intensidad excede el grado medio de masoquismo existente en el grupo social, esta solución fracasa totalmente. Surge de una situación insoportable, tiende a superarla y deja al individuo presa de nuevos sufrimientos. Si la conducta humana fuera siempre racional y dotada de fines, el masoquismo constituiría algo tan inexplicable como lo es toda manifestación neurótica en general. Pero he ahí lo que nos ha enseñado el estudio de los trastornos emocionales y psíquicos: el comportamiento humano puede ser motivado por impulsos causados por la angustia o por algún otro estado psíquico insoportable; tales impulsos tratan de eliminar ese estado emocional, pero no consiguen otra cosa que ocultar sus expresiones más visibles, y a veces, ni eso. Las manifestaciones neuróticas se parecen a la conducta irracional que se produce en los casos de pánico. Así un hombre, aprisionado por el fuego, lanza gritos por la ventana de su habitación en demanda de auxilio, olvidándose por completo de que nadie lo oye, y que todavía podría escapar por la escalera, que dentro de pocos instantes también será presa de las llamas. Grita porque quiere ser salvado, y en ese momento su conducta parece constituir un paso hacia el logro de ese propósito: sin embargo, ella lo conducirá a la catástrofe final. Del mismo modo, los impulsos masoquistas tienen por causa el deseo de librarse del yo individual, con todos sus defectos, conflictos, dudas, riesgos e insoportable soledad, pero logran eliminar únicamente la forma más evidente del sufrimiento y hasta pueden conducir a dolores más intensos. La irracionalidad del masoquismo, como la de todas las otras manifestaciones neuróticas, consiste en la completa futilidad de los medios adoptados para salvar una situación insoportable.

Estas consideraciones se refieren a una importante diferencia existente entre la actividad neurótica y la racional. En ésta los *resultados* corresponden a los *fines* de la actividad misma, pues se obra para obtener determinadas consecuencias. En los impulsos neuróticos, en cambio, la acción se debe a una compulsión que posee esencialmente un carácter negativo: escapar de una situación insoportable. El impulso tiende hacia objetivos que constituyen una solución puramente ficticia. De hecho, el resultado de la acción es lo contrario de lo que el individuo se propone: la necesidad de liberarse de un sentimiento insoportable es tan fuerte, que le es imposible elegir una línea de conducta que constituya una solución real.

Con respecto al masoquismo, la consecuencia del proceso señalado es que el individuo se siente dominado por un sentimiento insoportable de soledad e insignificancia. Intenta, entonces, superarlo, despojándose de su yo (como entidad psicológica y no fisiológica); y el medio de que se vale es el de empequeñecerse, sufrir, sentirse reducido a la más completa insignificancia. Pero el dolor y el sufrimiento no representan sus objetivos; uno y otro son el precio que se ve obligado a pagar para lograr el fin que compulsivamente trata de alcanzar. Es un precio muy alto. Y tiene que aumentarlo cada vez más, reduciéndose a la condición de un peón que sólo consigue contraer deudas siempre mayores, sin llegar a compensar nunca lo que debe, ni a obtener lo que quiere: paz interior y tranquilidad.

Me he referido a la perversión masoquista porque ésta prueba de una manera indudable que el sufrimiento puede constituir un objetivo apetecible. Sin embargo, tanto en esta perversión como en el masoquismo moral, el sufrimiento no es el verdadero fin; en ambos casos constituye un medio para un fin: olvidarse del propio yo. La diferencia entre la perversión y los rasgos del carácter masoquista reside esencialmente en lo que sigue: en la primera la tendencia masoquista se apodera de toda la persona y tiende a destruir todos los fines que el yo trata conscientemente de alcanzar. En la perversión, como se ha visto, los impulsos se hallan más o menos restringidos a la esfera física; además, su fusión con la sexualidad les permite participar en la descarga de la tensión que ocurre en la esfera sexual, obteniendo así una forma directa de alivio.

La anulación del yo individual y el intento de sobreponerse, por ese medio, a la intolerable sensación de impotencia, constituyen tan sólo un aspecto de los impulsos masoquistas. El otro aspecto lo hallamos en el intento de convertirse en parte integrante de alguna más grande y más poderosa entidad superior a la persona, sumergiéndose en ella. Esta entidad puede ser un individuo, una institución, Dios, la nación, la conciencia, o una compulsión psíquica. Al transformarse en parte de un poder sentido como inconmovible, fuerte, eterno y fascinador, el individuo participa de su fuerza y gloria. Entrega su propio yo y renuncia a toda la fuerza y orgullo de su personalidad; pierde su integridad como individuo y se despoja de la libertad; pero gana una seguridad que no tenía y el orgullo de participar en el poder en el que se ha sumergido. También se asegura contra las torturas de la duda. La persona masoquista, tanto cuando se somete a una autoridad exterior como en el caso en que su amo sea una autoridad que se ha incorporado el yo, la conciencia o alguna compulsión psíquica, se salva de la necesidad de tomar decisiones, de asumir la responsabilidad final por el destino del yo y, por lo tanto, de la duda que acompaña la decisión. También se ve aliviado de la duda acerca del sentido de su vida o de quién es *él*. Tales preguntas hallan contestación en la conexión con el poder con el cual el individuo se ha relacionado. El significado de su vida y la identidad de su yo son determinados por la entidad total en la que ha sumergido su personalidad.

Los vínculos masoquistas son fundamentalmente distintos de los vínculos primarios. Éstos existían antes que el proceso de individuación se hubiera completado. En ese entonces el individuo todavía formaba parte de *su* mundo social y material y no había emergido por entero del ambiente. Los vínculos primarios le otorgaban genuina confianza y la seguridad de saber a qué lugar pertenecía. Los vínculos masoquistas son una forma de evasión, de huida. El yo individual ya ha emergido como tal, pero se siente incapaz de actualizar su libertad; se siente abrumado por la angustia, la duda y la sensación de impotencia. El yo intenta hallar seguridad en los *vínculos secundarios* —así podríamos llamar a los lazos masoquistas—, pero su intento nunca puede tener éxito. La emergencia del yo individual no es un proceso reversible; en su conciencia el individuo puede sentirse seguro y tener el sentimiento de *pertenecer* a algo o a alguien; pero, fundamentalmente, no deja de ser un átomo impotente que sufre bajo la sumersión de su yo. El individuo y la entidad a la que se adhiere, nunca se unifican, siempre subsiste un antagonismo básico y, con éste, el impulso —que puede ser totalmente inconsciente— de librarse de la dependencia masoquista y volver a ser libre.

¿Cuál es la esencia de los impulsos sádicos? Tampoco aquí consiste ella en el deseo de infligir dolor a los demás. Todas las distintas formas de sadismo que nos es dado observar pueden ser reducidas a un impulso fundamental único, a saber, el de lograr el dominio completo sobre otra persona, el de hacer de ésta un objeto pasivo de la voluntad propia, de constituirse en su dueño absoluto, su Dios; de hacer de ella todo lo que se quiera. Humillar y esclavizar no son más que medios dirigidos a ese fin, y el medio más radical es el de causar sufrimientos a la otra persona, puesto que no existe mayor poder que el de infligir dolor, el de obligar a los demás a sufrir, sin darles la posibilidad de defenderse. El placer de ejercer el más completo dominio sobre otro individuo (u otros objetos animados) constituye la esencia misma del impulso sádico [6].

Parecería que esta tendencia a transformarse en el dueño absoluto de otra persona constituyera exactamente lo opuesto de la tendencia masoquista, y ha de resultar extraño que ambos impulsos se hallen tan estrechamente ligados. No cabe duda de que, con respecto a las consecuencias prácticas, el deseo de ser dependiente o de sufrir es el opuesto al de dominar o de infligir sufrimiento a los demás. Desde el punto de vista psicológico, sin embargo, ambas tendencias constituyen el resultado de una necesidad básica única que surge de la incapacidad de soportar el aislamiento y la debilidad del propio yo. Propongo denominar *simbiosis* al fin que constituya la base común del sadismo y el masoquismo. La simbiosis, en este sentido psicológico, se refiere a la unión de un yo individual con otro (o cualquier otro poder exterior al propio yo), unión capaz de hacer perder a cada uno la integridad de su personalidad, haciéndolos recíprocamente dependientes.

[6] El marqués de Sade, en el fragmento de *Juliette II* (citado de G. Gorer, *Marquis de Sade*, Nueva York, Liveright Publ. Co., 1934) sostenía que la dominación es la esencia del sadismo: "No es placer lo que usted quiere causar en su compañera, sino una impresión que usted desea producir en ella; la de dolor es mucho más fuerte que la de placer..., uno se da cuenta de ello, la emplea, y alcanza satisfacción." Gorer, en su análisis de la obra de Sade, define el sadismo: "como el placer producido por la observación de modificaciones del mundo exterior, debidas a la acción del observador". La definición de Gorer se acerca más a mi punto de vista sobre el sadismo que la de los otros psicólogos. Pienso, sin embargo, que este autor está equivocado al identificar el sadismo con el placer de dominar o con la facultad creadora. La dominación sádica se caracteriza por el deseo de hacer del objeto un instrumento pasivo en las manos de la persona sádica, mientras que la normal goza del ejercicio de su influencia sobre los demás, respetando su integridad y fundándose en un sentimiento de igualdad. En la definición de Gorer, el sadismo pierde su característica específica y se identifica con la facultad creadora.

El sádico necesita de su objeto, del mismo modo que el masoquista no puede prescindir del suyo. La única diferencia está en que en lugar de buscar la seguridad dejándose absorber, es él quien absorbe a algún otro. En ambos casos se pierde la integridad del yo. En el primero me pierdo al disolverme en el seno de un poder exterior; en el segundo me extiendo al admitir a otro ser como parte de mi persona, y si bien aumento de fuerzas, ya no existo como ser independiente. Es siempre la incapacidad de resistir a la soledad del propio yo individual la que conduce al impulso de entrar en relación simbiótica con algún otro. De todo esto resulta evidente por qué las tendencias masoquistas y sádicas se hallan siempre mezcladas. Aunque en la superficie parezcan contradictorias, en su esencia se encuentran arraigadas en la misma necesidad básica. La gente no es sádica o masoquista, sino que hay una constante oscilación entre el papel activo y el pasivo del complejo simbiótico, de manera que resulta a menudo difícil determinar qué aspecto del mismo se halla en función en un momento dado. En ambos casos se pierde la individualidad y la libertad.

Al referirnos al sadismo pensamos generalmente en la destructividad y hostilidad que tan manifiestamente se relacionan con él. Por cierto que nunca deja de observarse, en grado mayor o menor, una conexión entre la destructividad y las tendencias sádicas. Pero ello puede también afirmarse con respecto al masoquismo. Todo análisis de los rasgos masoquistas puede poner en evidencia tal hostilidad. La diferencia principal parece residir en el hecho de que, en el sadismo, esta hostilidad es generalmente más consciente y se expresa en la acción de una manera más directa, mientras que en el masoquismo la hostilidad es en gran parte inconsciente y busca una expresión indirecta. Trataré de mostrar luego que la destructividad es el resultado del fracaso de la expansión emocional, intelectual y sensitiva del individuo; por lo tanto, los impulsos destructivos son una consecuencia de las mismas condiciones que conducen a la necesidad de simbiosis. Lo que deseo destacar a este respecto es que el sadismo no se identifica con la destructividad, aun cuando se halla muy mezclado con ella. La persona destructiva quiere destruir el objeto, es decir, suprimirlo, librarse de él. El sádico, por el contrario, quiere dominarlo, y, por lo tanto, sufre una pérdida si su objeto desaparece.

El sadismo, en el sentido que le hemos asignado, puede también resultar relativamente exento de carácter destructivo y mezclarse con una actitud amistosa hacia su objeto. Este tipo de sadismo *amistoso* ha hallado una expresión clásica en la obra de Balzac, *Ilusiones perdidas,* donde hallamos una descripción que se refiere a esa peculiar característica que hemos denominado necesidad de simbiosis. En este pasaje, Balzac describe la relación entre el joven Luciano y un galeote que finge ser abad. Poco después de haber conocido al joven, que había intentado suicidarse en ese momento, el abad dice:

... este joven no tiene nada de común con el poeta que acaba de morir. Yo te he salvado, yo te he dado la vida, y tú me perteneces, así como las criaturas pertenecen al Creador, como en los cuentos orientales el Ifrit pertenece al espíritu, como el cuerpo pertenece al alma. Con manos poderosas te mantendré derecho en el camino que conduce al poder; y te prometo, sin embargo, una vida de placeres, honores y fiestas interminables. Nunca te faltará dinero, serás brillante; mientras que yo, agachado en el sucio trabajo de levantarte, aseguraré el brillante edificio de tu éxito. ¡Amo el poder por el poder mismo! Siempre gozaré de *tus placeres,* aunque deba renunciar a ellos. Más brevemente: seré una sola y misma persona contigo... Amaré a mi criatura; la moldearé, la formaré para que me sirva, para amarla como un padre quiere a su hijo. Pasearé a tu lado en el *tilburi,* querido muchacho, me deleiteré de tus éxitos con las mujeres. Podré decir: Yo soy este hermoso joven. Yo he creado a este Marqués de Rubempré y lo he colocado en la aristocracia; su éxito es obra mía. Él está silencioso y sólo habla con mi voz; sigue mis consejos en todo.

A menudo, y no sólo en el uso popular, el sadomasoquismo se ve confundido con el amor. Los fenómenos masoquistas, en particular, son considerados como expresiones de amor. Una actitud de completa autonegación en favor de otra persona y la entrega de los propios derechos y pretensiones han sido alabados como ejemplos de "gran amor". Parecería que no existe mejor prueba de "amor" que el sacrificio y la disposición a perderse por el bien de la otra persona. De hecho, en tales casos, el *amor* es esencialmente un anhelo masoquista y se funda en la necesidad de simbiosis de la persona en cuestión. Si entendemos por amor la afirmación apasionada y la conexión activa con la esencia de una determinada persona, la unión basada sobre la independencia y la integridad de los dos amantes, el masoquismo y el amor son dos cosas opuestas. El amor se funda en la igualdad y la libertad. Si se basara en la subordinación y la pérdida de la integridad de una de las partes, no sería más que dependencia masoquista, cualquiera fuera la forma de racionalización adoptada. También el sadismo aparece con frecuencia bajo la apariencia de amor. Mandar sobre otra persona, cuando se pueda afirmar el derecho de hacerlo por su bien, aparece muchas veces bajo el aspecto de amor, pero el factor esencial es el goce nacido del ejercicio del dominio.

En este punto surgirá, por cierto, una pregunta por parte del lector: ¿No es el sadismo, tal como lo hemos descrito, algo similar al apetito de poder? La contestación es que, aunque las formas más destructivas del sadismo (cuando su fin es el de castigar y torturar a otra persona), no son idénticas a la voluntad de poder, ésta es sin duda la expresión más significativa del sadismo. El problema ha ido ganando cada vez mayor importancia en nuestros días. Desde Hobbes en adelante se ha visto en el poder el motivo básico de la conducta humana; los siglos siguientes, sin embargo, han ido concediendo mayor peso a los factores morales y legales que tienden a contenerlo. Con el surgimiento del fascismo, el apetito de poder y la convicción de que el mismo es fuente del derecho han alcanzado nuevas alturas. Millones de hombres se dejan impresionar por la victoria de un poder superior y lo toman por una señal de fuerza. Por cierto que el poder ejercido sobre los individuos constituye una expresión de fuerza en un sentido puramente material. Si ejerzo el poder de matar a otra persona, yo soy *más fuerte* que ella. Pero en sentido psicológico, el *deseo de poder no se arraiga en la fuerza, sino en la debilidad*. Es la expresión de la incapacidad del yo individual de mantenerse solo y subsistir. Constituye el intento desesperado de conseguir un sustituto de la fuerza al faltar la fuerza genuina.

La palabra *poder* tiene un doble sentido. El primero de ellos se refiere a la posesión del poder *sobre* alguien, a la capacidad de dominarlo; el otro significado se refiere al poder de hacer algo, de ser potente. Este último sentido no tiene nada que ver con el hecho de la dominación; expresa dominio en el sentido de capacidad. Cuando hablamos de impotencia nos referimos a este significado; no queremos indicar al que no puede dominar a los demás, sino a la persona que es impotente para hacer lo que quiere. Así, el término poder puede significar cada una de estas dos cosas: *dominación* o *potencia*. Lejos de ser idénticas, las dos cualidades son mutuamente exclusivas. La impotencia, usando el término no tan sólo con respecto a la esfera sexual, sino también a todos los sectores de las facultades humanas, tiene como consecuencia el impulso sádico hacia la dominación; en la medida en que un individuo es potente, es decir, capaz de actualizar sus potencialidades sobre la base de la libertad y la integridad del yo, no necesita dominar y se halla exento del apetito de poder. El poder, en el sentido de dominación, es la perversión de la potencia, del mismo modo que el sadismo sexual es la perversión del amor sexual.

Es probable que rasgos sádicos y masoquistas puedan hallarse en todas las personas. En un extremo se sitúan los individuos cuya personalidad se halla dominada por tales rasgos, y en el otro aquellos para los cuales el sadomasoquismo no constituye una característica especial. Cuando hablamos del *carácter sadomasoquista*, nos referimos solamente a los primeros. Usamos el término *carácter* en el sentido dinámico fijado por Freud. En tal sentido se refiere no a la suma total de las formas de conducta características de una determinada persona, sino a los impulsos dominantes que motivan su obrar. Dada la premisa formulada por Freud acerca del carácter sexual de las fuerzas motivadoras básicas, este autor llegó a las nociones de carácter *anal*, *oral* o *genital*. Quien no comparta tal premisa, se verá forzado a formular distintos tipos de carácter. Pero el concepto dinámico permanece el mismo. No es necesario que las fuerzas motrices sean conocidas como tales por la persona cuyo carácter se encuentra dominado por ellas. Un individuo puede estar completamente dominado por impulsos sádicos y sin embargo creer conscientemente que el motivo de su conducta es tan sólo el sentido del deber. Hasta puede no cometer ningún acto sádico manifiesto, reprimiendo sus impulsos lo suficiente como para aparecer normal en la superficie. Sin embargo, todo análisis atento de su conducta, fantasías, sueños y gestos mostrarán que los impulsos sádicos actúan en las capas más profundas de su personalidad.

Aunque pueda denominarse sadomasoquista el carácter de los individuos dominados por esos impulsos, tales personas no son necesariamente neuróticas. El que un determinado tipo de carácter sea *neurótico* o *normal* depende en gran parte de las tareas peculiares que los individuos deben desempeñar en su respectiva situación social, y de cuáles pautas de conducta y de actitudes existen en su cultura. Puede decirse que para grandes estratos de la baja clase media, en Alemania y otros países europeos, el carácter sadomasoquista es típico, y, como se demostrará luego, fue sobre este tipo de carácter donde incidió con más fuerza la ideología nazi. Dado que el término "sadomasoquista" se halla asociado con la noción de perversión y de neurosis, emplearé la expresión *carácter autoritario* para referirme al tipo de carácter de que se está hablando, y ello de especial manera cuando se trate de individuos normales. Esta terminología se justifica, por cuanto la persona sadomasoquista se caracteriza siempre por su peculiar actitud hacia la autoridad. La admira y tiende a someterse a ella, pero al mismo tiempo desea ser ella misma una autoridad y poder someter a los demás. Hay otra razón más para elegir este término. El sistema fascista se llamó a sí mismo autoritario a causa de la función dominante de la autoridad en su estructura política y social. De este modo, con la expresión *carácter autoritario* destacamos que nos estamos refiriendo a la estructura de la personalidad que constituyó la base humana del fascismo.

Antes de proseguir la discusión sobre el carácter autoritario, es menester aclarar algo el término *autoridad*. Esta no es una cualidad *poseída* por una persona, en el mismo sentido que la propiedad de bienes o de dotes físicas. La autoridad se refiere a una relación interpersonal en la que una persona se considera superior a otra. Pero existe una diferencia fundamental entre el tipo de relación de *superioridad-inferioridad*, que puede denominarse autoridad racional, y la que puede describirse como autoridad inhibitoria.

Mostraré con un ejemplo lo que quiero decir. La relación entre maestro y discípulo y la que existe entre amor y esclavo se fundan ambas en la superioridad del uno sobre el otro. Los intereses del maestro y los del discípulo se hallan orientados en la misma dirección. El maestro se siente satisfecho si logra hacer adelantar a su discípulo; y, si no lo consigue, el fracaso será imputable a ambos. El amo de esclavos, por el contrario, explota a éstos lo más posible, y cuanto más logra sacarles, tanto más se siente satisfecho. Al mismo tiempo el esclavo trata de defender lo mejor que puede su derecho a un mínimum de felicidad. Sus intereses son así decididamente antagónicos, puesto que lo que es ventajoso para uno constituye un daño para el otro. En ambos casos la superioridad tiene una función distinta: en el primero representa la condición necesaria para ayudar a la persona sometida a la autoridad; en el segundo no es más que la condición de su explotación.

También la dinámica de la autoridad, en estos dos tipos, es diferente: cuanto más logra aprender el estudiante, tanto menor será la distancia entre él y su maestro. El primero se va pareciendo cada vez más al segundo. En otras palabras, la relación de autoridad tiende a disolverse. Pero cuando la superioridad tiene por función ser base de la explotación, la distancia entre las dos personas se hace con el tiempo cada vez mayor.

La situación psicológica es distinta en cada una de estas relaciones de autoridad. En la primera prevalecen elementos de amor, admiración o gratitud. La autoridad representa a la vez un ejemplo con el que desea uno identificarse parcial o totalmente. En la segunda se originarán sentimientos de hostilidad y resentimiento en contra del explotador, al cual uno se siente subordinado en perjuicio de los propios intereses. Pero a menudo, como en el caso del esclavo, el odio de éste sólo podrá conducirlo a conflictos que le producirán cada vez mayores sufrimientos, sin perspectiva alguna de salir vencedor. Por eso, en general, existe la tendencia a reprimir el sentimiento de odio y a veces hasta a reemplazarlo por el de ciega admiración. Este hecho tiene dos funciones: 1) eliminar el sentimiento de odio, doloroso y lleno de peligros; 2) aliviar la humillación. Si la persona que manda es maravillosa y perfecta, entonces no tengo por qué avergonzarme de obedecerla. No puedo ser su igual porque ella es mucho más fuerte, más sabia y mejor que yo. La consecuencia de la autoridad de tipo inhibitorio está en que el sentimiento de odio o el de sobreestimación tenderán a aumentar. En el tipo racional de autoridad, en cambio, tenderán a disminuir en la medida en que la persona sujeta se haga más fuerte y, por lo tanto, se asemeje más al que ejerza la autoridad.

La diferencia entre la autoridad racional y la inhibitoria es tan sólo de carácter relativo. Hasta en la relación entre esclavo y amo existen elementos ventajosos para el esclavo. Éste obtiene el mínimo de alimentos y de protección que, por lo menos, lo capacita para trabajar en beneficio del patrón. Por otra parte, la ausencia completa de antagonismo entre discípulo y maestro sólo puede hallarse en una relación ideal. Hay muchas gradaciones entre estos dos casos extremos, tal como ocurre, por ejemplo, en la relación entre el obrero industrial y el capataz, o el hijo del campesino y su padre, o el ama de casa y su marido. Sin embargo, aun cuando de hecho los dos tipos de autoridad se hallen mezclados, siempre subsiste una diferencia esencial entre ellos, y el análisis de una concreta relación de autoridad debería revelar en todos los casos la importancia respectiva que le corresponde a cada uno de los dos.

La autoridad no es necesariamente una persona o una institución que ordena esto o permite aquello; además de este tipo de autoridad, que podríamos llamar exterior, puede aparecer otra de carácter interno, bajo el nombre de deber, conciencia o *superyó*. En realidad, el desarrollo del pensamiento moderno desde el protestantismo hasta la filosofía kantiana, puede caracterizarse por la sustitución de autoridades que se han incorporado al yo en lugar de las exteriores. Con las victorias políticas de la clase media en ascenso, la autoridad exterior perdió su prestigio y la conciencia del hombre ocupó el lugar que aquélla había tenido antes. Este cambio pareció a muchos una victoria de la libertad. Someterse a órdenes nacidas de un poder exterior (por lo menos en las cuestiones espirituales) pareció ser algo indigno de un hombre libre; pero la sumisión de sus inclinaciones naturales y el establecimiento del dominio sobre una parte del individuo —su naturaleza— por obra de la otra parte —su razón, voluntad o conciencia— pareció constituir la esencia misma de la libertad. El análisis muestra, empero, que la conciencia manda con un rigor comparable al de las autoridades externas, y que, además, muchas veces el contenido de sus órdenes no responde en definitiva a las demandas del yo individual, sino que está integrado por demandas de carácter social que han asumido la dignidad de normas éticas. El gobierno de la conciencia puede llegar a ser aún más duro que el de las autoridades exteriores, dado que el individuo siente que las órdenes de la conciencia son las suyas propias, y así ¿cómo podría rebelarse contra sí mismo?

En las décadas recientes la "conciencia" ha perdido mucho de su importancia. Parecería como si ni las autoridades externas ni las internas ejercieran ya funciones de algún significado en la vida del individuo. Todos son completamente "libres", siempre que no interfieran con los derechos legítimos de los demás. Pero lo que hallamos en realidad es que la autoridad, más que haber desaparecido, se ha hecho invisible. En lugar de la autoridad manifiesta, lo que reina es la *autoridad anónima*. Se disfraza de sentido común, ciencia, salud psíquica, normalidad, opinión pública. No pide otra cosa que lo que parece evidente por sí mismo. Parece no valerse de ninguna presión y sí tan sólo de una blanda persuasión. Ya se trate de una madre que diga a su hija, "yo sé que no te gustará salir con ese joven", ya de un anuncio comercial que sugiera, "fume usted esta marca de cigarrillos..., le gustará su frescura", siempre nos hallamos en presencia de la misma atmósfera de sutil sugestión que envuelve toda la vida social. La autoridad anónima es mucho más efectiva que la autoridad manifiesta, puesto que no se llega a sospechar jamás la existencia de las órdenes que de ella emanan y que deben ser cumplidas. En el caso de la autoridad externa, en cambio, resultan evidentes tanto las órdenes como la persona que las imparte; entonces se la puede combatir, y en esta lucha podrá desarrollarse la independencia personal y el valor moral. Pero, mientras en el caso de la autoridad que se ha incorporado al yo, la orden, aunque de carácter interno, todavía es perceptible, en el de la autoridad anónima tanto la orden como el que la formula se han vuelto invisibles. Es como si a uno le tirotearan enemigos que no alcanza a ver. No hay nada ni nadie a quien contestar.

Volviendo ahora a la discusión relativa al carácter autoritario, el rasgo más importante que debe señalarse es el de la actitud hacia el poder. Para el carácter autoritario existen, por así decirlo, dos sexos: los poderosos y los que no lo son. Su amor, admiración y disposición para el sometimiento surgen automáticamente en presencia del poder, ya sea el de una persona o el de una institución. El poder lo fascina, no en tanto que defiende algún sistema determinado de valores, sino simplemente por lo que es, porque es poder. Del mismo modo que su "amor" se dirige de una manera automática hacia el poder, así las personas o instituciones que carecen de él son inmediatamente objeto de su desprecio. La sola presencia de personas indefensas hace que en él surja el impulso de atacarlas, dominarlas y humillarlas. Mientras otro tipo de carácter se sentiría espantado frente a la mera idea de atacar a un individuo indefenso, el carácter autoritario se siente tanto más impulsado a hacerlo, cuanto más débil es la otra persona.

Hay un rasgo del carácter autoritario que ha engañado a muchos observadores: la tendencia a desafiar a la autoridad y a indignarse por toda intromisión "desde arriba". A veces este desafío desfigura todo el cuadro de tal modo que las tendencias al sometimiento quedan en la sombra. Este tipo de persona se rebelará constantemente contra toda especie de autoridad, aun en contra de la que apoya sus intereses y carece de todo elemento de represión. A veces la actitud hacia la autoridad se encuentra dividida. Tales individuos pueden luchar contra un grupo de autoridades, especialmente cuando se sienten disgustados por su carencia de poder, y al mismo tiempo, o más tarde, someterse a otras autoridades que, a través de su mayor poder o de sus mayores promesas, parecen satisfacer sus anhelos masoquistas. Por último, hay un tipo en el que las tendencias a la rebeldía han sido completamente reprimidas y aparecen en la superficie tan sólo cuando la vigilancia consciente se debilita, o bien ellas pueden ser reconocidas *ex posteriori* en el odio surgido contra determinada autoridad, cuando el poder de ésta se ha debilitado y comienza a vacilar. En las personas del primer tipo, en las que la actitud de rebeldía ocupa una posición central, podría creerse fácilmente que la estructura de su carácter es precisamente la opuesta a la del tipo masoquista sumiso. Parecerían personas que se oponen a toda especie de autoridad a causa de su extrema independencia. Tienen el aspecto exterior de individuos que, en función de su fuerza e integridad íntimas, luchan contra todos aquellos poderes que obstruyen su libertad e independencia. Sin embargo, esencialmente la lucha del carácter autoritario contra la autoridad no es más que desafío. Es un intento de afirmarse y sobreponerse a sus propios sentimientos de impotencia combatiéndolos, sin que por eso desaparezca, consciente o inconscientemente, el anhelo de sumisión. El carácter autoritario no es nunca *revolucionario;* preferiría llamarlo *rebelde.* Hay muchos individuos y numerosos movimientos políticos que confunden al observador superficial a causa de lo que parecería un cambio inexplicable desde el *izquierdismo* [7] a una forma extrema de autoritarismo. Desde el punto de vista psicológico se trata de "rebeldes" típicos.

La actitud del carácter totalitario hacia la vida, su filosofía toda, se hallan determinadas por sus impulsos emocionales. El carácter autoritario prefiere aquellas condiciones que limitan la libertad humana; gusta de someterse al destino. Y lo que éste ha de significar para él depende de la situación social que le toque en suerte. El soldado puede significar la voluntad o el capricho de sus superiores, a los que se somete de buena gana. Para el pequeño comerciante su destino es producto de las leyes económicas. Prosperidad y crisis no constituyen para él fenómenos sociales que puedan ser cambiados por la actividad humana, sino la expresión de un poder superior al que es menester someterse. Para los que se hallan en la cumbre de la pirámide social las cosas no son esencialmente distintas. La diferencia reside tan sólo en la magnitud y generalidad del poder al que tiene uno que obedecer, y no en el sentimiento de dependencia como tal.

Y son experimentadas como una fatalidad inconmovible no solamente aquellas fuerzas que determi-

[7] Traducimos con la palabra "izquierdismo" el término inglés *radicalism.* [T.]

nan directamente la propia vida, sino también las que parecen moldear la vida en general. A la fatalidad se debe la existencia de guerras y el hecho de que una parte de la humanidad deba ser gobernada por otra. Es la fatalidad la que establece un grado perenne de sufrimiento, que no podrá disminuir jamás. La fatalidad puede asumir una forma racionalizada, como "ley natural" o "destino humano" desde el punto de vista filosófico; como "voluntad divina" hablando en términos religiosos, y como "deber" en términos éticos... Para el carácter autoritario se trata siempre de un poder superior, exterior al individuo, y con respecto al cual éste no tiene más remedio que someterse. El carácter autoritario adora el pasado. Lo que ha sido una vez, lo será eternamente. Desear algo que no ha existido antes o trabajar para ello, constituye un crimen o una locura. El milagro de la creación —y la creación es siempre un milagro— está más allá del alcance de su experiencia emocional.

La definición, formulada por Schleiermacher, de la experiencia religiosa como sentimiento de dependencia absoluta, define también la experiencia masoquista en general; y en este sentimiento de dependencia el pecado desempeña una función especial. El concepto del pecado original que pesa sobre todas las generaciones futuras, es característico de la experiencia autoritaria. El fracaso moral, como toda otra especie de fracaso, se vuelve un destino que el hombre no podrá eludir jamás. El que haya pecado una vez estará atado eternamente a su falta con cadenas de hierro. Las mismas acciones humanas se vuelven un poder que gobierna al hombre y lo esclaviza para siempre. Las consecuencias del pecado pueden ser disminuidas por la expiación, pero ésta jamás llegará a eliminar el pecado [8]. Las

[8] Víctor Hugo expresó de modo significativo tal idea en el carácter de Javert, en *Los Misérables*.

palabras de Isaías: "Aunque tus pecados sean de color escarlata, tú serás tan blanco como la nieve", expresan exactamente lo contrario de la filosofía autoritaria.

La característica común de todo pensamiento autoritario reside en la convicción de que la vida está determinada por fuerzas exteriores al yo individual, a sus intereses, a sus deseos. La única manera de hallar la felicidad ha de buscarse en la sumisión a tales fuerzas. La impotencia del hombre constituye el *leitmotiv* de la filosofía masoquista. Moeller van der Bruck, uno de los padres ideológicos del nazismo, ha expresado este pensamiento con mucha claridad. Escribe: "Los conservadores prefieren creer en la catástrofe, en la impotencia del hombre para evitarla, en su necesidad y en el terrible desengaño que sufrirá el iluso optimista" [9]. En los escritos de Hitler hallaremos otros ejemplos de esta misma mentalidad.

El carácter autoritario no carece de actividad, valor o fe. Pero estas cualidades significan para él algo completamente distinto de lo que representan para las personas que no anhelan la sumisión. Porque la actividad del carácter autoritario se arraiga en el sentimiento básico de impotencia, sentimiento que trata de anular por medio de la actividad. Ésta no significa otra cosa que la necesidad de obrar en nombre de algo superior al propio yo. Esta entidad superior puede ser Dios, el pasado, la naturaleza, el deber, pero nunca el futuro, lo que está por nacer, lo que no tiene poder o la vida como tal. El carácter autoritario extrae la fuerza para obrar apoyándose en ese poder superior. Éste no puede nunca ser atacado o cambiado. Para él la debilidad es siempre un signo inconfundible de culpabilidad e inferioridad, y si el ser, en el cual cree el carácter

[9] Moeller van der Bruck, *Das Dritte Reich*, Hamburg, Hanseatische Velarganstalt, 1931, págs. 223-224.

autoritario, da señales de debilitarse, su amor y respeto se transforman en odio y desprecio. Carece así de "potencia ofensiva" capaz de atacar al poder constituido, sin estar sometido al mismo tiempo a otro poder más fuerte.

El coraje del carácter autoritario reside esencialmente en el valor de sufrir lo que el destino, o su representante personal o "líder", le ha asignado. Sufrir sin lamentarse constituye la virtud más alta, y no lo es, en cambio, el coraje necesario para poner fin al sufrimiento o por lo menos disminuirlo. El heroísmo propio del carácter autoritario no está en cambiar su destino, sino en someterse a él.

Mantiene su fe en la autoridad hasta tanto ésta sea fuerte y siga dictando órdenes. En el fondo, su fe está arraigada en la duda y no es más que un intento de dominarla. Pero en realidad no tiene fe, si por fe entendemos la segura confianza de que se realizará lo que ahora existe como mera potencialidad. La filosofía autoritaria es esencialmente relativa y nihilista, a pesar del hecho de que frecuentemente proclame con tanta violencia haber superado el relativismo y a despecho de su exhibición de actividad. Está arraigada en la desesperación extrema, en la absoluta carencia de fe, y conduce al nihilismo, a la negación de la vida [10].

En la filosofía autoritaria el concepto de igualdad no existe. El carácter autoritario puede a veces emplear el término igualdad en forma puramente convencional o bien porque conviene a sus propósitos. Pero no posee para él significado real o importancia, puesto que se refiere a algo ajeno a su experiencia emocional. Para él, el mundo se compone de personas que tienen poder y otras que carecen de él; de superiores y de inferiores. Sobre la base

[10] Rauschning ha proporcionado una buena descripción del carácter nihilista del fascismo en su *Revolución del nihilismo*. (Hay traducción castellana.)

de sus impulsos sadomasoquistas experimentan tan sólo la dominación o la sumisión, jamás la solidaridad. Las diferencias, sean de sexo o de raza, constituyen necesariamente para él signos de inferioridad o superioridad. Es incapaz de pensar una diferencia que no posea esta connotación.

La descripción de los impulsos sadomasoquistas y del carácter autoritario se refiere a las formas más extremas de debilidad y, por lo tanto, a los rasgos extremos correspondientes, dirigidos a superarlas por medio de la relación simbiótica con objeto de culto o de dominación.

Aunque puedan hallarse impulsos sadomasoquistas en muchas personas, sólo determinados individuos y grupos sociales han de ser considerados como típicos representantes de ese carácter. Existe, sin embargo, una forma más leve de dependencia, tan general en nuestra cultura, que parece faltar solamente en casos excepcionales. Este tipo de dependencia no posee las características peligrosas e impetuosas del sadomasoquismo, pero tiene tal importancia que no debe ser omitido en nuestra discusión del problema.

Me refiero a ese tipo de persona cuya vida se halla ligada de una manera sutil con algún poder exterior a ella [11]. No hay nada que hagan, sientan o piensen que no se relacione de algún modo con ese poder. De *él* esperan protección, por *él* desean ser cuidadas, y es a *él* a quien hacen responsables de lo que pueda ser la consecuencia de sus propios actos. A menudo el individuo no se percata en absoluto del hecho de su dependencia. Aun cuando tenga la oscura conciencia de algo, la persona o el poder del cual el individuo depende permanece nebuloso. No existe ninguna imagen definida que se

[11] A este respecto véase Karen Horney, *New Ways in psychoanalisis*. Londres, Kegan Paul, 1939 (trad. castellana: *El nuevo psicoanálisis*, México, Fondo de Cultura Económica, 1943).

relacione con ese poder o persona. Su cualidad esencial es la de representar una determinada función: a saber, la de proteger, ayudar y desarrollar al individuo, estar con él y no dejarlo solo. El X que posee tales cualidades podría ser denominado auxiliar mágico (*magic helper*). Muchas veces, por supuesto, este *auxiliador mágico* tiene alguna personificación: se lo puede concebir como Dios, como un principio o como una persona real; tal, por ejemplo, los propios padres, cónyuges o superiores. Es importante hacer notar que cuando el que asume la función de *auxiliador mágico* es una persona real, se le atribuyen propiedades mágicas, y entonces el significado que ella posee es consecuencia de su función. Este proceso de personificación puede observarse con frecuencia en lo que se llama "enamorarse". La persona que necesita tal conexión con un *auxiliador mágico,* se esfuerza por hallarlo en una persona de carne y hueso. Por una u otra razón —a menudo fundada en el deseo sexual— determinado individuo asume para él aquellas propiedades mágicas, y se transforma así en el ser del cual ha de permanecer dependiendo toda su vida. El hecho de que la otra persona haga muchas veces lo mismo con respecto a la primera, no altera en nada la relación. Tan sólo contribuye a reforzar la impresión de que se trata de "verdadero amor".

Esta necesidad del *auxiliador mágico* puede ser estudiada en condiciones casi experimentales en el procedimiento psicoanalítico. Con frecuencia la persona analizada desarrolla un profundo afecto hacia el psicoanalista y a él relaciona toda su vida, acciones, pensamientos y sentimientos. Consciente o inconscientemente la persona sometida a análisis se pregunta: ¿Le gustará a él (el analista) esto o aquello, me aprobará o me reprenderá? En la relación amorosa el hecho de que se *elija* esta o aquella persona se toma como prueba de que se la ama justamente por ser *él* (el elegido); pero en la situación psicoanalítica esta ilusión no puede sostenerse. Los tipos más distintos de pacientes desarrollan idénticos sentimientos hacia los tipos más distintos de psicoanalistas. La relación se parece al amor; a menudo se ve acompañada de deseos sexuales; y, sin embargo, se trata de la conexión con el *auxiliador mágico* personificado, papel que, evidentemente, el psicoanalista se halla en condiciones de desempeñar muy bien, del mismo modo como ciertas personas que ejercen autoridad (médicos, sacerdotes, maestros).

En principio, las causas que inducen a las personas a relacionarse con el *auxiliador mágico* son las mismas que hemos hallado como fundamento de los impulsos simbióticos; la incapacidad de subsistir solo y de expresar plenamente las propias potencialidades individuales. En el caso de los impulsos sadomasoquistas, tal incapacidad origina la tendencia a despojarse del yo individual, pasando la persona a depender del *auxiliador mágico;* en las formas más leves, que se acaban de tratar, origina simplemente el deseo de ser guiado y protegido. La intensidad de la conexión con el *auxiliador mágico* se halla en proporción inversa con la capacidad de expresar espontáneamente las propias potencialidades intelectuales, emocionales y sensitivas. Con otras palabras, se espera obtener del *auxiliador mágico* todo cuanto se espera en la vida, en vez de conseguirlo como resultado de las propias acciones. Cuanto más nos acercamos a este caso, tanto más el centro de nuestra vida se desplaza desde nuestra propia persona a la del *auxiliador mágico* y sus personificaciones. El problema que se plantea entonces no es ya el de cómo vivir nosotros mismos, sino el de cómo manejarlo a *él* a fin de no perderlo, de que nos haga obtener lo que deseamos, y hasta de hacerlo responsable de nuestras propias acciones.

En los casos más extremos, toda la vida de una persona se reduce casi exclusivamente al intento de manejarlo a *él;* la gente usa diferentes medios: algunos, la obediencia; otros, la bondad, y, por último, en ciertas personas, el sufrimiento constituye el medio principal de lograrlo. Puede observarse entonces que no hay sentimiento, idea o emoción que no esté por lo menos algo coloreada por la necesidad de manipular al *auxiliador mágico* personificado; en otras palabras, ningún acto psíquico es espontáneo o libre. Esta dependencia que surge del entorpecimiento de la espontaneidad, al tiempo que contribuye a obstruir aún más el desarrollo, proporciona un cierto grado de seguridad; pero tiene por consecuencias una sensación de debilidad y de limitación. En estos casos la persona que depende del *auxiliador mágico* también se siente esclavizada por *él* —si bien inconscientemente—, rebelándose en *su* contra, en mayor o menor grado. Esta rebeldía hacia aquella misma persona en quien se han colocado las propias esperanzas de felicidad y seguridad; da lugar a nuevos conflictos. Tiene que ser reprimida, so pena de perderlo a *él;* pero mientras tanto el antagonismo subyacente amenaza de manera constante la seguridad que constituía el fin de la relación con el *auxiliador mágico.*

Si el *auxiliador mágico* se halla personificado en algún individuo real, el desengaño que se produce cuando éste desmerece las expectativas que se habían colocado en él —y puesto que tales expectativas son ilusorias, toda persona real lleva inevitablemente al desengaño— conduce a conflictos incesantes, a los que se agrega, además, el resentimiento debido al haberse entregado a esa persona. Tales conflictos desembocan a veces en una separación, que generalmente es seguida por la elección de otro objeto, del que se espera el cumplimiento de todas las esperanzas relacionadas con el *auxiliador mágico.* Si esta nueva relación también resulta un fracaso, se produce otra separación, o bien la persona de que se trata puede descubrir que "así es la vida", y resignarse. Pero lo que no es capaz de reconocer es que el hecho de su fracaso no se debe a errores en la elección del *auxiliador mágico,* sino que constituye la consecuencia directa de su intento de obtener, por medio del manejo de una fuerza mágica, lo que el individuo puede lograr solamente por sí mismo, por su propia actividad espontánea.

Freud, observando el fenómeno por el cual una persona depende durante toda su vida de una entidad exterior a su propio yo, lo había interpretado como la supervivencia de los primitivos vínculos con los padres, de carácter esencialmente sexual. En realidad, este fenómeno lo había impresionado de tal manera, que le hizo considerar el complejo de Edipo como el núcleo de toda neurosis, viendo en la feliz superación de aquél el problema principal del desarrollo normal.

Si bien al elevar el complejo de Edipo al grado de fenómeno central de la psicología, Freud realizó uno de los descubrimientos de mayor alcance en la ciencia psicológica, no consiguió formular, sin embargo, una adecuada explicación del mismo. Porque aun cuando el problema de la atracción sexual entre padres e hijos existe realmente, y aunque los conflictos que surgen de ese hecho llegan a constituir a veces una parte del desarrollo neurótico, ni la atracción sexual ni los conflictos que de ella derivan constituyen el núcleo esencial en el hecho de la *fijación* del hijo a sus padres. Mientras aquél es pequeño su dependencia de los padres es perfectamente natural; pero se trata de un tipo de subordinación que no implica necesariamente la restricción de su propia espontaneidad e independencia. En cambio, cuando los padres, obrando como agentes de la sociedad, reprimen ambas, el niño en desarrollo se siente cada vez menos capaz de sostenerse por sí solo; por lo tanto, busca al *auxiliar mágico,* y muchas veces hace de sus padres una personificación de aquél. Más tarde el individuo transfiere otros sentimientos a alguna otra persona, por ejemplo, al maestro, al marido o al psicoanalista. Además, la necesidad de relacionarse con ese símbolo de la autoridad no se halla motivada por la continuación de la atracción sexual originaria hacia uno de los padres, sino por el entorpecimiento de la expansión y espontaneidad del niño y por la angustia que de ello surge.

Lo que puede observarse en el meollo de toda neurosis, así como en el desarrollo normal, es la lucha por la libertad y la independencia. Para muchas personas normales esa lucha termina con el completo abandono de sus yos individuales, de manera que, habiéndose adaptado, son consideradas normales. El neurótico es, por otra parte, un individuo que, si bien no ha dejado por completo de luchar contra la sumisión, ha quedado al mismo tiempo vinculado a la imagen del *auxiliador mágico*, cualquiera sea la forma que *él* haya asumido. Su neurosis debe ser entendida en todos los casos como un intento, no logrado, de resolver el conflicto existente entre su dependencia básica y el anhelo de libertad.

## 2. La destructividad

Ya nos hemos referido a la necesidad de distinguir entre los impulsos sadomasoquistas y los destructivos, aun cuando ambos se hallan generalmente mezclados. La destructividad difiere del sadomasoquismo por cuanto no se dirige a la simbiosis activa o pasiva, sino a la eliminación del objeto. Pero también los impulsos destructivos tienen por raíz la imposibilidad de resistir a la sensación de aislamiento e impotencia. Puedo aplacar esta última, que surge al compararme con el mundo exterior, destruyendo las cosas y las personas. Por cierto, aun cuando logre eliminar el sentimiento de impotencia, siempre quedaré solo y aislado, pero se trata de un espléndido aislamiento en el que ya no puedo ser aplastado por el poder abrumador de los objetos que me circundan. La destrucción del mundo es el último intento —un intento casi desesperado— para salvarme de sucumbir ante aquél. El sadismo tiene como fin incorporarme el objeto; la destructividad tiende a su eliminación. El sadismo se dirige a fortificar al individuo atomizado por medio de la dominación sobre los demás; la destructividad trata de lograr el mismo objetivo por medio de la anulación de toda amenaza exterior.

Todo observador de las relaciones personales que se desarrollan en nuestra sociedad no puede dejar de sentirse impresionado por el grado de destructividad que se halla presente en todas partes. En general no se trata de un impulso experimentado de manera consciente, sino que es racionalizado de distintas maneras. En efecto, no hay nada que no haya sido utilizado como medio de racionalización de la destructividad. El amor, el deber, la conciencia, el patriotismo, han servido de disfraz para ocultar los impulsos destructivos hacia los otros y hacia uno mismo. Sin embargo, debemos distinguir entre dos especies de tales tendencias. Están las que resultan de una situación específica; tal es, por ejemplo, la reacción que origina el ataque contra la vida o la integridad propia o ajena, o bien contra aquellas ideas con las cuales una persona se identifica. En este caso, la destructividad es el concomitante necesario de la afirmación de la propia vida.

La destructividad de que estamos tratando ahora no pertenece, empero, a este tipo racional —o mejor dicho *reactivo*—, sino que constituye una tendencia que se halla constantemente en potencia dentro del individuo, el cual, por decirlo así, está acechando la oportunidad de exteriorizarla. Cuando no existe ninguna *razón* objetiva que justifique una manifestación de destructividad, decimos que se trata de un individuo mental o emocionalmente enfermo (aun cuando tal persona nunca deja de construir alguna clase de racionalización). Sin embargo, en la mayoría de los casos, los impulsos destructivos son racionalizados de tal manera, que por lo menos un cierto número de personas, o aun todo un grupo social, participan de las creencias justificativas; de este modo, para todos sus miembros, tales racionalizaciones parecen corresponder a la realidad, ser "realistas". Pero los objetos destinados a sufrir la destructividad irracional y las razones especiales que se hacen valer representan factores de importancia secundaria; los impulsos destructivos constituyen una pasión que obra dentro de la persona y siempre logran hallar algún objeto. Si por cualquier causa ningún otro individuo puede ser asumido como objeto de la destructividad, éste será el mismo yo. Cuando ello ocurre, y si se trata de un caso de cierta gravedad, puede sobrevenir como consecuencia una enfermedad física y aun intentos de suicidio.

Hemos supuesto que la destructividad representa una forma de huir de un insoportable sentimiento de impotencia, dado que se dirige a eliminar todos aquellos objetos con los que el individuo debe compararse. Pero, si tenemos en cuenta la inmensa función que cumplen las tendencias destructivas en la conducta humana, tal interpretación no parece una explicación suficiente; a esas mismas condiciones de aislamiento e impotencia se deben otras dos fuentes de la destructividad; la angustia y la frustración de la vida. Por lo que se refiere al papel de la angustia, no es necesario decir mucho. Toda amenaza contraria a los intereses vitales (materiales y emocionales) origina angustia [12], y las tendencias destructivas constituyen la forma más común de reaccionar frente a ella. La amenaza puede circunscri-

[12] Cf. la discusión de este asunto en la citada obra de K. Horney.

birse a una situación y persona determinadas. En este caso la destructividad se dirige contra esa persona colocada en tal situación. También puede ser una angustia constante —aunque no necesariamente consciente— que se origina en la perpetua sensación de una amenaza por parte del mundo exterior. Este tipo de angustia constante deriva de la posición en que se halla el individuo aislado e impotente, y constituye la otra fuente de la reserva de destructividad que en él se deposita.

Otra consecuencia importante de la misma situación básica está representada por lo que he llamado la frustración de la vida. El individuo aislado e impotente ve obstruido el camino de la realización de sus potencialidades sensoriales, emocionales e intelectuales. Carece de la seguridad interior y de la espontaneidad que constituyen las condiciones de tal realización. Esta obstrucción íntima resulta acrecentada por los tabúes culturales impuestos a la felicidad y al placer, tales como aquellos que han tenido vigencia a través de la religión y las costumbres de la clase media desde el período de la Reforma. En nuestros días el tabú exterior ha desaparecido virtualmente, pero los obstáculos íntimos han permanecido muy fuertes, a pesar de la aprobación consciente que recae sobre el placer sensual.

Freud se ha ocupado de este problema referente a la relación entre la frustración de la vida y los impulsos destructivos, y la discusión de su teoría nos permitirá expresar algunas consideraciones nuestras.

Freud se dio cuenta de haber descuidado el peso y la importancia de los impulsos destructivos en la formación original de su teoría, según la cual las motivaciones básicas de la conducta humana son el impulso sexual y el de autoconservación. Cuando más tarde admitió que las tendencias destructivas son tan importantes como las sexuales, formuló la hipótesis de que existen en el hombre dos impulsos básicos: uno dirigido hacia la vida, más o menos idéntico a la *libido*, y un instinto de muerte cuyo objetivo es la destrucción de la vida. También supuso que este último puede mezclarse con la energía sexual y dirigirse entonces contra el propio yo o contra objetos exteriores. Agregó que el instinto de muerte se halla arraigado en una característica biológica inherente a todo organismo viviente y que constituye, por lo tanto, un elemento necesario e inalterable de la vida.

La hipótesis del instinto de muerte puede considerarse satisfactoria en tanto toma en consideración, en toda su importancia, aquellas tendencias destructivas que habían sido olvidadas en las teorías freudianas anteriores. Pero no lo es en tanto acude a una explicación de corte biológico que no tiene debida cuenta del hecho de que el grado de destructividad varía inmensamente entre los individuos y entre los grupos sociales. Si la hipótesis de Freud fuera correcta, deberíamos admitir que la intensidad de los impulsos destructivos —en contra de uno mismo o de los demás— permanece aproximadamente constante. Pero lo que observamos es justamente lo contrario. No solamente la importancia de la destructividad entre individuos de nuestra propia cultura varía en alto grado, sino que también difiere entre distintos grupos sociales. Así, por ejemplo, la intensidad de los impulsos destructivos que observamos en el carácter de los miembros de la clase media europea, es sin duda mucho mayor que la de las clases obrera y elevada. Los estudios antropológicos nos han familiarizado con determinados pueblos que se caracterizan por cierto grado de destructividad, mientras que en otros faltan tales impulsos, ya sea en forma de hostilidad contra los demás o bien contra uno mismo.

Nos parece que todo intento para descubrir las raíces de la destructividad debe comenzar por la observación de las diferencias arriba señaladas y examinar luego cuáles son los otros factores diferenciales y de qué manera éstos pueden explicar las diferencias que se dan en el grado de destructividad.

Este problema presenta tales dificultades que requeriría una consideración detallada, por separado, que no puede emprenderse en esta obra. Sin embargo, deseo indicar en qué dirección puede hallarse la respuesta. Parecería que el grado de destructividad observable en los individuos es proporcional al grado en que se halla cercenada la expansión de su vida. Con ello no nos referimos a la frustración individual de este o aquel deseo instintivo, sino a la que coarta toda la vida y ahoga la expansión espontánea y la expresión de las potencialidades sensoriales, emocionales e intelectuales. La vida posee un dinamismo íntimo que le es peculiar; tiende a extenderse, a expresarse, a ser vivida. Parece que si esta tendencia se ve frustrada, la energía encauzada hacia la vida sufre un proceso de descomposición y se muda en una fuerza dirigida hacia la destrucción. En otras palabras: el impulso de vida y el de destrucción no son factores mutuamente independientes, sino que son inversamente proporcionales. Cuanto más el impulso vital se ve frustrado, tanto más fuerte resulta el que se dirige a la destrucción; cuanto más plenamente se realiza la vida, tanto menor es la fuerza de la destructividad. Ésta *es el producto de la vida no vivida.* Aquellos individuos y condiciones sociales que conducen a la represión de la plenitud de la vida, producen también aquella pasión destructiva que constituye, por decirlo así, el depósito del cual se nutren las tendencias hostiles especiales contra uno mismo o los otros.

Huelga decir cuán importante es no sólo dañar la función dinámica de la destructividad, sino también comprender cuáles son las condiciones específicas que determinan su intensidad. Ya nos hemos referido a la hostilidad que caracterizó a la clase media en la época de la Reforma y que halló su expresión en ciertos conceptos religiosos del protestantismo, en especial manera en su espíritu ascético y en la concepción de Calvino acerca de un Dios despiadado, satisfecho de condenar a una parte de la humanidad por faltas que no había cometido. Entonces, tal como ocurrió más tarde, la clase media expresó su hostilidad principalmente ocultándola bajo la forma de indignación moral, sentimiento que racionalizaba su intensa envidia hacia quienes disponían de los medios de gozar de la vida. En nuestra escena contemporánea la destructividad de la baja clase media ha constituido un factor importante en el surgimiento del nazismo, el cual apeló a tales impulsos destructivos y los usó al luchar contra sus enemigos. La raíz de la destructividad existente en la baja clase media puede reconocerse fácilmente en los elementos que hemos analizado en nuestra discusión: aislamiento del individuo y represión de la expansión individual; factores ambos que, en esa clase, se mostraron en un grado de intensidad mucho mayor que en las demás capas sociales.

### 3. Conformidad automática

En los mecanismos que hemos considerado hasta ahora, el individuo trata de superar el sentimiento de insignificancia experimentado frente al poder abrumador del mundo exterior, renunciando a su integridad individual o bien destruyendo a los demás, a fin de que el mundo deje de ser tan amenazante.

Otros mecanismos de evasión lo constituyen: el retraimiento del mundo exterior, realizado de un modo tan completo que se elimine la amenaza (es el caso de ciertos estados psicóticos [13]); la inflación

[13] Cf. H. S. Sullivan, *op. cit.*, págs. 68 y sigts., y su "Research in Schizophrenia", en *American J. of Psychiatry*, vol. IX, nº 3; véase también Frieda Fromm Reichmann, "Transference Problems in Schizophrenia", en *Psychoanalytic Quarterly*, vol. VIII, nº 4.

del propio yo, de manera que el mundo exterior se vuelva pequeño. Aunque estos mecanismos de evasión son importantes para la psicología individual, desde el punto de vista cultural tienen un significado mucho menor. Por lo tanto, omitiré su discusión, para referirme, en cambio, a un tercer mecanismo de suma importancia social.

Este mecanismo constituye la solución adoptada por la mayoría de los individuos normales de la sociedad moderna. Para expresarlo con pocas palabras: el individuo deja de ser *él* mismo; adopta por completo el tipo de personalidad que le proporcionan las pautas culturales, y por lo tanto se transforma en un ser exactamente igual a todo el mundo y tal como los demás esperan que él sea. La discrepancia entre el *yo* y el mundo desaparece, y con ella el miedo consciente de la soledad y la impotencia. Es un mecanismo que podría compararse con el mimetismo de ciertos animales. Se parecen tanto al ambiente que resulta difícil distinguirlos entre sí. La persona que se despoja de su yo individual y se transforma en un autómata, idéntico a los millones de otros autómatas que lo circundan, ya no tiene por qué sentirse solo y angustiado. Sin embargo, el precio que paga por ello es muy alto: nada menos que la pérdida de su personalidad.

La hipótesis según la cual el método *normal* de superar la soledad es el de transformarse en un autómata, contradice una de las ideas más difundidas concernientes al hombre de nuestra cultura. Se supone que la mayoría de nosotros somos individuos libres de pensar, sentir y obrar a nuestro placer. Y por cierto no es ésta tan sólo la opinión general que se sustenta con respecto al individualismo de los tiempos modernos, sino también lo que todo individuo cree sinceramente en lo concerniente a sí mismo; a saber, que él es *él* y que sus pensamientos, sentimientos y deseos son *suyos*. Y sin embargo, aunque haya entre nosotros personas que realmente son individuos, esa creencia es, en general, una ilusión, y una ilusión peligrosa por cuanto obstruye el camino que conduciría a la eliminación de aquellas condiciones que originan tal estado de cosas.

Estamos tratando uno de los problemas fundamentales de la psicología, susceptible de originar una larga serie de preguntas. ¿Qué es el yo? ¿Cuál es la naturaleza de esos actos que hacen nacer en el individuo la ilusión de que son realmente obra de su propia voluntad? ¿Qué es la espontaneidad? ¿Qué debe entenderse por acto espiritual original? Y, por fin, ¿qué tiene que ver todo esto con el problema de la libertad? En este capítulo nos esforzaremos por mostrar de qué manera los sentimientos y los pensamientos pueden originarse desde el exterior del yo y al mismo tiempo ser experimentados como propios, y cómo los que se originan en el propio yo pueden ser suprimidos y, de este modo, dejar de formar parte de la personalidad. Continuaremos la discusión aquí iniciada en el capítulo "Libertad y Democracia".

Iniciaremos la consideración del problema analizando aquella experiencia que se expresa con las palabras "yo siento", "yo quiero", "yo .pienso". Cuando decimos "yo pienso", esta expresión parece constituir una afirmación exenta de toda ambigüedad. La únioa que puede surgir versa acerca de la verdad o falsedad de lo que yo pienso y sobre el hecho de si soy yo el que piensa. Y, sin embargo, una situación experimental concreta nos mostrará inmediatamente que la respuesta a tal cuestión no es necesariamente la que suponemos. Observemos un experimento hipnótico [14]. Aquí el sujeto *A*, a quien el hipnotizador coloca en estado de sueño hipnótico para sugerirle que, después de haberse

[14] En lo referente al problema de la hipnosis, cf. la bibliografía indicada por M. H. Ercksan en *Psychiatry*, 1939, vol. 2, nº 3, pág. 472.

despertado, tenga deseos de leer un manuscrito que cree haber llevado consigo, lo busque, y al no hallarlo, crea que una tercera persona, *C*, se lo ha robado, debiendo entonces enojarse mucho con ella. También le sugiere al sujeto olvidar que todo ha sido una sugestión recibida durante el sueño hipnótico. Debe agregarse que *C* es una persona con la cual el sujeto nunca ha estado enojado y que, en las circunstancias existentes, no tiene ninguna razón de estarlo; además el sujeto no ha llevado consigo ningún manuscrito.

¿Qué ocurre? *A* se despierta y luego da haber conversado un poco, dice: "A propósito, esto me hace acordar de algo que he escrito en mi trabajo. Se lo voy a leer". Mira alrededor de sí, no lo encuentra y entonces se dirige a *C*, insinuando que es él quien puede haberlo tomado; se excita cada vez más cuando *C* rechaza enérgicamente semejante insinuación, y por fin llega a estallar en manifiesta ira acusando directamente a *C* de haber robado el manuscrito. Aún más: hace notar la existencia de motivos que explicarían la actitud de *C*. Habría oído decir por otras personas que *C* lo necesitaba urgentemente, que tuvo una buena oportunidad de conseguirlo, y otras razones por el estilo. Lo oímos así no solamente acusar a *C*, sino también construir numerosas racionalizaciones destinadas a hacer aparecer como plausible su acusación. (Por supuesto, ninguna de ellas es verdadera y al sujeto no se le hubieran ocurrido en absoluto antes de la sugestión hipnótica.)

Supóngase ahora que, en este momento, entra en la habitación otra persona. Ésta no tendrá ninguna duda de que *A* dice lo que piensa y siente; el único interrogante para esta persona versaría acerca de la realidad de la acusación, a saber, si el contenido de los pensamientos de *A* se halla o no conforme con los hechos objetivos. Nosotros, sin embargo, que hemos asistido al desarrollo del procedimiento desde el principio no nos preocupamos por saber si la acusación es verdadera. Sabemos que no es éste el problema, puesto que estamos seguros de que los pensamientos y los sentimientos de *A* no son *suyos*, sino que representan elementos ajenos que le han sido inculcados por otra persona.

La conclusión a que llega el último que ha entrado en la habitación podría ser la siguiente: "Aquí está *A* que indica claramente cuáles son sus pensamientos. Él es el único que puede conocer con mayor certeza lo que piensa, y no existe prueba mejor que la de su declaración acerca de sus pensamientos. También están las otras personas según las cuales aquéllos le han sido sugeridos y constituyen elementos extraños aportados desde afuera. Con toda justicia yo no puedo decidir quién tiene razón; cualquiera de ellos puede equivocarse. Quizá, puesto que hay dos contra uno, existe una mayor probabilidad de que sea verdad lo que afirma la mayoría". Sin embargo, nosotros, que hemos presenciado todo el experimento, no tendríamos ninguna duda, ni la tendría la persona recién llegada si observara otro experimento similar. Vería entonces que esta clase de experiencias puede repetirse innumerables veces con distintas personas y diferentes contenidos. El hipnotizador puede sugerir que una papa cruda sea un delicioso ananá, y el sujeto comerá la papa con todo el gusto asociado con el sabor de un ananá; o que el sujeto ya no puede ver nada, y éste se volverá ciego; o que piense que el mundo es plano y no redondo, y el sujeto sostendrá con mucho vigor que realmente el mundo es plano.

¿Qué es lo que prueba el experimento hipnótico, y en especial el poshipnótico? Prueba que podemos tener pensamientos, sentimientos, deseos y hasta sensaciones que, si bien los experimentamos subjetivamente como nuestros, nos han sido impuestos desde afuera, nos son fundamentalmente extraños y no corresponden a lo que en verdad pensamos, deseamos o sentimos.

¿Qué enseñanzas podemos extraer del experimento hipnótico a que nos hemos referido? 1) El sujeto *quiere* algo: leer su manuscrito; 2) *piensa* algo: que *C* lo ha tomado, y 3) *siente* algo: ira contra *C*. Hemos visto que estos tres actos mentales —voluntad, pensamiento y emoción— no son los suyos propios, en el sentido de representar el resultado de su actividad mental; por el contrario, no se han originado en su yo, sino que han sido puestos en él desde el exterior y son subjetivamente experimentados como *si* fueran los suyos propios. El sujeto expresa también ciertos pensamientos que no le han sido sugeridos durante la hipnosis, a saber, aquellas *racionalizaciones* por medio de las cuales explica su hipótesis de que *C* ha robado el manuscrito. Sin embargo, estos pensamientos son suyos tan solo en un sentido formal. Si bien parecería que ellos explicaran la sospecha de robo, sabemos que es ésta la que se da primero y que los pensamientos racionalizantes han sido inventados para hacer plausible el sentimiento de sospecha; ellos, realmente, no son explicatorios, sino que vienen *post factum.*

Comenzamos con el experimento hipnótico porque él nos muestra del modo más indudable que aun cuando uno pueda hallarse convencido de la espontaneidad de los propios actos mentales, ellos, en las condiciones derivadas de una situación especial, pueden ser el resultado de la influencia ejercida por otra persona. Este fenómeno, sin embargo, no se limita de ninguna manera a las experiencias hipnóticas. El hecho de que nuestros pensamientos, voluntad, emociones, no son genuinos y que su contenido se origina desde afuera, se da en medida tan vasta que surge la impresión de que tales seudoactos constituyen la regla general, mientras que los actos mentales genuinos o naturales representan la excepción.

El hecho de que el *pensamiento* pueda asumir un carácter falso es más conocido que el fenómeno análogo que se desarrolla en las esferas de la voluntad y la emoción. Será mejor, entonces, comenzar con la discusión de la diferencia existente entre el pensamiento genuino y el seudopensamiento. Supóngase que nos hallamos en una isla en la que se encuentran pescadores y veraneantes llegados de la ciudad. Deseamos conocer qué tiempo hará y se lo preguntamos a un pescador y a dos veraneantes que sabemos han oído por la radio el pronóstico del tiempo. El pescador, con su larga experiencia y gran interés por este asunto, reflexiona sobre el problema (suponiendo que no se haya formado una opinión con anterioridad a nuestra pregunta). Con su conocimiento del significado que la dirección del viento, temperatura, humedad, etc., tienen en la predicción del tiempo, tendrá en cuenta los diferentes factores de acuerdo con su respectiva importancia, llegando así a un juicio más o menos definitivo. Probablemente se acordará del pronóstico emitido por la radio y lo citará como una afirmación favorable o contraria a su propia predicción; en este último caso, nuestro pescador podrá poner cuidado especial al valorar las razones en que se apoya su opinión; pero —y esto es lo esencial— se trata siempre de *su* opinión, el resultado de *su* pensamiento.

El primero de los veraneantes es un hombre que al ser interrogado acerca del tiempo sabe que no entiende mucho de este asunto ni se siente obligado a poseer tal conocimiento. Simplemente se limita a replicar "No puedo juzgar. Todo lo que sé es que el pronóstico radial es éste". El otro veraneante, en cambio, es de un tipo distinto. Cree saber mucho acerca del tiempo, aun cuando en realidad sepa muy poco. Pertenece a esa clase de personas que se sienten obligadas a saber responder a todas las preguntas. Piensa durante un rato y luego nos comunica *su* opinión, que resulta ser idéntica al pronóstico radial. Le preguntamos sus razones, y él nos dice que teniendo en cuenta tal dirección del viento, la temperatura, etc., ha llegado a esa conclusión.

El comportamiento de esta persona, visto desde afuera, es el mismo que el del pescador. Y, sin embargo, si lo analizamos con más detenimiento saltará a la vista que ha escuchado el pronóstico radial y lo ha aceptado. Pero sintiéndose impulsado a tener su *propia* opinión en este asunto, se olvida que está repitiendo simplemente las afirmaciones autorizadas de algún otro y cree que se trata de la que él mismo ha alcanzado por medio de su propio pensamiento. Se imagina así que las razones que nos proporciona en apoyo de su opinión han precedido a ésta, pero si examinamos tales razones nos daremos cuenta de que ellas no han podido conducirlo a ninguna conclusión acerca del tiempo, a menos que una opinión definida hubiera ya existido en su mente. En realidad se trata solamente de seudorrazones, cuya finalidad es la de hacer aparecer la opinión como el resultado de su propio esfuerzo mental. Tiene la ilusión de haber llegado a una opinión propia, pero en realidad ha adoptado simplemente la de una autoridad sin haberse percatado de su proceso. Muy bien podría darse el caso de que sea él quien tenga razón, y no el pescador, pero mientras la opinión correcta no es *suya*, la del pescador, aun cuando se hubiera equivocado, no dejaría de ser su *propia* opinión.

Este mismo fenómeno puede observarse al estudiar las opiniones de la gente acerca de ciertos temas, por ejemplo, la política. Preguntemos a cualquier lector de periódico lo que piensa acerca de algún problema público. Nos dará como *su* opinión una relación más o menos exacta de lo que ha leído. y, sin embargo —y esto es lo esencial—, está convencido de que cuanto dice es el resultado de su propio pensamiento. Si vive en una pequeña comunidad, donde las opiniones políticas pasan de padre a hijo, *su propia* opinión puede estar regida mucho más de lo que él mismo piensa por la persistente autoridad de un padre severo. O bien la opinión de otro lector podría resultar de un momento de desconcierto, del miedo de aparecer mal informado, y, por lo tanto, en este caso el *pensamiento* constituiría sobre todo una forma de salvar las apariencias, más que la combinación natural de la experiencia, el deseo y el saber. Lo mismo ocurre con los juicios estéticos. El individuo común que concurre a un museo y mira el cuadro de un pintor famoso, digamos, por ejemplo, Rembrandt, lo juzga una obra de arte bella y majestuosa. Si analizamos su juicio hallaremos que esta persona no ha experimentado ninguna reacción íntima frente al cuadro, sino que piensa que es bello porque tal es el juicio que de ella se espera. El mismo fenómeno se evidencia en el caso de juicios sobre música y también con respecto al acto mismo de la percepción. Muchos individuos, al contemplar algún paisaje famoso, en realidad ven pinturas o fotografías que tantas veces han tenido ocasión de admirar, por ejemplo, en una tarjeta postal, y mientras creen *ver* el paisaje, lo que tienen frente a sus ojos son esas imágenes reproducidas. O bien, al tener experiencia de un accidente que ocurre en su presencia, ven u oyen la situación en los términos que tendría la crónica periodística que anticipan. En realidad, para muchas personas sus experiencias —espectáculo artístico, reunión política, etc.— se vuelven reales tan sólo después de haber leído la correspondiente noticia en el diario.

La supresión del pensamiento crítico generalmente empieza temprano. Una chica de cinco años, por ejemplo, puede advertir la falta de sinceridad de su madre, ya sea por la sutil observación de que mientras ésta habla continuamente de amor y amistad, de hecho se muestra fría y egoísta; o bien de una manera más superficial, al descubrir que su madre mantiene una relación amorosa con otro hombre al tiempo que exalta su propio nivel moral. La niña siente la discrepancia. Su sentido de la justicia y la verdad sufre un rudo contraste, y sin embargo, como depende de la madre, quien no le permitiría ninguna especie de crítica, y, por otra parte, no puede, por ejemplo, confiar en el padre, que es un débil, la niña se ve obligada a reprimir su capacidad crítica. Muy pronto ya no se dará cuenta de la insinceridad de la madre o de su infidelidad. Perderá su capacidad de pensamiento crítico, puesto que se trata de algo aparentemente inútil y peligroso. Por otra parte, la niña experimenta el efecto de la pauta cultural que le dicta la creencia de que el matrimonio de los padres es feliz y que su madre es una mujer sincera y decente; y en virtud de ello la hija se hallará dispuesta a aceptar esta idea como si fuera propia.

En todos los ejemplos anteriores, el problema que se plantea es el de saber si el pensamiento es el resultado de la actividad del propio yo, y no si su contenido es correcto. Como se ha indicado en el caso del pescador, *sus* pensamientos bien pueden ser erróneos, y, en cambio, corresponder a la verdad los del hombre que se limita a repetir lo que le ha sido sugerido; además, el seudopensamiento puede ser también perfectamente lógico y racional. Su seudocarácter no tiene que manifestarse necesariamente en la presencia de elementos ilógicos. Esto puede comprobarse en las racionalizaciones que tienden a explicar una acción o un sentimiento sobre bases racionales o realistas, aunque aquéllos estén determinados por factores irracionales y subjetivos. Las racionalizaciones pueden hallarse en contradicción con los hechos o con las reglas del pensamiento lógico. Pero frecuentemente serán lógicas y racionales tomadas en sí mismas. En este caso su irracionalidad residirá en el hecho de que no constituyen el motivo real de la acción que pretenden haber causado.

Un ejemplo de racionalización irracional lo hallamos en un chiste bien conocido. Una persona había tomado prestada una jarra de vidrio de un vecino y la había roto; cuando éste se la pidió de vuelta, contestó: "En primer lugar se la he devuelto; en segundo nunca se la pedí prestada; y por último ya estaba rota cuando usted me la prestó". Tenemos, en cambio, un ejemplo de racionalización *racional* cuando una persona *A*, que se halla en dificultades económicas, le pide a un pariente suyo, *B*, que le preste dinero. *B* se rehusa y afirma que su manera de obrar se funda en la creencia de que al prestarle dinero a *A* tan sólo habría de fomentar la inclinación de éste hacia la irresponsabilidad y el deseo de apoyarse en los demás. Ahora bien, este razonamiento puede ser perfectamente cuerdo, pero seguiría siendo una racionalización aun en este caso, pues *B* en ningún momento le hubiera prestado el dinero a *A*, y, aun cuando conscientemente cree que su negativa está motivada por una preocupación con respecto al bienestar de *A*, en realidad el motivo reside en su tacañería.

Por lo tanto, no podemos saber si nos hallamos en presencia de una racionalización simplemente analizando la lógica de las afirmaciones de una determinada persona, sino que debemos tener en cuenta también las motivaciones psicológicas que operan en la misma. El punto decisivo no es *lo* que se piensa, sino *cómo* se piensa. Las ideas que resultan del pensamiento activo son siempre nuevas y originales; ellas no lo son necesariamente en el sentido de no haber sido pensadas por nadie hasta ese momento, sino en tanto la persona que las piensa ha empleado el pensamiento como un instrumento para descubrir algo *nuevo* en el mundo circundante o en su fuero interno. Las racionalizaciones carecen en esencia, de ese carácter de descubrimiento y revelación; ellas se limitan a confirmar los prejuicios emocionales que ya existen en uno mismo. La racionalización no representa un instrumento para penetrar en la realidad, sino que constituye un intento *post factum* destinado a armonizar los propios deseos con la realidad exterior.

Con el sentimiento ocurre lo mismo: debe distinguirse entre lo genuino, que se origina en nosotros mismos, y el seudosentimiento, que en realidad no es nuestro, a pesar de que lo creemos tal. Elijamos un ejemplo extraído de la vida cotidiana y que representa típicamente cuál es el carácter de nuestros sentimientos en el contacto con los demás. Observemos a un hombre que asiste a una fiesta. Está alegre, se ríe, conversa amigablemente y parece contento y feliz. Al saludar sonríe amistosamente al tiempo que dice haberse divertido muchísimo. La puerta se cierra detrás de él... y ha llegado el momento de observarlo con suma atención. En su rostro se advierte un cambio repentino. La sonrisa ha desaparecido; por supuesto esto debió preverse, puesto que ahora está solo y no tiene nada ni hay nadie que pueda evocar la sonrisa. Pero el cambio a que me refiero representa algo más que la simple desaparición de la sonrisa. En su cara aparece una expresión de profunda tristeza, casi de desesperación. Esto probablemente tan sólo durante unos segundos; luego su rostro asume la expresión habitual, como la de una máscara. El hombre sube a su coche, piensa en la velada que acaba de dejar, se pregunta si ha hecho o no buena impresión y se contesta que sí. ¿Pero estuvo *él* alegre y feliz durante la fiesta? ¿Y la fugaz expresión de tristeza y desesperación que apareció en su rostro? ¿Fue tan sólo una reacción momentánea sin significado? Sería casi imposible contestar a estas preguntas sin conocer algo más acerca del hombre. Hay un accidente, sin embargo, que puede darnos un indicio para la comprensión del significado de su alegría.

Esa misma noche sueña que ha vuelto bajo las armas y que se halla en la guerra. Ha recibido la orden de alcanzar el cuartel general enemigo, cruzando las líneas del frente. Viste un uniforme de oficial parecido al alemán, e improvisamente se encuentra en medio de un grupo de oficiales alemanes. Se sorprende de encontrar tan confortable el cuartel general enemigo y de ver que todos se le muestran amistosos, pero a la vez se siente invadido por el creciente terror de ser descubierto como espía. Uno de los oficiales más jóvenes, hacia el cual experimenta mayor simpatía, se le acerca y le dice: "Yo sé quién es usted. Sólo hay un modo de salvarse. Cuénteles chistes, hágalos reír a fin de que se distraigan y dejen de prestarle atención". Nuestro hombre queda muy agradecido por el consejo y empieza a contar chistes y a reírse. Luego su actitud alegre aumenta de intensidad de tal manera que los otros oficiales sospechan de él, y cuando mayor es su sospecha, tanto más innaturales y forzados parecen sus chistes y su alegría. Por fin, experimenta tal sentimiento de terror que ya no puede quedarse: se levanta de un salto de su silla y echa a correr; todos los oficiales lo persiguen. Entonces, la escena cambia; está sentado en un tranvía que se detiene justo frente a su casa. Viste un traje civil ordinario, experimenta un sentimiento de alivio y piensa que la guerra ya ha terminado.

Supóngase ahora que estemos en condiciones de preguntarle al día siguiente en qué se le ocurre pensar en conexión con cada elemento integrante del sueño. Anotamos aquí tan sólo unas pocas asociaciones, especialmente significativas para la comprensión del tópico principal que nos interesa. El uniforme alemán le recuerda que había un invitado, en la fiesta de la noche anterior, que hablaba con un fuerte acento alemán. Recuerda haberse sentido fastidiado con tal persona por no haber ésta prestado mucha atención a pesar de que él (nuestro soñador) se había esforzado por atraérsela y causarle una buena impresión. Al vagar libremente por estos pensamientos recuerda que, en un determinado momento de la fiesta, tuvo la sensación de que esa persona con el fuerte acento alemán se había mofado de él y sonreído de un modo impertinente con respecto a algunas frases suyas. Al pensar acerca de la habitación confortable del cuartel general, se le ocurre que ésta se parecía a la que tuvo por escenario la fiesta, la noche pasada, pero que sus ventanas eran similares a las de una pieza en donde una vez fue aplazado en un examen. Sorprendido por esta asociación, sigue recordando que antes de ir a la fiesta estaba algo preocupado acerca de la impresión que habría de causar, puesto que uno de los invitados era hermano de la joven a que aspiraba, y también porque el dueño de casa tenía mucha influencia con uno de sus superiores, de cuya opinión dependía gran parte de su éxito profesional. Al hablar de este superior, nos confía que le es profundamente antipático, y que se siente muy humillado por tener que mostrarse cordial con él; agrega que sintió también alguna antipatía hacia el dueño de la casa, si bien no tuvo ninguna conciencia de ello. Otra asociación se refiere al hecho de que luego de haber relatado un incidente cómico acerca de un hombre calvo, experimentó alguna aprensión por el temor de haber ofendido al dueño de casa, quien también era casi calvo. Lo del tranvía le pareció extraño, pues, aparentemente, no daba lugar a ninguna asociación. Pero al hablar sobre esto, recuerda el tranvía que, cuando era niño, lo llevaba a la escuela, y además, se le ocurre otro detalle, a saber, que habiendo ocupado el lugar del conductor pensó cuán extraordinariamente parecido resulta guiar un tranvía a manejar un auto. Es evidente que el tranvía simboliza su propio coche, en el que había vuelto a su casa, y que esto le había hecho recordar el momento en que regresaba al hogar desde la escuela.

Todo el que esté acostumbrado a entender el significado de los sueños ya habrá captado con toda claridad el sentido del que hemos relatado y de las asociaciones que lo acompañan, aun cuando se haya mencionado tan sólo una parte de ellas y nada se sepa acerca de la estructura de la personalidad y de la situación pasada y presente de nuestro hombre. El sueño revela cuáles fueron sus sentimientos reales durante la fiesta de la noche anterior. Estaba ansioso, temeroso de no causar buena impresión, tal como se proponía, enojado con respecto a diversas personas por las cuales se sentía ridiculizado y a quienes creía serles poco simpático. El sueño muestra que la alegría era un medio para ocultar su angustia y su ira, y al mismo tiempo para aplacar a las personas con las que se hallaba enojado. Su alegría era una máscara; no surgía de él mismo, sino que ocultaba sus verdaderos sentimientos: miedo e ira. Todo esto contribuía también a hacer insegura su posición toda, de manera que se sentía como un espía en campo enemigo, en peligro de ser descubierto en cualquier momento. Ahora se halla la confirmación y también la explicación de la momentánea expresión de tristeza y desesperación que pudimos observar en su rostro en el momento de abandonar la fiesta. En ese instante su cara expresó lo que *él* realmente sentía, aunque se trataba de algo de lo cual *él* no se daba cuenta en absoluto. En el sueño este sentimiento se halla descrito de manera dramática y a la vez explícita, si bien no se refiere abiertamente a las personas que eran objeto de tales sentimientos.

El hombre de que hablamos no era neurótico, tampoco se hallaba bajo el hechizo hipnótico: se trataba de un individuo más bien normal, poseído por la misma angustia y necesidad de aprobación que es habitual en el hombre moderno. No se daba cuenta del hecho de que su alegría no era realmente *suya*, dado que acostumbrado como estaba a sentir lo que todo el mundo debe sentir en una situación determinada, el que se diera cuenta de algo *extraño* hubiese constituido la excepción más bien que la regla.

Lo que es cierto para el pensamiento y la emoción vale también para la voluntad. La mayoría de la gente está convencida de que, mientras no se la obligue a algo mediante la fuerza externa, sus decisiones le pertenecen, y que si quiere algo, realmente es ella quien lo quiere. Pero se trata tan sólo de una de las grandes ilusiones que tenemos acerca de nosotros. Gran número de nuestras decisiones no son realmente nuestras, sino que nos han sido sugeridas desde afuera; hemos logrado persuadirnos a nosotros mismos de que ellas son obra nuestra, mientras que, en realidad, nos hemos limitado a ajustarnos a la expectativa de los demás, impulsados por el miedo al aislamiento y por amenazas aún más directas en contra de nuestra vida, libertad y conveniencia.

Cuando se pregunta a los chicos si desean ir a la escuela todos los días y su contestación es: "Seguro que sí", ¿es sincera esta respuesta? En muchos casos, por cierto, no lo es. Muchas veces el niño sentirá deseos de ir a la escuela, pero frecuentemente preferiría jugar o hacer alguna otra cosa. Si siente: "Yo quiero ir a la escuela todos los días", es que acaso haya reprimido su aversión hacia la regularidad del trabajo escolar. Siente que se espera de él que vaya todos los días a la escuela, y tal presión es lo bastante fuerte como para ahogar el sentimiento de que va porque está obligado a ello. El chico podría sentirse más feliz si pudiera tener conciencia del hecho de que a veces quiere ir y otras va simplemente porque así se lo ordenan. Y, sin embargo, la presión bajo la forma de deber. es lo bastante intensa como para darle la sensación de que *él* quiere aquello que, socialmente, se supone debe querer.

En general se cree que la mayoría de los hombres se casan voluntariamente. Por cierto hay casos en que el motivo del matrimonio reside en un sentimiento de deber u obligación. Y hay otros en que el hombre se casa porque *él* realmente quiere casarse. Pero también se dan no pocos casos en los que el hombre (o la mujer), mientras conscientemente cree que *quiere* casarse con cierta persona, en realidad es víctima de una sucesión de acontecimientos que lo han conducido al matrimonio y parecen obstruir todo camino de salvación. Durante los meses que preceden al casamiento está firmemente convencido de que *él* tiene la voluntad de casarse, y la primera —y algo tardía— indicación de que acaso no sea así, la constituye el hecho de que el día mismo de la ceremonia se siente invadido por un repentino terror y por el impulso de huir. Si se trata de una persona *sensata,* este sentimiento dura tan sólo unos pocos minutos, y contestará a la pregunta acerca de su intención de casarse con el inconmovible convencimiento de que tal es su deseo.

Podríamos seguir citando muchos otros ejemplos de la vida diaria en los que la gente parece tomar decisiones, parece querer algo, pero, en realidad, sigue la presión interna o externa de *tener que* desear aquello que se dispone a hacer. De hecho, al observar el fenómeno de la decisión humana, es impresionante el grado en que la gente se equivoca al tomar por decisiones *propias* lo que en efecto constituye un simple sometimiento a las convenciones, al deber o a la presión social. Casi podría afirmarse que una decisión *original* es, *comparativamente,* un fenómeno raro en una sociedad cuya existencia se supone basada en la decisión autónoma individual.

Quiero agregar otro ejemplo detallado de seudovoluntad, que puede observarse con frecuencia al analizar a personas que se hallan exentas de todo sistema neurótico. Una de las razones para referirme a tal ejemplo es que, aun cuando el caso individual no tiene mucha importancia con respecto a los problemas culturales de mayor alcance —que constituyen el tema de este libro—, contribuye, sin embargo, a dar al lector poco familiarizado con el mecanismo de las fuerzas inconscientes, una oportunidad más para conocer este fenómeno. Además, el presente ejemplo subraya un punto que, si bien ya ha sido señalado implícitamente, es conveniente destacar de manera explícita: la conexión existente entre la represión y el problema de los seudoactos. Si bien se considera la represión sobre todo desde el punto de vista de la acción de las fuerzas reprimidas en la conducta neurótica, los sueños, etc., nos parece importante subrayar el hecho de que toda represión elimina ciertas partes del propio yo real y obliga a colocar un seudosentimiento en sustitución del que ha sido reprimido.

El caso al que quiero referirme ahora es el de un estudiante de medicina de veintidós años. Su trabajo le interesa y se lleva con la gente de un modo enteramente normal. No se siente particularmente infeliz, si bien a menudo experimenta un ligero cansancio y se nota poco animado. La razón por la cual desea someterse al psicoanálisis es de orden teórico, pues aspira a ejercer la psiquiatría. La única molestia que experimenta es una suerte de dificultad para el estudio de las materias médicas. A menudo no puede acordarse de lo que ha leído, se cansa demasiado durante las clases y obtiene resultados comparativamente no muy brillantes en los exámenes. Todo esto le causa extrañeza porque para otras materias parece tener una memoria mucho mejor. No tiene duda alguna de que quiere estudiar medicina, pero a veces siente vacilar su ánimo con respecto a su capacidad para esa carrera.

Transcurridas unas pocas semanas de análisis, relata un sueño en que él se encuentra en el último piso de un rascacielos, construido por él mismo, desde donde mira los edificios circundantes con un ligero sentimiento de triunfo. De pronto el rascacielos se derrumba y nuestro hombre se encuentra sepultado bajo las ruinas. Se da cuenta de que se están removiendo los escombros para rescatarlo y logra oír decir a alguien que él está gravemente herido y que el médico vendrá en seguida. Pero tiene que esperar lo que le parece ser un tiempo interminable. Y cuando, por fin, se presenta el médico, éste se da cuenta de que olvidó los instrumentos y que ya no le es posible auxiliarlo. Nace en él una ira intensa contra el médico, y repentinamente, se encuentra de pie, percatándose de no haber sido herido en absoluto. Mira con desprecio al médico, y en ese momento despierta.

El sujeto no posee muchas asociaciones en conexión con este sueño, pero he aquí algunas de las más significativas. Al pensar en el rascacielos que ha construido, menciona, de manera incidental, cuán interesado está en la arquitectura. Cuando niño, su pasatiempo favorito, durante muchos años, consistía en juegos de construcciones, y a los diecisiete años había pensado en llegar a ser arquitecto. Cuando se lo dijo al padre, éste le contestó muy amigablemente que, por cierto, él era muy libre de elegir su carrera, pero que él (el padre) estaba seguro de que se trataba de un resto de sus deseos infantiles y que, en realidad, su deseo era el de estudiar medicina. El joven pensó que su padre tenía razón, y desde entonces no le mencionó más este asunto, sino que inició sus estudios de medicina como si se tratara de una cosa indiscutida. Sus asociaciones en torno a la tardanza del médico y a su olvido de los instrumentos eran vagas y escasas. Sin embargo, al hablar de esta parte del sueño, se le ocurrió que la hora de su consulta psicoanalítica había sido cambiada, modificándose así el horario convenido anteriormente, y que si bien había aceptado el cambio sin objeciones, en realidad, se sentía bastante fastidiado. En el momento mismo en que hablaba podía sentir crecer su enojo. Acusa al analista de ser arbitrario, y por fin exclama: "Bien, después de todo, yo no puedo hacer lo que quiero de ninguna manera". Se sorprende en sumo grado frente a su ira y a la frase que acaba de pronunciar, puesto que hasta ese momento jamás había experimentado antagonismo alguno en contra del analista y del psicoanálisis.

Algún tiempo después tiene otro sueño del que no recuerda más que un fragmento; su padre resulta herido en un accidente de automóvil. Él (el que sueña) es médico y debe atender a su padre. Al tratar de revisarlo se siente completamente paralizado y no puede hacer nada. Invadido por el temor, se despierta.

En sus asociaciones menciona de mala gana el hecho de que en los últimos años ha tenido el pensamiento de que su padre podría morir imprevistamente, y agrega que tal idea lo ha asustado. A veces hasta ha pensado en la propiedad que heredaría y en lo que habría de hacer con el dinero. No había ido muy lejos en estas fantasías, dado que las reprimía apenas comenzaban a aparecer. Al comparar este sueño con el que hemos relatado antes, le llama la atención el hecho de que, en ambos casos, el médico es incapaz de proporcionar una ayuda eficiente.

Con más claridad que nunca, es consciente de su incapacidad como médico. Cuando se le señala que en el primer sueño puede observarse un sentimiento definido de ira y escarnio frente a la impotencia del médico, él recuerda que muchas veces cuando oye o lee acerca de casos en los que el médico ha sido incapaz de salvar al paciente, tiene cierta sensación de triunfo de la que antes no se había percatado.

En ulteriores etapas del análisis se revelan otros materiales que habían sido reprimidos. Descubre con gran sorpresa la existencia de un fuerte sentimiento de ira en contra de su padre, y además, halla que su sentimiento de impotencia como médico forma parte de un sentimiento más general de impotencia que penetra toda su vida. Aunque en apariencia pensaba haber arreglado su vida de acuerdo con sus propios planes, siente ahora que, en lo profundo de su ser, era presa de un sentimiento de resignación. Adquiere así la conciencia de que si bien estaba convencido de obrar según su voluntad, en realidad debía ajustarse a lo que se esperaba de él. Ahora ve cada vez con mayor claridad que verdaderamente nunca quiso ser médico y que las dificultades que, según creía, eran debidas a falta de capacidad, no eran sino la expresión de su resistencia pasiva a la carrera impuesta.

Este caso representa un ejemplo típico de represión de los deseos reales de un individuo y la adopción, por parte de éste, de las expectaciones de los demás, transformadas hasta tomar la apariencia de sus propios deseos. Podríamos decir que el deseo original se ve reemplazado por un seudodeseo.

Esta sustitución de seudoactos en el lugar de los pensamientos, sentimientos y voliciones originales, conduce, finalmente, a reemplazar el yo original por un seudoyó. El primero es el yo que origina las actividades mentales. El seudoyó, en cambio, es tan sólo un agente que, en realidad, representa la función que se espera deba cumplir la persona, pero que se comporta como si fuera el verdadero yo. Es cierto que un mismo individuo puede representar diversos papeles y hallarse convencido subjetivamente de que él es *él* en cada uno de ellos. Pero en todos estos papeles no es más que lo que el individuo cree se espera (por parte de los otros) que él deba ser; de este modo en muchas personas, si no en la mayoría, el yo original queda completamente ahogado por el seudoyó. A veces en los sueños, en las fantasías, o cuando el individuo se halla en estado de ebriedad, puede aflorar algo del yo original, sentimientos y pensamientos que no se habían experimentado en muchos años. A veces se trata de malos pensamientos o de emociones que fueron reprimidas porque el individuo experimentó miedo o vergüenza. Otras, sin embargo, se trata de lo mejor de su personalidad, cuya represión fue debida al miedo de exhibir sus sentimientos susceptibles de ser atacados o ridiculizados por los demás [15].

La pérdida del yo y su sustitución por un seudoyó arroja al individuo a un intenso estado de inseguridad. Se siente obsesionado por las dudas, puesto que, siendo esencialmente un reflejo de lo que los otros esperan de él, ha perdido, en cierta medida, su identidad. Para superar el terror resultante de esa pérdida se ve obligado a la conformidad más estricta, a buscar su identidad en el reconocimiento y la incesante aprobación por parte de los demás. Puesto que él no sabe quién es, por lo menos los demás individuos lo sabrán... siempre que *él* obre de acuerdo con las expectaciones de la gente; y si los demás lo saben, él también lo sabrá... tan sólo con que acepte el juicio de aquéllos.

La automatización del individuo en la sociedad

[15] El procedimiento psicoanalítico es esencialmente un proceso en el que una persona trata de descubrir su yo original. Las *asociaciones libres* quieren expresar los pensamientos y sentimientos originales del individuo, manifestándolos con absoluta sinceridad; pero la sinceridad o la verdad en este sentido no se refiere al hecho de decir lo que uno piensa, sino al carácter del mismo pensamiento, que ha de ser original y no una adaptación a alguna pauta esperada. Freud ha acentuado la importancia de la represión de los *malos* pensamientos; parecería como si este autor no se hubiera percatado suficientemente del grado en que se realiza también la *represión* de los *buenos*.

moderna ha aumentado el desamparo y la inseguridad del individuo medio. Así, éste se halla dispuesto a someterse a aquellas nuevas autoridades capaces de ofrecerle seguridad y aliviarlo de la duda. El capítulo siguiente tratará acerca de las especiales condiciones que en Alemania fueron necesarias para que tal ofrecimiento fuera aceptado. Se mostrará cómo el núcleo del movimiento nazi —la baja clase media—, se caracterizó especialmente por el mecanismo autoritario. En el último capítulo de esta obra proseguiremos la discusión sobre la conformidad automática en relación con la escena cultural de nuestras democracias.

## Capítulo VI

# LA PSICOLOGÍA DEL NAZISMO

En el capítulo anterior enfocamos nuestra atención sobre dos tipos psicológicos: el carácter autoritario y el autómata. Confío en que la descripción detallada de tales tipos será de alguna ayuda para la cabal comprensión de los problemas tratados en este capítulo y el siguiente: la psicología del nazismo y de la democracia moderna.

Al ocuparnos de la primera debemos, en primer lugar, referirnos a una cuestión preliminar: la importancia y el significado de los factores psicológicos en la comprensión del nazismo. En las discusiones científicas, aún más en las populares, a menudo se suelen presentar dos opiniones opuestas: primero, que la psicología no ofrece ninguna explicación de un fenómeno de carácter económico y político como el fascismo; y segundo, que el fascismo constituye, sobre todo, un problema psicológico.

La primera opinión considera a la ideología nazi como el resultado de un dinamismo exclusivamente económico —la tendencia expansiva del imperialismo alemán— o bien como un fenómeno esencialmente político —la conquista del Estado por un partido político, apoyado por industriales y *junkers*—; en suma, la victoria nazi es considerada como la consecuencia de un engaño por parte de una minoría, acompañado de coerción sobre la mayoría del pueblo.

El segundo punto de vista, por otra parte, sostiene que el nazismo puede ser explicado solamente en términos psicológicos, o más bien, psicopatológicos. Se considera a Hitler como loco o como *neurótico*, y análogamente se piensa en sus adeptos como en individuos dementes o desequilibrados. De acuerdo con este tipo de explicación, tal como la expone L. Mumford, la verdadera fuente del fascismo ha de hallarse en el alma humana, y *no en la economía*. "En la existencia de un inmenso orgullo, en el placer de ser cruel, en la desintegración neurótica —afirma este autor— es donde reside la explicación del fascismo, y no en el tratado de Versalles o en la poca capacidad de la República Alemana" [1].

Según nuestra opinión, ninguna de estas explicaciones —que acentúan la importancia de los factores económicos o políticos excluyendo los psicológicos o *viceversa*— debe considerarse correcta. El nazismo constituye un problema psicológico, pero los factores psicológicos mismos deben ser comprendidos como moldeados por causas socioeconómicas; el fascismo es un problema económico y político, pero su aceptación por parte de todo un pueblo ha de ser entendida sobre una base psicológica. En este capítulo nos ocupamos de esta última, es decir, de la base humana del nazismo. Esto nos sugiere dos problemas: la estructura del carácter de aquellos individuos a quienes dirigió su llamamiento y las características psicológicas de la ideología que reveló ser un instrumento tan eficaz con respecto a esos mismos individuos.

Al considerar la base psicológica del éxito del nazismo es menester formular desde el principio esta distinción: una parte de la población se inició en el régimen nazi sin presentar mucha resistencia, pero también sin transformarse en admiradora de la ideología y la práctica política nazis. En cambio, otra parte del pueblo se sintió hondamente atraída

[1] L. Mumford, *Faith for Living*, Londres, Secker and Worhury, 1941, pág. 118.

por esta nueva ideología, vinculándose de una manera fanática a sus apóstoles. El primer grupo estaba constituido principalmente por la clase obrera y por la burguesía liberal y católica. A pesar de su excelente organización —por modo especial en lo que se refiere a los obreros— estos grupos, aunque nunca dejaron de ser hostiles al nazismo desde sus comienzos hasta 1933, no dieron muestras de aquella resistencia íntima que hubiera podido esperarse teniendo en cuenta sus condiciones políticas. Su voluntad de resistencia se derrumbó rápidamente y desde entonces causaron muy pocas dificultades al nazismo (con la excepción, por supuesto, de la pequeña minoría que combatió contra la tiranía durante todos estos años). Desde el punto de vista psicológico, esta disposición a someterse al nuevo régimen parece motivada principalmente por un estado de cansancio y resignación íntimos, que, como se indicará en el próximo capítulo, constituye una característica peculiar del individuo de la era presente, característica que puede hallarse hasta en los países democráticos. En Alemania, además, existía otra condición que afectaba a la clase obrera: las derrotas que ésta había sufrido después de sus primeras victorias durante la revolución de 1918. El proletariado había entrado en el período posbélico con la fuerte esperanza de poder realizar el socialismo o, por lo menos, de lograr un decisivo avance en su posición política, económica y social; pero cualesquiera sean las razones, debió presenciar, por el contrario, una sucesión ininterrumpida de derrotas que produjo el más completo desmoronamiento de sus esperanzas. A principios de 1930 los frutos de sus victorias iniciales se habían perdido casi por completo, y como consecuencia de ello cayó presa de un hondo sentimiento de resignación, de desconfianza en sus "líderes" y de duda acerca de la utilidad de cualquier tipo de organización o actividad política. Los obreros siguieron afiliados a sus respectivos partidos y, conscientemente, no dejaron de creer en sus doctrinas; pero en lo profundo de su conciencia muchos de ellos habían abandonado toda esperanza en la eficiencia de la acción política.

Después que Hitler llegó al poder surgió otro incentivo para el mantenimiento de la lealtad de la mayoría de la población al régimen nazi. Para millones de personas el gobierno de Hitler se identificó con "Alemania". Una vez que el *Führer* logró el poder del Estado, seguir combatiéndolo hubiera significado apartarse de la comunidad de los alemanes; desde el momento en que fueron abolidos todos los demás partidos políticos y el partido nazi llegó a ser Alemania, la oposición al nazismo no significaba otra cosa que oposición a la patria misma. Parece que no existe nada más difícil para el hombre común que soportar el sentimiento de hallarse excluido de algún grupo social mayor. Por más que el ciudadano alemán fuera contrario a los principios nazis, ante la alternativa de quedar aislado o mantener su sentimiento de pertenencia a Alemania, la mayoría eligió esto último. Pueden observarse muchos casos de personas que no son nazis y sin embargo defienden al nazismo contra la crítica de los extranjeros, porque consideran que un ataque a este régimen constituye un ataque a Alemania. El miedo al aislamiento y la relativa debilidad de los principios morales contribuye a que todo partido pueda ganarse la adhesión de una gran parte de la población, una vez logrado para sí el poder del Estado.

Estas consideraciones dan lugar a un axioma muy importante para los problemas de la propaganda política: todo ataque a Alemania como tal, toda propaganda difamatoria referente a *los alemanes* (como el término *hunos*, símbolo de la guerra de 1914), tan sólo sirven para aumentar la lealtad de aquellos que no se hallan completamente identificados con el sistema nazi. Este problema, por otra parte, no puede ser resuelto definitivamente por medio de una hábil acción de propaganda, sino por la victoria en todos los países de una verdad fundamental: que los principios éticos están por encima de la existencia de la nación, y que, al adherirse a tales principios, el individuo pertenece a la comunidad constituida por todos los que comparten, han compartido en el pasado y compartirán en el futuro esa misma fe.

En contraste con la actitud negativa o resignada asumida por la clase obrera y la burguesía liberal y católica, las capas inferiores de la clase media, compuesta de pequeños comerciantes, artesanos y empleados, acogieron con gran entusiasmo la ideología nazi [2].

En estos grupos, los individuos pertenecientes a las generaciones más viejas constituyeron la base de masa más pasiva; sus hijos, en cambio, tomaron una parte activa en la lucha. La ideología nazi —con su espíritu de obediencia ciega al "líder", su odio a las minorías raciales y políticas, sus apetitos de conquista y dominación y su exaltación del pueblo alemán y de la "raza nórdica"— ejerció en estos jóvenes una atracción emocional poderosa, los ganó para la causa nazi y los transformó en luchadores y creyentes apasionados. La respuesta a la pregunta referente a los motivos de la profunda influencia ejercida por la ideología nazi ha de buscarse en la estructura del carácter social de la baja clase media. Éste era marcadamente distinto del de la clase obrera, de las capas superiores de la burguesía y de la nobleza anterior a 1914. En realidad, hay ciertos rasgos que pueden considerarse característicos de esa clase a lo largo de toda su historia: su amor al

[2] Cf. para todo este capítulo, y especialmente para el papel desempeñado por la baja clase media, el interesante artículo de H. D. Lasswell, "The psychology of Hitlerism", en *Political Quarterly*, IV (1933), pág. 374, y F. L. Schumann, *Hitler and the Nazi Dictatorship*, Londres, Hale, 1936.

fuerte, su odio al débil, su mezquindad, su hostilidad, su avaricia, no sólo con respecto al dinero, sino también a los sentimientos, y, sobre todo, su ascetismo. Su concepción de la vida era estrecha, sospechaban del extranjero y lo odiaban; llenos de curiosidad acerca de sus amistades, sentían envidia hacia ellas y racionalizaban su sentimiento bajo la forma de indignación moral: toda su vida estaba fundada en el principio de la escasez, tanto desde el punto de vista económico como del psicológico.

Afirmar que el carácter social de la baja clase media era distinto del de los obreros no implicaba negar que este tipo de carácter no estuviera presente también entre los miembros de esta última clase. Lo que se quiere decir es que era *típico* de la baja clase media, mientras que tan sólo una minoría de los obreros presentaban esa misma estructura del carácter en forma perfectamente delimitada. Sin embargo, había algunos rasgos aislados que de manera menos intensa podían hallarse también en la mayoría de la clase obrera, tales como, por ejemplo, su frugalidad y su gran respeto a la autoridad. Por otra parte, parece que la estructura del carácter de gran parte de los empleados —probablemente de la mayoría— se asemejaba mucho más a la estructura del carácter del obrero manual (especialmente el de las grandes fábricas) que al de la "vieja clase media", que no participó del desarrollo del capitalismo monopolista, sufriendo, en cambio, su amenaza [3].

[3] La opinión que aquí se presenta se funda en los resultados de un estudio inédito sobre el "Carácter de los obreros y empleados alemanes en 1929-30", emprendido por A. Hartoch, E. Herzog, H. Schachtel y el autor (con una introducción histórica de F. Neumann), realizado bajo los auspicios del *International Institute of Social Research* de la Universidad de Columbia. El análisis de las contestaciones de 600 personas a un cuestionario detallado, mostró que la minoría presentaba el carácter autoritario, un número más o menos igual, una tendencia a la libertad, y la gran mayoría exhibía una mezcla indeterminada de distintos rasgos.

Aunque es cierto que el carácter social de la baja clase media había sido el mismo desde mucho antes de 1914, también es verdad que los acontecimientos posbélicos intensificaron aquellos mismos rasgos que eran susceptibles de recibir la más profunda atracción de la ideología nazi: su anhelo de sumisión y su apetito de poder.

En el período anterior a la revolución de 1919 la posición económica de los estratos inferiores de la vieja clase media, los pequeños comerciantes independientes y los artesanos, se hallaba en decadencia, pero no era desesperada y subsistía cierto número de factores que contribuían a su estabilidad.

La autoridad de la monarquía era indiscutible, y al inclinarse ante ella, al identificarse con ella, el miembro de la baja clase media adquiría un sentimiento de seguridad y orgullo narcisista. Por otra parte, también la autoridad de la religión y de la moralidad tradicional se hallaba todavía firmemente arraigada. La familia no había dejado de constituir un seguro refugio contra el mundo hostil, y permanecía inconmovible. El individuo experimentaba el sentimiento de pertenecer a un sistema social y cultural estable en él que poseía un lugar bien definido. Su sumisión y lealtad a las autoridades existentes constituían una solución satisfactoria para sus impulsos masoquistas; sin llegar, no obstante, a la rendición total y conservando cierto sentido de la importancia de la propia personalidad. Lo que le faltaba en seguridad y agresividad como individuo, lo hallaba compensado por la fuerza de las autoridades a las que se sometía. En suma, su posición económica permanecía todavía lo bastante sólida como para proporcionarle un sentimiento de respeto a sí mismo y de relativa seguridad, y las autoridades hacia las que se inclinaba eran lo suficientemente fuertes como para proporcionarle aquella confianza adicional que no hubiera podido extraer de su propia posición como individuo.

Con el período posbélico esta situación cambió considerablemente. En primer lugar, la decadencia económica de la vieja clase media asumió un aspecto más pronunciado, viéndose acelerada, además, por obra de la inflación, que alcanzó su máxima intensidad en 1923 y barrió completamente con los ahorros de muchos años de trabajo.

Si bien la época entre 1924 y 1928 fue de mejoramiento económico y aportó nuevas esperanzas para la baja clase media, todas las ganancias que pudo acumular desaparecieron luego con la crisis posterior a 1929. Tal como había ocurrido durante el período de la inflación, la clase media, apretada entre el proletariado y los ricos, constituía el grupo más indefenso, y, por lo tanto, el más castigado [4].

Pero al lado de estos factores económicos se hallaban los aspectos psicológicos que agravaban la situación. Uno de éstos lo hallamos en la derrota sufrida en la guerra y en la caída de la monarquía. Como el Estado y el régimen monárquico habían constituído, por decirlo así, la sólida roca que la pequeña burguesía había convertido en la base psicológica de su existencia, su fracaso y derrota destrozaron el fundamento de su vida misma. Si el Kaiser podía ser ridiculizado públicamente, si los oficiales podían ser atacados, si el Estado mismo debía cambiar su forma y aceptar a "agitadores rojos" como ministros y a un sillero por presidente, ¿en qué podría confiar ahora el hombre común? Se había identificado, en su manera sumisa, con todas estas instituciones: ahora que habían desaparecido, ¿qué le quedaría por hacer?

La inflación, por otra parte, ejerció no sólo efectos económicos sino también psicológicos. Constituía un golpe mortal contra el principio del ahorro así como de la autoridad del Estado. Si los ahorros de

[4] Schumann, *op. cit.*, pág. 104.

tantos años, que habían costado el sacrificio de muchos pequeños placeres, podían perderse sin ninguna culpa propia, ¿para qué ahorrar? Si el Estado podía romper sus propias promesas estampadas en sus billetes y en sus títulos, ¿en qué promesas podría confiarse de ahora en adelante?

Y en el período de la posguerra no solamente se produjo una decadencia más rápida de la situación económica de la clase media, sino que también su prestigio social sufrió una declinación análoga. Antes de la guerra esa clase podía sentirse en una posición superior a la del obrero. Después de la revolución, en cambio, el prestigio social del proletariado creció de manera considerable y, en consecuencia, el de la baja clase media disminuyó correlativamente. Ya no había nadie a quien despreciar: privilegio que nunca había dejado de representar el elemento activo más sustancial en la vida del pequeño comerciante y de sus congéneres.

A todos estos factores debemos agregar otro: el último baluarte de la seguridad de la clase media —la familia— también se había quebrado. El desarrollo social de la posguerra, en Alemania quizá más que en otras partes, había debilitado la autoridad del padre y la moralidad típica de la vieja clase media. La generación más joven obraba a su antojo, sin preocuparse de buscar la aprobación de sus acciones por parte de la familia.

Las razones de este proceso son demasiado complejas para ser tratadas aquí en forma detallada. Sólo me limitaré a mencionar algunas. La decadencia de los viejos símbolos sociales de la autoridad, como el Estado y la monarquía, afectó la función de las autoridades individuales representadas por los padres. Si daban muestra de debilidad aquellos poderes que sus padres les habían enseñado a respetar, entonces también éstos carecían de prestigio y autoridad. Otro factor se hallaba constituido por el hecho de que las generaciones más viejas se sentían mucho más inquietas y perdidas y menos capaces de adaptarse, frente a las cambiantes situaciones sociales —especialmente la inflación—, que las generaciones jóvenes, más despiertas y activas. Por eso los jóvenes se consideraban superiores a los ancianos y ya no lograban tomar en serio sus enseñanzas. Por último, la decadencia económica de la clase media privó a los padres de su función de sostén material del futuro económico de los hijos.

De este modo la vieja generación de la baja clase media se fue haciendo más y más amargada y resentida; pero, mientras los ancianos permanecían pasivos, los jóvenes se veían impulsados hacia la acción. Su posición económica se veía agravada por el hecho de haber perdido la base de una existencia económicamente independiente, tal como la habían disfrutado sus padres; el mercado de las profesiones liberales estaba saturado y sólo existían leves probabilidades de ganarse el sustento como médico o abogado. Aquellos que habían luchado en la guerra se sentían acreedores a un trato mejor del que en realidad se les brindaba. A los muchos oficiales jóvenes, especialmente, que durante varios años se habían acostumbrado a ejercer el poder y a mandar como cosa natural, les resultaba imposible adaptarse al estado de empleados o corredores.

Esta creciente frustración social condujo a una forma de proyección que llegó a constituir un factor importante en el origen del nacionalsocialismo: en vez de darse cuenta de que su destino económico y social no era más que el de su propia clase, la vieja clase media, sus miembros, lo identificaron conscientemente con el de la nación. La derrota nacional y el tratado de Versalles se transformaron así en los símbolos a los que fue trasladada la frustración realmente existente, es decir, la que surgía de su decadencia social.

Se ha repetido muchas veces que el tratado otorgado a Alemania por las potencias vencedoras en 1918 fue una de las razones principales del surgimiento del nazismo. Esta afirmación necesita algunas reservas. En su mayoría, los alemanes consideraban que el tratado de paz era injusto: pero mientras la clase media reaccionaba con intensa amargura, entre los obreros existía mucho menos resentimiento. Éstos habían combatido el viejo régimen y para ellos la pérdida de la guerra significaba la derrota de ese régimen. Pensaban que habían luchado valientemente y que, por lo tanto, no había razón para sentir vergüenza de sí mismos. Por otra parte, la victoria de la revolución, que sólo había sido posible a través de la derrota de la monarquía, les había traído conquistas económicas, políticas y humanas. La base del resentimiento contra el tratado de Versalles se hallaba en la baja clase media; el resentimiento nacionalista no era otra cosa que una racionalización por la que se *proyectaba* su inferioridad social como inferioridad nacional.

Esta *proyección* se evidenciaba perfectamente en el desarrollo personal de Hitler. Éste era el típico representante de la baja clase media, un don nadie sin ninguna perspectiva de futuro. De una manera muy intensa se sentía colocado en el papel de paria. A menudo, en *Mein Kampf*, habla de sí mismo como de un "don nadie", recordando al "hombre desconocido" que había sido en su juventud. Pero aunque ello se debiera principalmente a su propia posición social, lo había racionalizado bajo la forma de símbolos nacionales. Nacido fuera del Reich, se sentía excluido de él, no tanto desde el punto de vista social como desde el punto de vista nacional, y de este modo el Gran Reich Alemán, al cual podrían volver todos sus hijos, se transformó en el símbolo del prestigio social y de la seguridad [5].

[5] Adolph Hitler, *Mein Kampf*. Londres, Hurst and Blackett, 1939, pág. 3.

El antiguo sentimiento —propio de la clase media— de impotencia, de angustia y aislamiento del todo social, y la destructividad que resultaba de esta situación, no constituían la única fuente psicológica del nazismo. Los campesinos estaban resentidos con los acreedores urbanos a quienes debían, mientras los obreros se sentían contrariados y desalentados por sus constantes retiradas políticas posteriores a las victorias iniciales de 1918, bajo el efecto de una dirección que había perdido toda iniciativa estratégica. La gran mayoría de la población cayó presa del sentimiento de insignificancia individual y de impotencia que hemos descrito como típico del período del capitalismo monopolista en general.

Estas condiciones psicológicas no constituyeron, por cierto, la *causa* del nazismo, pero sí representaron su base humana, sin la cual no hubiera podido desarrollarse. Por eso un análisis de todo el fenómeno del surgimiento y la victoria del nazismo debería considerar tanto las condiciones estrictamente políticas y económicas como las psicológicas. Teniendo en cuenta la bibliografía existente sobre el primer aspecto y los fines específicos de este libro, no hay necesidad de entrar a discutir las cuestiones económicas y políticas relacionadas con ese movimiento. Sólo bastará recordar al lector el papel desempeñado en la implantación del régimen nazi por los representantes de la gran industria y por los *junkers* económicamente arruinados. Sin su ayuda Hitler nunca hubiera alcanzado la victoria, y su apoyo al movimiento se debió mucho más a la comprensión de sus intereses económicos que a factores psicológicos.

Esta clase de propietarios se veía enfrentada a un Parlamento en el que el 40 por ciento de los diputados era socialista y comunista, representantes de grupos descontentos del sistema social existente, y que estaba integrado también por un número cada vez mayor de nazis, quienes por su parte representaban a otra clase que se hallaba en ruda lucha con los más poderosos representantes del capitalismo alemán. Un Parlamento que en su mayoría sustentaba tendencias contrarias a los intereses económicos, debía, con razón, parecerles peligroso. Se dijeron entonces que la democracia no resultaba. Lo que hubiera podido afirmarse, en realidad, era que la democracia funcionaba demasiado bien. El Parlamento constituía una representación bastante adecuada de los intereses respectivos de las distintas clases existentes entre el pueblo alemán, y por esta misma razón el sistema parlamentario ya no podía conciliarse con la necesidad de preservar los privilegios de la gran industria y de los terratenientes semifeudales. Los representantes de estos grupos privilegiados esperaban que el nazismo trasladara el resentimiento emocional que los amenazaba hacia otros cauces y que, al mismo tiempo, dirigiera las energías nacionales poniéndolas al servicio de sus propios intereses económicos. En general, sus esperanzas no resultaron defraudadas. En verdad, se equivocaron en ciertos detalles. Hitler y su burocracia no se transformaron en instrumentos a las órdenes de los Thyssen y los Krupp, quienes, por el contrario, debieron compartir su poder con los dirigentes nazis y a veces hasta someterseles; pero, aunque el nazismo, desde el punto de vista económico, resultó perjudicial para todas las clases, fomentó en cambio los intereses de los grupos más poderosos de la industria alemana. El sistema nazi es una versión perfeccionada del imperialismo alemán de preguerra, que volvió a emprender su marcha desde el punto en que la monarquía había fracasado. (Sin embargo, la república no interrumpió realmente el desarrollo del capital monopolista alemán, sino que lo fomentó con los medios que se hallaban a su alcance.)

En este punto surge una cuestión que, por cierto.

habrá de presentarse al espíritu de más de un lector: ¿Cómo puede conciliarse la afirmación de que la base psicológica del nazismo se hallaba constituida por la vieja clase media, con aquella otra según la cual el nuevo régimen funcionaba en favor de los intereses del imperialismo alemán? La contestación a esta pregunta es, en principio, la misma que fue dada con respecto a la función de la clase media urbana durante el período del surgimiento del capitalismo. En el período de la posguerra era la clase media, especialmente la baja clase media, la que se sentía amenazada por el capitalismo monopolista. Su angustia y, por lo tanto, su odio tomaron origen en esa amenaza; se vio lanzada a un estado de pánico, cayó presa de un apasionado anhelo de sumisión y, al mismo tiempo, de dominación, con respecto a los débiles. Estos sentimientos fueron empleados por una clase completamente distinta para erigir un régimen que debía trabajar para sus propios intereses. Hitler resultó un instrumento tan eficiente porque combinaba las características del pequeño burgués, resentido y lleno de odios —con el que podía identificarse emocional y socialmente la baja clase media—, con las del oportunista, dispuesto a servir los intereses de los grandes industriales y de los *junkers*. Al principio representó el papel de Mesías de la vieja clase media, prometiendo la destrucción de los grandes almacenes con sucursales, de la dominación del capital bancario y otras cosas semejantes. La historia que siguió es conocida por todos: estas promesas no fueron nunca cumplidas. Sin embargo, eso no tuvo mucha importancia. El nazismo no poseyó nunca principios políticos o económicos genuinos. Es menester darse cuenta de que en su oportunismo radical reside el principio mismo del nazismo. Lo que importaba era que centenares de millares de pequeño-burgueses que en tiempos normales hubieran tenido muy pocas probabilidades de ganar dinero o poder, obtenían ahora, como miembros de la burocracia nazi, una considerable tajada del poder y prestigio que las clases superiores se vieron obligadas a compartir con ellos. Los que no llegaron a ser miembros de la organización partidaria nazi, obtuvieron los empleos quitados a los judíos y a los enemigos políticos; y en cuanto al resto, si bien no consiguió más "pan", por cierto logró más "circo". La satisfacción emocional derivada de estos espectáculos sádicos y de una ideología que le otorgaba un sentimiento de superioridad sobre todo el resto de la humanidad, era suficiente para compensar —durante un tiempo por lo menos— el hecho de que sus vidas hubiesen sido cultural y económicamente empobrecidas.

Hemos visto, entonces, cómo ciertos cambios socio-económicos, en particular la declinación de la clase media y el surgimiento del poder capital monopolista, tuvieron un efecto psicológico profundo. Estas consecuencias se vieron aumentadas, o sistematizadas, por una ideología política —del mismo modo como había ocurrido con las ideologías religiosas del siglo XVI—, y las fuerzas psíquicas surgidas de esta manera ejercieron una acción efectiva justamente en la dirección opuesta a la de sus propios y originarios intereses económicos de clase. El nazismo operó la resurrección psicológica de la baja clase media y al mismo tiempo cooperó en la destrucción de su antigua posición económico-social. Movilizó sus energías emocionales para transformarlas en una fuerza importante en la lucha emprendida en favor de los fines del imperialismo alemán.

En las páginas siguientes trataré de mostrar cómo la personalidad de Hitler, sus enseñanzas y el sistema nazi, expresan una forma extrema de aquella estructura del carácter que hemos denominado *autoritaria* y que, por este mismo hecho, logró influir profundamente en aquellos sectores de la población que poseían —más o menos— la misma estructura del carácter.

La autobiografía de Hitler constituye una de las mejores ilustraciones del carácter autoritario, y puesto que además se trata del documento más representativo de la literatura nazi, lo emplearé como fuente principal para el análisis de la psicología del nazismo.

La esencia del carácter autoritario ha sido descrita como la presencia simultánea de tendencias impulsivas sádicas y masoquistas. El sadismo fue entendido como un impulso dirigido al ejercicio de un poder ilimitado sobre otra persona, y teñido de destructividad en un grado más o menos intenso; el masoquismo, en cambio, como un impulso dirigido a la disolución del propio yo en un poder omnipotente, para participar así de su gloria. Tanto las tendencias masoquistas como las sádicas son debidas a la incapacidad del individuo aislado de sostenerse por sí solo, así como a su necesidad de una relación simbiótica destinada a superar su soledad.

El *anhelo sádico de poder* halla múltiples expresiones en *Mein Kampf*. Es característico de la relación de Hitler con las masas alemanas, a quienes desprecia y "ama" según la manera típicamente sádica, así como con respecto a sus enemigos políticos, hacia los cuales evidencia aquellos aspectos destructivos que constituyen un componente importante del sadismo. Habla de la satisfacción que sienten las masas en ser dominadas. "Lo que ellas quieren es la victoria del más fuerte y el aniquilamiento o la rendición incondicional del más débil" [6].

Como una mujer que prefiere someterse al hombre fuerte antes que dominar al débil, así las masas aman más al que manda que al que ruega, y en su fuero íntimo se sienten

[6] *Op. cit.*, pág. 469.

mucho más satisfechas por una doctrina que no tolera rivales que por la concepción de la libertad propia del régimen liberal; con frecuencia se sienten perdidas al no saber qué hacer con ella y aun se consideran fácilmente abandonadas. Ni llegan a darse cuenta de la imprudencia con la que se las aterroriza espiritualmente, ni se percatan de la injuriosa restricción de sus libertades humanas, puesto que de ninguna manera caen en la cuenta del engaño de esta doctrina [7].

Describe Hitler cómo el quebrar la voluntad del público por obra de la fuerza superior del orador constituye el factor esencial de la propaganda. Hasta no vacila en afirmar que el cansancio físico del auditorio representa una condición muy favorable para la obra de sugestión. Al tratar acerca del problema de cuál es la hora del día más adecuada para las reuniones políticas de masas, dice:

Parece que durante la mañana y hasta durante el día el poder de la voluntad de los hombres se rebela con sus más intensas energías contra todo intento de verse sometido a una voluntad y a una opinión ajenas. Por la noche, sin embargo, sucumben más fácilmente a la fuerza dominadora de una voluntad superior. En verdad, cada uno de tales mítines representa una esforzada lucha entre dos fuerzas opuestas. El talento oratorio superior, de una naturaleza apostólica dominadora, logrará con mayor facilidad ganarse la voluntad de personas que han sufrido por causas naturales un debilitamiento de su fuerza de resistencia, que la de aquellas que todavía se hallan en plena posesión de sus energías espirituales y fuerza de voluntad [8].

El mismo Hitler se da cuenta de las condiciones que dan origen al anhelo de sumisión, proporcionándonos una excelente descripción del estado de ánimo de un individuo que concurre a un mitin de masas.

El mitin de masas es necesario, al menos para que el individuo, que al adherir a un nuevo movimiento se siente solo y puede ser fácil presa del miedo de sentirse aislado, adquiera por vez primera la visión de una comunidad más

[7] *Op. cit.*, pág. 56.

[8] *Op. cit.*, págs. 710 y sigts.

grande, es decir, de algo que en muchos produce un efecto fortificante y alentador... Si sale por primera vez de su pequeño taller o de la gran empresa, en la que se siente tan pequeño, para ir al mitin de masa y allí sentirse circundado por miles y miles de personas que poseen las mismas convicciones... él mismo deberá sucumbir a la influencia mágica de lo que llamamos sugestión de masa [9].

Goebbels describe a las masas del mismo modo. "La gente no quiere otra cosa que ser gobernada decentemente", dice en su novela *Michael* [10]. Ellas no son para el "líder' más que lo que la piedra es para el escultor. "Líder y masas constituyen un problema tan sencillo como pintor y color" [11].

En otro libro Goebbels hace una descripción precisa de la dependencia de la persona sádica con respecto a los objetos de su sadismo; cuán débil y vacío se siente cuando no puede ejercer el poder sobre alguien y de qué modo ese poder le proporciona nuevas fuerzas. Esto es lo que nos cuenta Goebbels acerca de lo que él mismo sentía: "A veces uno se siente presa de una profunda depresión. Tan sólo se logra superarla cuando se está nuevamente frente a las masas. El pueblo es la fuente de nuestro poder" [12].

Una descripción significativa de aquella forma especial de poder sobre los hombres, que los nazis llaman *liderazgo*, la hallamos en un escrito de Ley, el "líder" del Frente del Trabajo. Al referirse a las calidades requeridas en un dirigente nazi y a los propósitos que persigue la educación para el mando, afirma:

Queremos saber si estos hombres poseen la voluntad de mando, de ser los dueños, en una palabra, de gobernar...

9 *Op. cit.*, págs. 715, 716.

10 Joseph Goebbels, *Michael*, München, F. Eher, 1936, página 57.

11 *Op. cit.*, pág. 21.

12 J. Goebbels, *Vom Kaiserhof zur Reichskanztei*, München, F. Eher, 1934, pág. 120.

Queremos gobernar y nos gusta hacerlo... Les enseñaremos a estos hombres a cabalgar... a fin de que experimenten el sentimiento del dominio absoluto sobre un ser viviente [13].

En la formulación que hace Hitler de los objetivos de la educación hallamos la misma exaltación del poder. Afirma que "toda educación y desarrollo del alumno debe dirigirse a proporcionarle la convicción de ser absolutamente superior a los demás" [14].

El hecho de que en alguna otra parte declare que debe enseñársele al muchacho a sufrir las injusticias sin rebelarse, ya no parecerá extraño al lector. Se trata de la típica contradicción, propia de la ambivalencia sadomasoquista, entre los anhelos de poder y los de sumisión.

El deseo de poder sobre las masas es lo que impulsa al miembro de la *élite*, al "líder" nazi. Como lo muestran las citas señaladas anteriormente, este deseo de poder es revelado, algunas veces, con una franqueza sorprendente. En otros casos se lo formula de una manera menos ofensiva, al subrayar que el ser mandadas es un deseo de las masas mismas. En algunas oportunidades la necesidad de halagar a las masas y, por lo tanto, de esconder el cínico desprecio que siente hacia ellas, conduce a tretas como ésta: al hablar del instinto de autoconservación, que para Hitler, como veremos luego, corresponde más o menos al impulso de poder, dice que en el ario ese instinto ha alcanzado su forma más noble, "porque está dispuesto a someter su propio *ego* a la vida de la comunidad y también, si surgiera esa necesidad, a sacrificarlo" [15].

[13] Ley, *Der Weg zur Ordensburg*, Sonderdruck des Reichsorganisationsleiters del N. S. D. A. P. für das Führercorps der Partei; citado por Konrad Heiden, *Ein Mann gegen Europa*, Zürich, 1937.

[14] *Mein Kampf*, pág. 618.

[15] *Op. cit.*, pág. 408.

Si bien son los "líderes" quienes disfrutan del poder en primer lugar, las masas no se hallan despojadas de ningún modo de satisfacciones de tipo sádico. Las minorías raciales y políticas dentro de Alemania y, llegado el caso, el pueblo de otras naciones, descritos como débiles y decadentes, constituyen el objeto con el cual se satisface el sadismo de las masas. Al mismo tiempo que Hitler y su burocracia disfrutan del poder sobre las masas alemanas, estas mismas masas aprenden a disfrutarlo con respecto a otras naciones, y de ese modo ha de dejarse impulsar por la pasión de dominación mundial.

Hitler no vacila en expresar el deseo de dominación mundial como fin personal y partidario. Ridiculizando el pacifismo dice: "En verdad, la idea humanitaria pacifista es quizá completamente buena siempre que el hombre de más valor haya previamente conquistado y sometido al mundo hasta el punto de haberse transformado en el único dueño del globo" [16].

Y también afirma que "un Estado que, en una época caracterizada por el envenenamiento racial, se dedica al fomento de sus mejores elementos raciales, deberá llegar a ser algún día dueño del mundo" [17].

Generalmente, Hitler trata de racionalizar y justificar su apetito de poder. Las principales justificaciones son las siguientes: su dominación de los otros pueblos se dirige a su mismo bien y se realiza en favor de la cultura mundial; la voluntad de poder se halla arraigada en las leyes eternas de la Naturaleza él (Hitler) no hace más que reconocer y seguir tales leyes: él mismo obra bajo el mando de un poder superior —Dios, el Destino, la Historia, la Naturaleza—; sus intentos de dominación constituyen tan sólo actos de defensa contra los intentos

[16] *Op. cit.*, págs. 394 y sigts.

[17] *Op. cit.*, pág. 994.

ajenos de dominarlo a él y al pueblo alemán. Él desea únicamente paz y libertad.

Como ejemplo del primer tipo de racionalización podemos citar este párrafo de *Mein Kampf*:

"Si en su desarrollo histórico el pueblo alemán hubiese disfrutado de aquella misma unidad social que caracterizó a otros pueblos, entonces el Reich alemán sería hoy, con toda probabilidad, el dueño del mundo". La dominación mundial germana conduciría, según Hitler, a una "paz apoyada no ya en las ramas de olivo de llorosas mujeres pacifistas profesionales, sino fundada en la espada victoriosa de un pueblo de señores, que coloca el mundo al servicio de una cultura superior" [18].

En los años más recientes las afirmaciones de que sus fines no se dirigen solamente al bienestar de Alemania, sino que también sirven los intereses de la civilización en general, han llegado a ser bien conocidas por todo lector de diarios.

La segunda racionalización —que su deseo de poder se halla fundado en las leyes de la naturaleza— significa algo más que una simple racionalización; surge también del deseo de someterse a un poder ajeno, tal como resultará expresado, especialmente, en la cruda divulgación popular del darwinismo sustentada por Hitler. En efecto, en el "instinto de conservación de la especie" ve la causa primera de la formación de las comunidades humanas [19].

Este instinto de autoconservación conduce a la lucha del fuerte que quiere dominar al débil y, desde el punto de vista económico, a la supervivencia del más apto. La identificación del instinto de autoconservación con el deseo de poder sobre los demás, halla una expresión particularmente significativa en la afirmación de Hitler, según la cual "la

[18] *Op. cit.*, págs. 598 y sigts.

[19] *Op. cit.*, pág. 197.

primera cultura de la humanidad dependía, por cierto, menos de los animales domésticos que del empleo de pueblos inferiores" [20]. Proyecta su propio sadismo sobre la naturaleza, que llama "Reina cruel de toda la sabiduría" [21], cuya ley de conservación se halla "encadenada en este mundo a la ley de bronce de la necesidad y del derecho a la victoria de los mejores y más fuertes" [22].

Es interesante observar que en conexión con este crudo darwinismo, el "socialista" Hitler aboga por los principios liberales de la competencia sin restricciones. En una polémica contra la cooperación entre distintos grupos nacionalistas, afirma: "Por medio de tal combinación se estorba al libre juego de las energías, la lucha para la elección del mejor se ve detenida y, por lo tanto, la victoria necesaria y final del hombre más sano y más fuerte resulta impedida para siempre" [23]. En otras partes habla del libre juego de las energías como de la sabiduría de la vida.

Por cierto, la teoría de Darwin como tal no constituía una expresión de los sentimientos del carácter sadomasoquista. Por el contrario, muchos de sus adherentes se sentían atraídos hacia ella por la esperanza de una ulterior evolución de la humanidad hacia etapas superiores de cultura. Para Hitler, sin embargo, representaba la expresión y al mismo tiempo la justificación de su propio sadismo. Él mismo nos revela de una manera muy ingenua cuál era el significado psicológico que tenía para él la doctrina darwiana. Cuando vivía en Munich, todavía completamente desconocido, acostumbraba despertarse a las cinco de la mañana. Había "adquirido el hábito de arrojar pedacitos de pan a los ratones

[20] *Op. cit.*, pág. 405.
[21] *Op. cit.*, pág. 170.
[22] *Op. cit.*, pág. 396.
[23] *Op. cit.*, pág. 761.

que se hallaban en la pequeña habitación, y mirar cómo estos graciosos animalitos brincaban y reñían por aquellos pocos alimentos" [24]. Este "juego" representaba en pequeña escala la "lucha por la existencia" darwiniana. Para Hitler se trataba del sustituto pequeñoburgués de las luchas circenses históricas que iba a originar.

La última racionalización de su sadismo, su justificación del dominio como una defensa frente a ataques ajenos, halla múltiples expresiones en sus propios escritos. Él y el pueblo alemán son siempre los inocentes; en cambio, los enemigos son los brutos sádicos. Gran parte de su propaganda consiste en mentiras deliberadas y conscientes. En cierto grado, sin embargo, posee la misma "sinceridad" emocional de las acusaciones paranoicas, Éstas ejercen la función de impedir que se descubra su sadismo o destructividad. Se producen de acuerdo con la fórmula: Tú eres el que tiene intenciones sádicas; por lo tanto, yo soy inocente. En Hitler, este mecanismo defensivo es irracional en grado extremo, pues acusa a sus enemigos de tener aquellos mismos propósitos que él admite como suyos con toda franqueza. De este modo acusa a los judíos, comunistas y franceses de esas mismas cosas que afirma constituyen los objetos más legítimos de sus acciones. Y casi no se preocupa de ocultar estas contradicciones mediante alguna racionalización. Así, acusa a los judíos de llevar tropas francesas de color hasta el Rin con la intención de destruir la raza blanca —por medio de la bastardía subsiguiente— "a fin de asumir de este modo la posición de dueños" [25]. Hitler, sin embargo, debe haberse percatado de la contradicción de acusar a los otros por aquello mismo que él proclama ser el fin más noble de su raza, y trata de racionalizar tal contradicción afirmando

[24] *Op. cit.*, pág. 295.

[25] *Op. cit.*, págs. 488 y sigts.

que *en los judíos* el instinto de autoconservación carece de esos caracteres ideales que pueden hallarse en el impulso de dominación de los arios [26].

Dirige la misma acusación a los franceses. Los acusa de querer estrangular a Alemania y despojarla de su fuerza. Al mismo tiempo que esta afirmación es empleada como un argumento en apoyo de la necesidad de destruir "la tendencia francesa hacia la hegemonía europea" [27], no deja de confesar que él (Hitler) habría obrado como Clemenceau si hubiera estado en su lugar [28].

A los comunistas los acusa de brutalidad, y el éxito del marxismo es atribuido a su voluntad política y a su actividad brutal. Sin embargo, Hitler declara al mismo tiempo que "lo que faltó a Alemania fue la cooperación estrecha entre un poder brutal y una intención política inteligente" [29].

La crisis checa de 1938 y la segunda guerra mundial nos proporcionan muchos ejemplos de la misma especie. No hubo un solo acto de opresión nazi que no fuera explicado como una defensa contra la opresión ajena. Puede presumirse que estas acusaciones eran meras falsificaciones y que no poseían la "sinceridad" paranoica que pudo haber teñido, en cambio, a las dirigidas contra judíos y franceses. Tales acusaciones conservaron todavía una parte de su valor de propaganda y hubo sectores de la población, especialmente la baja clase media, que fueron tan receptivos con respecto a estas acusaciones paranoicas, a causa de su propia estructura de carácter, que siguieron creyendo en ellas.

El desprecio de Hitler hacia los que carecían de poder se hizo especialmente visible al hablar de gente cuyos fines políticos —la lucha por la libe-

[26] *Op. cit.*, pág. 414.

[27] *Op. cit.*, pág. 966.

[28] *Op. cit.*, pág. 978.

[29] *Op. cit.*, pág. 783.

ración nacional— eran similares a los que él mismo profesaba tener. Quizás en ningún caso resultó más estridente la insinceridad del interés de Hitler por la libertad de las naciones que en su desprecio de los revolucionarios débiles e impotentes. Así lo vemos hablar irónica y despectivamente del pequeño grupo de nacionalsocialistas que se habían reunido en Munich. He aquí su impresión del primer mitin al que concurrió: "Terrible; terrible; esto no era más que un club de la peor especie y estilo. ¿Y yo debería afiliarme ahora precisamente a este club? Luego empezaron a discutir las nuevas afiliaciones, y ello significaba que ya había caído en la trampa" [30].

A estos nacionalsocialistas los llama una "organización ridículamente pequeña", cuya única ventaja era la de ofrecerle "la oportunidad de una verdadera actividad personal" [31]. Hitler dice que jamás se habría afiliado a alguno de los grandes partidos existentes, y esta actitud es muy característica de su manera de ser.

Forzosamente debía iniciar su actividad en un grupo que consideraba inferior y débil. Su coraje e iniciativa no se hubieran sentido estimulados en una constelación en la que hubiese tenido que combatir algún poder preexistente o competir con iguales.

Muestra análogo desprecio por los débiles en lo que escribe acerca de los revolucionarios hindúes. Ese mismo hombre que había usado más que ninguno el *slogan* de la libertad nacional para sus propios propósitos, no sentía sino desprecio por aquellos revolucionarios que carecían de fuerza y no osaban atacar al poderoso imperio británico. Tales revolucionarios nos hacen recordar, dice Hitler,

... a algún faquir asiático o quizás a algún verdadero hin-

[30] *Op. cit.*, pág. 28.

[31] *Op. cit.*, pág. 300.

hú "combatiente de la libertad", de aquellos que estaban recorriendo Europa y tramando la manera de transmitir, aun a personas inteligentes, la idea fija de que el imperio británico, cuya piedra fundamental es la India, estaba al borde de su destrucción precisamente en ese momento... Los rebeldes hindúes, sin embargo, nunca lo lograrán. Es sencillamente algo imposible para una coalición de lisiados el atacar a un Estado poderoso... Por el solo hecho de conocer su inferioridad racial, me es imposible ligar el destino de mi nación con el de estas llamadas "naciones oprimidas" [32].

El amor al poderoso y el odio al débil, tan típicos del carácter sadomasoquista, explican gran parte de la acción política de Hitler y sus adeptos. Mientras el gobierno republicano pensaba que podría "apaciguar" a los nazis tratándolos benignamente, no solamente no logró ese propósito, sino que originó en ellos sentimientos de odio que se debían justamente a esa falta de firmeza y poderío que mostraba. Hitler odiaba a la república de Weimar *porque* era débil, y admiraba, en cambio, a los dirigentes industriales y militares porque disponían de poder. Nunca combatió contra algún poder fuerte y firmemente establecido, sino que lo hizo siempre contra grupos que consideraba esencialmente impotentes. La "revolución" de Hitler, y a este respecto también la de Mussolini, se llevaron a cabo bajo la protección de las autoridades existentes, y sus objetos favoritos fueron los que no estaban en condiciones de defenderse. Hasta nos podríamos aventurar a suponer que la actitud de Hitler hacia Gran Bretaña fue determinada, además de otros factores, por este complejo psicológico. Mientras siguió considerándola un Estado poderoso, la amaba y admiraba. Su libro expresa este amor hacia Inglaterra. Pero cuando se dio cuenta de la debilidad de la posición inglesa, antes y después de Munich, su amor se trocó en odio y en el deseo de destruirla. Desde este punto

[32] *Op. cit.*, págs. 955 y sigts.

de vista el "apaciguamiento" era una política que, frente a una personalidad como la de Hitler, estaba destinada a originar odio antes que amistad.

Hasta ahora nos hemos referido al aspecto *sádico* de la ideología hitlerista. Sin embargo, tal como lo hemos visto al tratar acerca del carácter autoritario, también existe un aspecto *masoquista* al lado del sádico. Existe el deseo de someterse a un poder de fuerza abrumadora, de aniquilar su propio yo, del mismo modo que existe el deseo de ejercer poder sobre personas que carecen de él. Este aspecto masoquista de la ideología y práctica nazis resulta evidente sobre todo con respecto a las masas. Se les repite continuamente: el individuo no es nada y nada significa. El individuo debería así aceptar su insignificancia personal, disolverse en el seno de un poder superior, y luego sentirse orgulloso de participar de la gloria y fuerza de tal poder. Hitler expresa esta idea con toda claridad en su definición del idealismo: "Solamente el idealismo conduce a los hombres al reconocimiento voluntario del privilegio de la fuerza y el poder, transformándolos así en una partícula de aquel orden que constituye todo el universo y le da forma" [33].

Goebbels formula una definición similar de lo que él llama socialismo: "Ser socialista —escribe— significa someter el yo al tú; el socialismo representa el sacrificio del individuo al todo" [34].

Sacrificar al individuo y reducirlo a una partícula de polvo, a un átomo, implica, según Hitler, renunciar al derecho de afirmar la opinión, los intereses y la felicidad individuales. Este renunciamiento constituye la esencia de una organización política en la que "el individuo deje de representar su opinión personal y sus intereses..." [35]. Alaba

[33] *Op. cit.*, pág. 411.

[34] J. Goebbels, *Michael, cit.*, pág. 25.

[35] A. Hitler, *Mein Kampf*, pág. 408.

el altruismo y enseña que en la búsqueda de su propia felicidad la gente se precipita cada vez más del cielo al infierno" [36]. El fin de la educación es enseñar al individuo a no afirmar el yo. Ya en la escuela el muchacho debe aprender "no sólo a quedar silencioso cuando ha sido justamente reprendido, sino que también debe saber soportar en silencio la injusticia" [37]. Acerca de este último objetivo de la educación, escribe:

> En el Estado del pueblo la visión popular de la vida ha logrado por fin realizar esa noble era en la que los hombres ponen su cuidado no ya en la mejor crianza de perros, caballos y gatos, sino en la educación de la humanidad misma; una época en la que algunos renuncian en silencio y con plena conciencia y otros dan y se sacrifican de buen grado [38].

Esta frase es algo sorprendente. Podría esperarse que después de la descripción del tipo de individuos que "renuncian en silencio y con plena conciencia", se describiera un tipo opuesto, quizás el que manda, asume responsabilidades, u otro tipo similar. Pero en lugar de éste, Hitler describe al "otro" tipo también por su capacidad de sacrificio. Resulta difícil ver la diferencia que va entre "renunciar en silencio" y "sacrificarse de buen grado". Si me es permitido aventurar una conjetura, yo diría que Hitler realmente tenía en su espíritu la intención de diferenciar entre las masas que deben renunciar y el gobernante que debe mandar. Pero, si bien ciertas veces admite con toda franqueza su deseo de poder (así como el de su *élite*), frecuentemente lo niega. En esta fase aparentemente no quiso ser tan franco y, por lo tanto, sustituyó el deseo de gobernar por el de "dar y sacrificarse de buen grado".

Hitler reconoce con toda claridad que su filosofía de autonegación y sacrificio está destinada a aquellos cuya situación económica no les permite dis-

[36] *Op. cit.*, pág. 412.

[37] *Op. cit.*, págs. 620 y sigts.

[38] *Op. cit.*, pág. 610.

frutar de felicidad alguna. No desea realizar un orden social que haga posible la felicidad personal para todos; por el contrario, quiere explotar la pobreza misma de las masas para inculcarles su evangelio de autoaniquilación. Con toda franqueza declara: "Nos dirigimos al gran ejército de aquellos que son tan pobres que sus vidas personales no tienen el menor significado"... [39]

Toda esta predicación del autosacrificio posee un propósito obvio: las masas deben resignarse y someterse si es que el deseo de poder por parte del "líder" y de la *élite* ha de realizarse efectivamente. Pero idéntico anhelo masoquista puede hallarse en el mismo Hitler. Para él, el poder superior al que se somete es Dios, el Destino, la Necesidad, la Historia, la Naturaleza. En realidad todos estos términos poseen el mismo significado para Hitler: constituyen símbolos de un poder dotado de fuerza abrumadora. Inicia su autobiografía observando que fue "una gran suerte que el destino fijara Branau del Inn como lugar de mi nacimiento" [40]. Y sigue diciendo que todo el pueblo alemán debe unirse en un único Estado, porque sólo entonces, cuando el mismo resultara demasiado pequeño para todos ellos, la *necesidad* les dará "el derecho moral de adquirir suelo y territorio" [41].

La derrota en la guerra de 1914-18 significa, según él "un merecido castigo debido a la *retribución eterna*" [42]. Las naciones que se mezclan con otras razas "pecan contra la voluntad de la eterna *Providencia*" [43], o, como dice en otra parte, "contra la voluntad del *Creador eterno*" [44].

[39] *Op. cit.*, pág. 610.
[40] *Op. cit.*, pág. 1.
[41] *Op. cit.*, pág. 3.
[42] *Op. cit.*, pág. 309.
[43] *Op. cit.*, pág. 452.
[44] *Op. cit.*, pág. 392.

La misión de Alemania está ordenada por el "Creador del Universo" [45]. El *Cielo* es superior a los hombres, pues felizmente a éstos se los puede engañar, en cambio el "Cielo no puede ser sobornado" [46].

Pero el poder que ejercía sobre Hitler una influencia mayor que Dios, la Providencia o el Destino, era la *Naturaleza*. Mientras la tendencia del desarrollo histórico de los últimos cuatro siglos era la de reemplazar la dominación sobre los hombres por el sometimiento de la naturaleza, Hitler insiste que se puede y se debe mandar a los hombres, pero que no es posible gobernar sobre la naturaleza. Ya he citado su afirmación de que probablemente la historia de la humanidad no se inició con la domesticación de los animales, sino con la dominación sobre los pueblos inferiores. Hitler ridiculiza la idea de que el hombre pueda conquistar la naturaleza y se ríe de aquellos que creen poder llegar a ser sus dominadores, "por cuanto —dice— estas personas no disponen sino de una *idea*". Afirma así que el hombre no domina a la naturaleza, sino que, fundándose sobre el conocimiento de unas cuantas leyes y secretos naturales, se ha erigido en la posición de dueño de aquellos otros seres que carecen de tal conocimiento [47]. Hallamos aquí una vez más la misma idea; la naturaleza es el gran poder al que tenemos que someternos, y es, en cambio, sobre los seres vivientes que debemos ejercer nuestro dominio.

He tratado de mostrar en los escritos de Hitler la presencia de las dos tendencias que ya he descrito como fundamentales en el carácter autoritario: el anhelo de poder sobre los hombres y el de sumisión a un poder exterior omnipotente. Las ideas de

[45] *Op. cit.*, pág. 289.
[46] *Op. cit.*, pág. 972.
[47] *Op. cit.*, págs. 339 y sigts.

Hitler son más o menos parecidas a la ideología del partido nazi. Las ideas que expresa en su libro son las mismas que manifestó en una infinidad de discursos que le sirvieron para lograr la adhesión de la masa a su partido. Esta ideología resulta de su misma personalidad, que, con sus sentimientos de inferioridad, odio a la vida, ascetismo y envidia hacia quienes disfrutan de la existencia, constituye la fuente de los impulsos sadomasoquistas, y se dirigía a gente que, a causa de su similar estructura de carácter, se sentía atraída y excitada por tales enseñanzas, transformándose así en ardientes partidarios del hombre que expresaba sus mismos sentimientos. Pero no era solamente la ideología nazi lo que satisfacía a la baja clase media; la práctica política realizaba las promesas de la ideología. Se creó así una jerarquía en la que cada cual tenía algún superior a quien someterse y algún inferior sobre quien ejercer poder; el hombre que se hallaba en la cumbre tenía sobre él al Destino, la Historia, la Naturaleza, que representaba el poder superior en cuyo seno debía sumergirse. De este modo la ideología y la práctica nazis satisfacían los deseos procedentes de la estructura del carácter de una parte de la población y proporcionaban dirección y orientación a aquellos que, aun no experimentando ningún goce en el ejercicio del poder o en el sometimiento, se habían resignado a abandonar su fe en la vida, en sus propias decisiones y en todo lo demás.

¿Proporcionan estas consideraciones algún indicio que nos permita formular un pronóstico acerca de la estabilidad del nazismo en el futuro? [48]. Si bien no me siento especialmente preparado para hacer tales predicciones, creo que vale la pena se-

[48] Escrito antes del fin de la guerra y la derrota del nazismo alemán. Las consideraciones que siguen conservan sin embargo su valor con referencia al problema del fascismo en general. [T.]

ñalar algunos puntos significativos, y en particular los que pueden derivarse de las premisas psicológicas de que nos hemos ocupado hasta ahora. Dadas las condiciones psicológicas existentes, ¿satisface el nazismo las necesidades emocionales de la población y constituye esta función un factor que pueda permitir su creciente estabilidad?

Por todo lo que se ha afirmado hasta ahora resulta evidente que la respuesta a esta pregunta ha de ser negativa. El hecho de la individuación humana, de la destrucción de todos los vínculos primarios, no puede ser invertido. El proceso de destrucción del mundo medieval ha insumido cuatrocientos años y en nuestra era estamos presenciando su cumplimiento. A menos que todo el sistema industrial y el modo de producción fueran destruidos y reducidos a su nivel de la época preindustrial, el hombre seguirá siendo un individuo que ha emergido completamente del mundo circundante. Hemos visto que el hombre no puede soportar la libertad negativa; que trata de evadirse hacia nuevos lazos destinados a sustituir los vínculos primarios que ha abandonado. Pero estos nuevos lazos no representan una unión real con el mundo. Tiene que pagar la seguridad recién adquirida, despojándose de la integridad de su yo. La dicotomía existente de hecho entre él y las autoridades a quienes se somete no desaparece por eso. Ellas amputan y estropean su vida, aun cuando conscientemente se haya sometido de acuerdo con su propia voluntad. Al mismo tiempo vive en un mundo en el que no se ha desarrollado solamente para ser un *átomo*, sino que también le proporciona todas las potencialidades necesarias para transformarse en individuo. El sistema industrial moderno posee no sólo la capacidad virtual de producir los medios para una vida económicamente segura para todos, sino también la de crear las bases materiales que permitan la plena expresión de las facultades intelectuales, sensibles y emocionales del hombre, reduciendo al mismo tiempo de manera considerable las horas de trabajo.

La función de una ideología y práctica autoritarias puede compararse a las función de los síntomas neuróticos. Éstos resultan de condiciones psicológicas insoportables y, al mismo tiempo, ofrecen una solución que hace posible la vida. A pesar de ello no constituyen una solución capaz de conducir a la felicidad o a la expansión de la personalidad. Dejan inmutables las condiciones que originaron la solución neurótica. El dinamismo de la naturaleza humana constituye un factor importante que tiende a buscar soluciones más satisfactorias, si existe la posibilidad de alcanzarlas. La soledad e impotencia del individuo, su búsqueda para la realización de las potencialidades que ha desarrollado, el hecho objetivo de la creciente capacidad productiva de la industria moderna, todos estos elementos son factores dinámicos que forman la base de una creciente búsqueda de libertad y felicidad. Refugiarse en la simbiosis puede aliviar durante un tiempo los sufrimientos, pero no los elimina. La historia de la humanidad no sólo es un proceso de individuación creciente, sino también de creciente libertad. El anhelo de libertad no es una fuerza metafísica y no puede ser explicado en virtud del derecho natural; representa, por el contrario, la consecuencia necesaria del proceso de individuación y del crecimiento de la cultura. Los sistemas autoritarios no pueden suprimir las condiciones básicas que originan el anhelo de libertad; ni tampoco pueden destruir la búsqueda de libertad que surge de esas mismas condiciones.

## Capítulo VII

# LIBERTAD Y DEMOCRACIA

### 1. La ilusión de la individualidad

En los capítulos anteriores he tratado de mostrar cómo ciertos factores propios del sistema industrial moderno en general y de su fase monopolista en particular conducen al desarrollo de un tipo de personalidad que se siente impotente y sola, angustiada e insegura. Me he referido a las condiciones específicas existentes en Alemania, que hicieron de un sector de su población un suelo fértil para el desarrollo de aquella ideología y práctica política capaz de ejercer influencia sobre ese tipo de carácter que he descrito como *autoritario*.

Pero, ¿qué podemos decir acerca de nosotros mismos? ¿Se halla nuestra democracia amenazada tan sólo por el fascismo de allende el Atlántico y por la "quinta columna" existente en nuestras filas? Si éste fuera el caso, la situación podría llamarse seria, mas no crítica. Pero aun cuando debemos tener muy en cuenta las amenazas internas y externas del fascismo, hay que reconocer que no existe error mayor ni más grave peligro que el de cegarnos ante el hecho de que en nuestra propia sociedad nos vemos ante ese mismo fenómeno que constituye un suelo fértil para el surgimiento del fascismo en todas partes: la insignificancia e impotencia del individuo.

Esta afirmación refuta la creencia convencional de que la democracia moderna ha alcanzado el verdadero individualismo al libertar al individuo de todos los vínculos exteriores. Nos sentimos orgullosos de no estar sujetos a ninguna autoridad externa, de ser libres de expresar nuestros pensamientos y emociones, y damos por supuesto que esta libertad garantiza —casi de manera automática— nuestra individualidad. *El derecho de expresar nuestros pensamientos*, sin embargo, *tiene algún significado tan sólo si somos capaces de tener pensamientos propios;* la libertad de la autoridad exterior constituirá una victoria duradera solamente si las condiciones psicológicas íntimas son tales que nos permitan establecer una verdadera individualidad propia. ¿Hemos alcanzado esta meta o nos estamos, por lo menos, aproximando a ella? Este libro se refiere al factor humano: su tarea, por lo tanto, es la de analizar críticamente tal pregunta. Al hacerlo debemos volver a considerar ciertos temas que habíamos abandonado antes. Al discutir los dos aspectos de la libertad para el hombre moderno hemos señalado las condiciones económicas que conducen, en la época actual, a la impotencia y al aislamiento creciente del individuo; al tratar acerca de las consecuencias psicológicas de estos hechos hemos mostrado cómo tal impotencia conduce a esa especie de evasión que hallamos en el carácter autoritario, o a una conformidad compulsiva por la cual el individuo aislado se transforma en autómata, pierde su yo, y, sin embargo, al mismo tiempo se concibe conscientemente como libre y sujeto tan sólo a su propia determinación.

Es importante detenernos a considerar de qué manera nuestra cultura fomenta estas tendencias hacia el conformismo, aun cuando haya espacio tan sólo para algunos ejemplos sobresalientes. La represión de los sentimientos espontáneos y, por lo tanto, del desarrollo de una personalidad genuina, empieza tempranamente; en realidad desde la iniciación misma del aprendizaje del niño [1]. Esto no quiere decir que la educación haya de conducir inevitablemente a la represión de la espontaneidad, si es que su objetivo real consiste en fomentar la independencia íntima y la individualidad del niño, así como su expansión e integridad. Las restricciones que tal forma de educación puede verse obligada a imponer al niño durante su desarrollo, constituyen tan sólo medidas transitorias que, en realidad, sirven para apoyar el proceso de crecimiento y expansión. Dentro de nuestra cultura, sin embargo, la educación conduce con demasiada frecuencia a la eliminación de la espontaneidad y a la sustitución de los actos psíquicos originales por emociones, pensamientos y deseos impuestos desde afuera. (Por original no quiero significar, como ya se ha señalado, que una idea no haya sido pensada antes por algún otro, sino que se origina en el individuo, que es el resultado de su propia actividad y que en este sentido representa *su* pensamiento.) Para elegir un ejemplo al azar, una de las formas más tempranas de represión de *sentimientos* se refiere a la hostilidad y la aversión. Muchos niños manifiestan un cierto grado de hostilidad y rebeldía como consecuencia de sus conflictos con el mundo circundante, que ahoga su expansión, y frente al cual, siendo más débiles, deben ceder generalmente. Uno de los propósitos esenciales del proceso educativo es el de eliminar esta reacción de antago-

[1] Según una comunicación de Anna Hartich (que figurará en un libro próximo a publicarse sobre estudios de casos realizados entre los niños de la *Sarah Lawrence Nursery School,* en colaboración con M. Gay, A. Hartoch y L. B. Murphy), los resultados del test de Rorschach aplicado a niños de tres a cinco años, muestran que el intento de preservar la espontaneidad en tales niños es el origen del conflicto principal entre éstos y los adultos autoritarios.

nismo. Los métodos son distintos: varían desde las amenazas y los castigos, que aterrorizan al niño, hasta los métodos más sutiles de soborno o de "expiación", que lo confunden e inducen a hacer abandono de su hostilidad. El niño empieza así a eliminar la expresión de sus sentimientos, y con el tiempo llega a eliminarlos del todo. Juntamente con esto se le enseña a no reparar en la existencia de hostilidad y falta de sinceridad en los demás; algunas veces, esto no resulta tan fácil, puesto que los niños se hallan dotados de una cierta capacidad para advertir en los demás tales cualidades negativas, sin dejarse engañar tan fácilmente por las palabras, tal como ocurre, generalmente, entre los adultos. Ellos siguen sintiendo aversión hacia alguien "sin razón alguna"..., si exceptuamos el motivo muy sólido de que *sienten* la hostilidad o la falta de sinceridad que irradia de tal persona. Muy pronto esta reacción es desaprobada: y no pasará mucho tiempo antes de que el niño alcance la "madurez" del adulto medio y pierda la capacidad de discriminar entre una persona decente y un hombre ruin, hasta tanto este último no haya cometido algún acto manifiesto.

Por otra parte, muy pronto en su educación se enseña al niño a experimentar sentimientos que de ningún modo son *suyos;* de modo particular, a sentir simpatía hacia la gente, a mostrarse amistoso con todos sin ejercer discriminaciones críticas, y a sonreír. Aquello que la educación no puede llegar a conseguir se cumple luego por medio de la presión social. Si usted no sonríe se dirá que no tiene "un carácter agradable"..., y usted necesita tenerlo si anhela vender sus servicios, ya sea como camarera, dependiente de comercio o médico. Solamente los que se hallan en la base de la pirámide social, que no venden más que su fuerza física, y los que ocupan la cúspide, no necesitan ser particularmente "agradables". El ser amistoso, alegre y todo lo que se supone deba expresar una sonrisa, se transforma en una respuesta automática que se enciende y apaga, como una llave de luz eléctrica [2].

Por cierto que en muchos casos el individuo se da cuenta de que el suyo no es sino un gesto externo; pero la mayoría de las veces se pierde esta noción y con ella la amistad espontánea.

Y no solamente se suprime directamente la hostilidad y se matan los sentimientos amistosos al sobreponerles su falsificación, sino que también hay una amplia gama de emociones espontáneas que son reprimidas y reemplazadas por seudosentimientos. Freud ha tenido en cuenta una de tales represiones y la ha colocado en el centro de su sistema: la del sexo. Si bien yo creo que la limitación del goce sexual no es la única represión importante de las reacciones espontáneas, sino tan sólo una entre muchas, su importancia no debe ser, por cierto, disminuida. Sus consecuencias son obvias en los casos de las inhibiciones sexuales y también en aquellos en los que la sexualidad asume un carácter compulsivo y es satisfecha como si se tratara de un licor o una droga desprovista de todo gusto peculiar y útil, tan sólo para olvidarse de uno mismo. En cualquiera de estas dos consecuencias, la represión, a causa de la intensidad del deseo sexual, no solamente afecta esta esfera específica, sino que también debilita el valor del individuo para la ex-

[2] Como ejemplo significativo de la comercialización de las expresiones de amistad quiero citar esta relación de *Fortune* referente a "The Howard Johnson Restaurants" (*Fortune*, septiembre, 1940, pág. 96). "Johnson emplea un grupo de 'clientes' que van de restaurante en restaurante para descubrir alguna falta. Puesto que se cocina todo a la vista del público según fórmulas *standard* y de acuerdo con las medidas señaladas por la oficina central, el inspector sabe cuál es la porción de carne que se le debe dar o cómo ha de ser el gusto de la verdura. También sabe en cuánto tiempo debe servírsele el almuerzo y *exactamente hasta qué grado han de mostrársele amistosas la mesonera y la camarera.*"

presión espontánea de sus sentimientos en todos los demás sectores.

En nuestra sociedad se desaprueban, en general, las emociones. Si bien pueden caber muy pocas dudas de que todo pensamiento creador, así como cualquier otra actividad espontánea, se hallan inseparablemente ligados a las emociones, el vivir y el pensar sin ellas ha sido erigido en ideal. Ser "emotivo" se ha vuelto sinónimo de ser enfermizo o desequilibrado. Al aceptar esta norma, el individuo se ha debilitado grandemente; su pensamiento ha resultado empobrecido y achatado. Por otra parte, como las emociones no pueden ser por entero eliminadas, ellas han de mantener una existencia completamente separada del aspecto intelectual de la personalidad; el sentimiento barato e insincero que el cine y la música popular ofrecen a millones de sus clientes, hambrientos de emociones, resultan ser la consecuencia de todo esto.

Deseo mencionar especialmente, entre tantas, una emoción prohibida, por cuanto su represión toca profundamente las raíces mismas de la personalidad: el sentido de lo trágico. Como vimos en un capítulo anterior, la conciencia de la muerte y del aspecto trágico de la vida —poco importa que la percibamos en forma clara u oscura—, constituye una de las características básicas del hombre. Cada cultura tiene su manera peculiar de enfrentar el problema de la muerte. En aquellas sociedades en las que el proceso de individuación ha progresado poco, el fin de la existencia individual no constituye un problema, puesto que la experiencia misma de esa vida no ha alcanzado todavía su desarrollo. No se concibe la muerte como esencialmente distinta de la vida. En cambio, en las culturas en que se observa un mayor desarrollo de la individuación, se concede a este problema una consideración adecuada a la estructura psicológica y social de la cultura misma. Los griegos subrayaban la importancia de la vida e imaginaban la muerte tan sólo como una vaga y oscura continuación de la existencia. Los egipcios basaban sus esperanzas en la creencia de la indestructibilidad del cuerpo humano o, por lo menos, del cuerpo de aquellos que durante su vida habían ejercido un poder indestructible. Los judíos admitían de manera realista el hecho de la muerte, y podían reconciliarse con la idea de la destrucción de la vida individual por medio de la visión de un estado de felicidad y justicia que la humanidad sería finalmente capaz de alcanzar en este mundo. El cristianismo ha hecho de la muerte algo irreal y ha tratado de confortar al individuo desdichado, prometiéndole una vida en el más allá. Nuestra época se limita simplemente a negar la muerte y, con ella, un aspecto fundamental de la vida. En lugar de dejar que la autoconciencia de la vida y del sufrimiento representaran uno de los incentivos más fuertes de la vida, la base misma de la solidaridad humana y la experiencia indispensable para proporcionar intensidad y profundidad a la felicidad y al entusiasmo, el individuo se ve obligado a reprimirla. Pero, como siempre ocurre en la represión, la mera remoción de la superficie no anula la existencia de los elementos reprimidos. De este modo el miedo a la muerte sigue viviendo entre nosotros una existencia ilegítima. Permanece activo, a pesar del intento de negarlo, pero el ser reprimido queda estéril. Es una de las causas del achatamiento de las otras experiencias, de la inquietud que penetra en la vida, y explica, me atrevo a decirlo, la exorbitante cantidad de dinero que la gente de este país paga por sus funerales [3].

En el proceso de la prohibición de las emociones, la psiquiatría moderna desempeña un papel ambiguo. Por un lado, su representante más significativo,

[3] El autor se refiere a los Estados Unidos. (*N. del T.*)

Freud, quebró la ficción que atribuía un carácter racional deliberado al espíritu humano, abriendo un camino que nos proporcionó una visión del abismo de las humanas pasiones. Por otro lado, la psiquiatría, enriquecida por estos mismos descubrimientos de Freud, se ha vuelto un instrumento de aquellas tendencias predominantes en la manipulación de la personalidad humana, que ya hemos señalado. Muchos psiquiatras, incluso psicoanalistas, han dibujado un cuadro de la personalidad "normal", que no es nunca demasiado triste, demasiado airada o demasiado excitada. Emplean palabras como "infantil" o "neurótico" para denunciar aquellos rasgos o tipos de personalidad que no son conformes al modelo convencional del individuo "normal". Este tipo de influencias es, en cierto sentido, más peligroso aún que las formas antiguas y por cierto más francas de llamar las cosas. Entonces el individuo sabía al menos que había alguna persona o doctrina que lo criticaba y estaba así en condiciones de defenderse; ¿pero quién puede ahora contra la "ciencia"?

Una tergiversación idéntica a las de los sentimientos y emociones sufre el *pensamiento* original. Desde los comienzos mismos de la educación, el pensamiento original es desaprobado, llenándose la cabeza la gente con pensamientos hechos. Cómo se logra esto con los niños pequeños, es cosa muy fácil de observar. Llenos de curiosidad acerca del mundo, quieren asirlo física e intelectualmente. Se hallan deseosos de conocer la vedad, puesto que ésa es la manera más segura para orientarse en un mundo extraño y poderoso. Pero no se los toma en serio, y a este respecto poco importa la forma que asuma tal actitud: de abierta desatención o de sutil condescendencia (forma usual de tratar a todos aquellos que carecen de poder, tales como los niños, los ancianos o los enfermos). Si bien este trato ya desalienta profundamente de por sí el pensamiento independiente, hay también una dificultad mayor: la insinceridad —a menudo no intencional— tan típica de la conducta del adulto medio hacia el niño. Tal falta de sinceridad se manifiesta en parte en esa imagen ficticia del mundo que los pequeños reciben de los mayores.

Se trata de algo tan útil como lo serían algunas instrucciones sobre la vida en el Ártico para alguien que hubiese preguntado cómo prepararse para una expedición al desierto del Sahara. Además de esta tergiversación del mundo, existen muchas mentiras específicas que tienden a ocultar hechos que, por distintas razones personales, los adultos no quieren dar a conocer a los niños. Desde un mal humor, racionalizado como descontento por la conducta del chico, hasta el ocultamiento de las actividades sexuales de los padres y de sus disputas, siempre se trata de hechos que los niños "deben ignorar", desaprobándose las preguntas pertinentes de un modo hostil o amable.

El niño así preparado ingresa en la escuela primaria o en la superior. Quiero referirme brevemente a algunos de los métodos educativos hoy en uso que dificultan el pensamiento original. El primero es la importancia concedida a los hechos o, deberíamos decir, a la información. Prevalece la superstición patética de que sabiendo más y más hechos es posible llegar a un conocimiento de la realidad. De este modo se descargan en la cabeza de los estudiantes centenares de hechos aislados e inconexos; todo su tiempo y toda su energía se pierden en aprender cada vez más hechos, de manera que les queda muy poco lugar para ejercitar el pensamiento. Es cierto que el pensar carente de un conocimiento adecuado de los hechos sería vacío y ficticio; pero la "información" sin teoría puede representar un obstáculo para el pensamiento tanto como su carencia.

Otra manera de desalentar el pensamiento original, estrechamente ligada con la anterior, es la de considerar toda verdad como *relativa*[4]. Se considera la verdad como un concepto metafísico, y cuando alguien habla del deseo de descubrir la verdad, los pensadores "progresistas" de nuestra época lo tildan de reaccionario. Se declara que la verdad es algo enteramente subjetivo, casi un asunto de gustos. El esfuerzo científico debe hallarse desvinculado de los factores subjetivos, y su fin es mirar el mundo sin pasión ni interés. El sabio debe aproximarse a los hechos con las manos esterilizadas, tal como un cirujano se acerca a su paciente. Las consecuencias de este relativismo, que a menudo se presenta en nombre del empirismo o del positivismo, o bien que se caracteriza por su preocupación para el exacto empleo de las palabras, son que el pensamiento pierde un estímulo esencial: los deseos e intereses de la persona que piensa; en su lugar surge, por el contrario, una máquina registradora de "hechos". En realidad, así como el pensamiento, en general, ha surgido de la necesidad de dominar la vida material, la búsqueda de la verdad se arraiga en los intereses y necesidades de los individuos y grupos sociales. Sin tales intereses desaparecería todo estímulo de buscar la verdad. Siempre existen grupos cuyos intereses se ven favorecidos por la verdad, y sus representantes han sido los precursores del pensamiento humano; y también hay otros grupos a quienes favorece, por el contrario, el ocultamiento de lo verdadero. Solamente en este último caso la existencia de algún interés resulta dañosa para los fines del conocimiento. El problema no consiste, por lo tanto, en el hecho de la existencia de un interés comprometido en la bús-

[4] Cf. sobre este problema R. S. Lynd, *Knowledge for What?*, Londres, Oxford Univ. Press, 1939. Para sus aspectos filosóficos, cf. M. Horkeimer, "Zum Rationalismusstreit in der Gegenwärtigen Philosophie", en *Zeitschrift für Sozialforschung*, París, Alcan, vol. 3, 1934.

queda, sino en la *especie* de interés implícito, en la actitud cognoscitiva. Pódríamos afirmar que en la medida en que exista algún anhelo de verdad en los seres humanos, ese anhelo es fruto de la necesidad que se alberga en todo hombre de conocer lo verdadero.

Todo esto tiene validez, en primer lugar, con respecto a la orientación del individuo en el mundo exterior, y especialmente para los niños. En su niñez todo ser humano atraviesa por un estado de impotencia, y la verdad constituye uno de los instrumentos más poderosos para aquellos que carecen de poder. Pero la verdad se halla conexa con los intereses del individuo, no solamente con respecto a su orientación en el mundo exterior; también su propio vigor depende en gran medida del alcance del conocimiento verdadero que posea acerca de sí mismo. Las ilusiones sobre la propia persona quizá puedan representar muletas útiles para aquellos que no están en condiciones de caminar solos; pero, sin duda alguna, aumentan la debilidad del individuo. Su máximo vigor se funda en el más alto grado de integración de la personalidad, y esto significa, también, máximo de transparencia para sí mismo. El "conócete a ti mismo" constituye uno de los fundamentales mandamientos capaces de asegurar la fuerza y la felicidad de los hombres.

Además de los factores que acabamos de mencionar existen otros que, de una manera activa, contribuyen a confundir lo que en el individuo medio queda de la capacidad de pensamiento original. Con respecto a todos los problemas básicos de la vida individual y social, a las cuestiones psicológicas, económicas, políticas y morales, un amplio sector de nuestra cultura ejerce una sola función: la de confundir las cosas. Un tipo de cortina de humo consiste en afirmar que los problemas son demasiado complejos para la comprensión del hombre común. Por el contrario, nos parecería que muchos de los problemas básicos de la vida individual y social son muy simples, tan simples que deberíamos suponer que todos se hallan en condiciones de comprenderlos. Hacerlos aparecer tan monstruosamente complicados que sólo un "especialista" puede entenderlos, y eso únicamente en su propia y limitada esfera, produce —a veces de manera intencional— desconfianza en los individuos con respecto a su propia capacidad para pensar sobre aquellos problemas que realmente les interesan. Los hombres se debaten impotentes frente a una masa caótica de datos y esperan con paciencia patética que el especialista halle lo que debe hacer y a dónde debe dirigirse.

Este tipo de influencia produce un doble resultado: por un lado, escepticismo y cinismo frente a todo lo que se diga o escriba, y, por el otro, aceptación infantil de lo que se afirme con autoridad. Esta combinación de cinismo y de ingenuidad es muy típica del individuo moderno. Su consecuencia esencial es la de desalentar su propio pensamiento y decisión.

Otro modo de paralizar la capacidad de pensar críticamente lo hallamos en la destrucción de toda imagen estructurada del mundo. Los hechos pierden aquella calidad que poseen tan sólo en cuanto constituyen parte de una estructura total, y conservan únicamente un significado abstracto y cuantitativo; cada hecho no es otra cosa que *un hecho más*, y todo lo que importa es si sabemos más o menos. La radio, el cine y la prensa ejercen un efecto devastador a este respecto. La noticia del bombardeo de una ciudad y la muerte de centenares de personas es seguida o interrumpida, con todo descaro, por un anuncio de propaganda sobre jabón o vino. El mismo anunciador, con esa misma voz sugestiva, insinuante y autoritaria, que acaba de emplear para convencernos de la seriedad de la situación política, trata ahora de influir sobre su público acerca del mérito de determinada marca de jabón, que ha pagado los gastos de las noticias radiales. Los noticieros cinematográficos nos presentan muestras de la moda a continuación de escenas de buques torpedeados. Los diarios se refieren a las ideas vulgares o a los gustos alimentarios de alguna nueva estrella con la misma seriedad y concediéndole el mismo espacio con que tratan los sucesos de importancia científica o artística. A causa de todo esto dejamos de interesarnos sinceramente por lo que oímos. Dejamos de excitarnos, nuestras emociones y nuestro juicio crítico se ven dificultados, y con el tiempo nuestra actitud con respecto a lo que ocurre en el mundo va tomando un carácter de indiferencia y chatedad. En nombre de la "libertad" la vida pierde toda estructura, pues se la reduce a muchas piezas pequeñas, cada una separada de las demás, y desprovista de cualquier sentido de totalidad. El individuo se ve abandonado frente a tales piezas como un niño frente a un rompecabezas; con la diferencia, sin embargo, de que mientras éste sabe lo que es una casa y, por tanto. puede reconocer sus partes en las piezas del juego, el adulto no alcanza a ver el significado del *todo*, cuyos fragmentos han llegado a sus manos. Se halla perplejo y asustado y tan sólo acierta a seguir mirando sus pequeñas piezas sin sentido.

Lo que se ha dicho acerca de la carencia de *originalidad* en el pensamiento y la emoción, también vale para la voluntad. Darse cuenta de ello es especialmente difícil; en todo caso parecería que el hombre moderno tuviese demasiado deseos, y que justamente su único problema residiese en el hecho de que, si bien sabe lo que quiere, no puede conseguirlo. Empleamos toda nuestra energía con el fin de lograr nuestros deseos, y en su mayoría las personas nunca discuten las premisas de tal actividad; jamás se preguntan si saben realmente cuáles son sus verdaderos deseos. No se detienen a pensar si los fines perseguidos representan algo que ellos, *ellos mismos*, desean. En la escuela quieren buenas notas, y cuando son adultos desean lograr cada vez más éxito, acumular cada vez más dinero, poseer más prestigio, comprar mejores automóviles, ir a los mejores lugares, y cosas semejantes. Sin embargo, cuando, en medio de esta actividad frenética, se detienen a pensar, hay una pregunta que puede surgir en su espíritu: Si consigo este nuevo empleo, si compro un coche mejor, si realizo este viaje... ¿qué habré obtenido? ¿Cuál es verdaderamente el fin de todo esto? ¿Quiero, en realidad, todas esas cosas? ¿No estaré persiguiendo algún propósito que debería hacerme feliz y que, en verdad, se me escapa de las manos apenas lo he alcanzado? Cuando surgen estas preguntas se siente uno espantado, pues ponen en duda la base misma que sustenta toda la actividad del hombre, el conocimiento de sus mismos deseos. Por eso la gente tiende a liberarse lo más rápidamente posible de pensamientos tan inquietantes. Piensan que tales preguntas han venido a molestarlos a causa de algún cansancio o mal humor... y continúan así en la persecución de aquellos fines que siguen considerando propios.

Y, sin embargo, todo esto apunta a una confusa revelación de la verdad: que el hombre moderno vive bajo la ilusión de saber lo que quiere, cuando, en realidad, desea únicamente lo que *se supone* (socialmente) ha de desear. Para aceptar esta afirmación es menester darse cuenta de que saber lo que uno realmente quiere no es cosa tan fácil como algunos creen, sino que representa uno de los problemas más complejos que enfrentan al ser humano. Es una tarea que tratamos de eludir con todas nuestras fuerzas, aceptando fines ya hechos como si fueran fruto de nuestro propio querer. El hombre moderno está dispuesto a enfrentar graves peligros para lograr los propósitos que se supone sean *suyos*, pero teme profundamente asumir el riesgo y la responsabilidad de forjarse sus propios fines. A menudo se considera la intensidad de la actividad como una prueba del carácter autodeterminado de la acción, pero ya sabemos que esa conducta bien podría ser menos espontánea que la de una persona hipnotizada o de un actor. Conociendo la trama general de la obra, cada actor puede representar vigorosamente la parte que le corresponde y hasta crear por su cuenta frases y determinados detalles de la acción. Sin embargo, no hace más que representar un papel que le ha sido asignado.

La dificultad especial que existe en reconocer hasta qué punto nuestros deseos —así como los pensamientos y las emociones— no son realmente nuestros sino que los hemos recibido desde afuera, se halla estrechamente relacionada con el problema de la autoridad y la libertad. En el curso de la historia moderna, la autoridad de la Iglesia se vio reemplazada por la del Estado, la de éste por el imperativo de la conciencia, y, en nuestra época, la última ha sido sustituida por la autoridad anónima del sentido común y la opinión pública, en su carácter de instrumentos del conformismo. Como nos hemos liberado de las viejas formas manifiestas de autoridad, no nos damos cuenta de que ahora somos prisioneros de este nuevo tipo de poder. Nos hemos transformado en autómatas que viven bajo la ilusión de ser individuos dotados de libre albedrío. Tal ilusión ayuda a las personas a permanecer inconscientes de su inseguridad, y ésta es toda la ayuda que ella puede darnos. En su esencia el yo del individuo resultado debilitado, de manera que se siente impotente y extremadamente inseguro. Vive en un mundo con el que ha perdido toda conexión genuina y en el cual todas las personas y todas las cosas se han transformado en instrumentos, y en donde él mismo no es más que una parte de la máquina que ha construido con sus propias manos. Piensa, siente y quiere lo que él cree que los demás suponen que él deba pensar, sentir y querer; y en este proceso pierde su propio yo, que debería constituir el fundamento de toda seguridad genuina del individuo libre.

La pérdida del yo ha aumentado la necesidad de conformismo, dado que origina una duda profunda acerca de la propia identidad. Si no soy otra cosa que lo que creo que los otros suponen que yo debo ser..., ¿quién soy yo realmente? Hemos visto cómo la duda acerca del propio yo se inicia con el derrumbe del mundo medieval, en el cual el individuo había disfrutado de un lugar seguro dentro de un orden fijo. La identidad del individuo ha constituido el problema de mayor envergadura de la filosofía moderna desde Descartes. Hoy damos por supuesto lo que somos. Sin embargo, la duda acerca de nuestro ser todavía existe y hasta ha aumentado. Pirandello, en sus obras, expresa este sentimiento del hombre moderno. Comienza con la pregunta: "¿Quién soy yo? ¿Qué prueba tengo de mi propia identidad más que la permanencia de mi yo físico?" Su contestación no es como la de Descartes —la afirmación del yo individual—, sino su negación: no poseo identidad, no hay yo, excepto aquel que es reflejo de lo que los otros esperan que yo sea; yo soy "como tú me quieras".

Entonces, esta pérdida de la identidad hace aún más imperiosa la necesidad de conformismo; significa que uno puede estar seguro de sí mismo sólo en cuanto logra satisfacer las expectativas de los demás. Si no lo conseguimos, no sólo nos vemos frente al peligro de la desaparición pública y de un aislamiento creciente, sino que también nos arriesgamos a perder la identidad de nuestra personalidad, lo que significa comprometer nuestra salud psíquica.

Al adaptarnos a las expectativas de los demás, al tratar de no ser diferentes, logramos acallar aquellas dudas acerca de nuestra identidad y ganamos así cierto grado de seguridad. Sin embargo, el precio de todo ello es alto. La consecuencia de este abandono de la espontaneidad y de la individualidad es la frustración de la vida. Desde el punto de vista psicológico, el autómata, si bien está vivo biológicamente, no lo está ni mental ni emocionalmente. Al tiempo que realiza todos los movimientos del vivir, su vida se le escurre de entre las manos como arena. Detrás de una fachada de satisfacción y optimismo, el hombre moderno es profundamente infeliz; en verdad, está al borde de la desesperación. Se aferra perdidamente a la noción de individualidad; quiere ser *diferente*, y no hay recomendación mejor para alguna cosa que la de decir que es "diferente". Se nos informa del nombre individual del empleado del ferrocarril a quien compramos los billetes; maletas, naipes y radios portátiles son "personalizados" colocándoles las iniciales de su dueño. Todo esto indica la existencia de un hambre de "diferencia", y sin embargo, se trata de los últimos vestigios de personalidad que todavía subsisten. El hombre moderno está hambriento de vida. Pero puesto que siendo un autómata no puede experimentar la vida como actividad espontánea, acepta como sucedáneo cualquier cosa que pueda causar excitación o estremecimiento: bebidas, deportes o la identificación con la vida ilusoria de los personajes ficticios de la pantalla.

¿Cuál es, entonces, el significado de la libertad para el hombre moderno?

Se ha liberado de los vínculos exteriores que le hubieran impedido obrar y pensar de acuerdo con lo que había considerado adecuado. Ahora sería libre de actuar según su propia voluntad, si supiera lo que quiere, piensa y siente. Pero no lo sabe. Se ajusta al mandato de autoridades anónimas y adopta un yo que no le pertenece. Cuando más procede de este modo, tanto más se siente forzado a conformar su conducta a la expectativa ajena. A pesar de su disfraz de optimismo e iniciativa, el hombre moderno está abrumado por un profundo sentimiento de impotencia que le hace mirar fijamente y como paralizado las catástrofes que se le avecinan.

Considerada superficialmente, la gente parece llevar bastante bien su vida económica y social; sin embargo, sería peligroso no percatarse de la infelicidad profundamente arraigada que se oculta detrás del infierno de bienestar. Si la vida pierde su sentido porque no es vivida, el hombre llega a la desesperación. Nadie está dispuesto a dejarse morir por inanición psíquica, como nadie moriría calladamente por inanición física. Si nos limitamos a considerar solamente las necesidades económicas, en lo que respecta a las personas "normales", si no alcanzamos a ver el sufrimiento del individuo *automatizado*, entonces no nos habremos dado cuenta del peligro que amenaza a nuestra cultura desde su base humana: la disposición a aceptar cualquier ideología o cualquier "líder", siempre que prometan una excitación emocional y sean capaces de ofrecer una estructura política, y aquellos símbolos que aparentemente dan significado y orden a la vida del individuo. La desesperación del autómata humano es un suelo fértil para los propósitos políticos del fascismo.

## 2. Libertad y espontaneidad

Hasta ahora este libro ha versado acerca de un aspecto de la libertad: la impotencia y la inseguridad que sufre el individuo aislado en la sociedad moderna, después de haberse liberado de todos los vínculos que en un tiempo otorgaban significado y seguridad a su vida. Hemos visto que el individuo no puede soportar este aislamiento: como ser aislado, se halla extremadamente desamparado en comparación con el mundo exterior, que, por lo tanto. le inspira un miedo profundo. A causa de su aislamiento, además, la unidad del mundo se ha quebrado para él, y de este modo ya no tiene ningún punto firme para su orientación. Por eso se siente abrumado por la duda acerca de sí mismo, del significado de la vida y, por fin, de todo principio rector de las acciones. Tanto el desamparo como la duda paralizan la vida, y de este modo el hombre, para vivir, trata de esquivar la libertad que ha logrado: la libertad negativa. Se ve así arrastrado hacia nuevos vínculos. Éstos son diferentes de los vínculos primarios, de los cuales, no obstante la dominación de las autoridades o del grupo social, no se hallaba del todo separado. La evasión de la libertad no le restituye la seguridad perdida, sino que únicamente lo ayuda a olvidarse de que constituye una entidad separada. Halla una nueva y frágil seguridad a expensas del sacrificio de la integridad de su yo individual. Prefiere perder el yo porque no puede soportar su soledad. Así, la libertad —como libertad negativa— conduce hacia nuevas cadenas.

¿Podría afirmarse que nuestro análisis se presta a la conclusión de la inevitabilidad del ciclo que conduce de la libertad hacia nuevas formas de dependencia? ¿Es que la libertad *de* los vínculos primarios arroja al individuo en tal soledad y aislamiento que inevitablemente le obliga a refugiarse en nuevos vínculos? ¿*Independencia* y *libertad* son inseparables de *aislamiento* y *miedo?* ¿O existe, por el contrario, un estado de libertad positiva en el que el individuo vive como yo independiente sin hallarse aislado, sino unido al mundo, a los demás hombres, a la naturaleza?

Creemos que la contestación es positiva, que el proceso del desarrollo de la libertad no constituye un círculo vicioso, y que el hombre puede ser libre sin hallarse solo; crítico, sin henchirse de dudas, independiente, sin dejar de formar parte integrante de la humanidad. Esta libertad el hombre puede alcanzarla realizando su yo, siendo lo que realmente es. ¿Es qué consiste la realización del yo? Los filósofos idealistas han creído que la autorrealización sólo puede alcanzarse por medio de la intuición intelectual. Han insistido en la división de la personalidad humana, suprimiendo la naturaleza y conservando la razón. La consecuencia de esta separación fue la de frustrar no solamente las facultades emocionales del hombre, sino también las intelectuales. La razón, al transformarse en guardián de su prisionera, la naturaleza, se volvió ella misma cautiva, frustrándose de este modo ambos lados de la personalidad humana: razón y emoción. Creemos que la realización del yo se alcanza no solamente por el pensamiento, sino por la personalidad total del hombre, por la expresión activa de sus potencialidades emocionales e intelectuales. Éstas se hallan presentes en todos, pero se actualizan sólo en la medida en que lleguen a expresar. En otras palabras, *la libertad positiva consiste en la actividad espontánea de la personalidad total integrada.*

Enfrentamos aquí uno de los problemas más difíciles de la psicología: el de la espontaneidad. Intentar una discusión adecuada de esta cuestión requeriría otro libro. Sin embargo, sobre la base de lo que se ha dicho hasta ahora es posible llegar, por vía de contrastes, a comprender la esencia de la actividad espontánea. Ésta no es la actividad compulsiva, consecuencia del aislamiento e impotencia del individuo; tampoco es la actividad del autómata, que no representa sino la adopción crítica de normas surgidas desde afuera. La actividad espontánea es libre actividad del yo e implica, desde el punto de vista psicológico, el significado literal inherente a la palabra latina *sponte*: el ejercicio de la propia y libre voluntad. Al hablar de actividad no nos referimos al "hacer algo", sino a aquel carácter creador que puede hallarse tanto en las experiencias emocionales, intelectuales y sensibles, como en el ejercicio de la propia voluntad. Una de las premisas de esta espontaneidad reside en la aceptación de la personalidad total y en la eliminación de la distancia entre *naturaleza* y *razón;* porque la actividad espontánea tan sólo es posible si el hombre no reprime partes esenciales de su yo, si llega a ser transparente para sí mismo y si las distintas esferas de la vida han alcanzado una integración fundamental.

Si bien la espontaneidad es un fenómeno relativamente raro en nuestra cultura, no carecemos completamente de ella. Con el fin de contribuir a la comprensión de este problema, creo conveniente recordar al lector algunos ejemplos en los que a todos nos es dado sorprender un reflejo de espontaneidad.

En primer lugar, conocemos la existencia de individuos que son —o han sido— espontáneos; personas cuyos pensamientos, emociones y acciones son la expresión de su yo y no la de un autómata. Tales individuos los conocemos sobre todo con el nombre de artistas. En efecto, el artista puede ser definido como una persona capaz de expresarse espontáneamente. Si ésta fuera la definición del artista —Balzac se definía a sí mismo de esta manera— entonces ciertos filósofos y sabios también deberían llamarse artistas, en tanto que otros serían en comparación con ellos lo que un fotógrafo de viejo estilo con respecto a un pintor creador. Hay otras personas que, aun careciendo de la capacidad —quizá tan sólo de adiestramiento— para alcanzar una expresión objetiva, como lo hace el artista, poseen, no obstante, la misma espontaneidad. La posición del artista, sin embargo, es vulnerable, pues se respeta tan sólo la espontaneidad o individualidad del que logra el éxito; si no alcanza a *vender* su arte, es para los contemporáneos un desequilibrado, un "neurótico". Desde este punto de vista, el artista se halla en una posición similar a la del revolucionario a través de la historia. El revolucionario afortunado es un hombre de Estado, el que no alcanza el éxito, un criminal.

Los niños pequeños ofrecen otro ejemplo de espontaneidad. Tienen la capacidad de sentir y pensar lo que realmente es *suyo*: tal espontaneidad se manifiesta en lo que dicen y piensan, en las emociones que se expresan en sus rostros. Si se pregunta qué es lo que origina la atracción que los niños pequeños ejercen sobre tanta gente, yo creo que, prescindiendo de razones convencionales y sentimentales, debe contestarse que es ese mismo carácter de espontaneidad. Atrae profundamente a cualquiera que no esté tan muerto como para haber perdido la capacidad de percibirla. En efecto, no hay nada más atractivo y convincente que la espontaneidad, ya sea que la observemos en un niño, en un artista, o también en aquellas personas que por su edad y ocupación no pertenecen a esas categorías.

Muchos de nosotros podemos percibir en nosotros mismos por lo menos algún momento de espontaneidad, momentos que, al propio tiempo, lo son de genuina felicidad. Que se trate de la percepción fresca y espontánea de un paisaje o del nacimiento de alguna verdad como consecuencia de nuestro pensar, o bien de algún placer sensual no estereotipado, o del nacimiento del amor hacia alguien..., en todos estos momentos sabemos lo que es un acto espontáneo y logramos así una visión de lo que podría ser la vida si tales experiencias no fueran acontecimientos tan raros y tan poco cultivados.

¿Por qué la actividad espontánea constituye la solución al problema de la libertad? Hemos dicho que la libertad negativa hace del individuo un ser aislado que en su relación con el mundo se siente lejano y temoroso, y cuyo yo es débil y se halla expuesto a continuas amenazas. La actividad espontánea es el único camino por el cual el hombre puede superar el terror de la soledad sin sacrificar la integridad del yo; puesto que en la espontánea realización del yo es donde el individuo vuelve a unirse con el hombre, con la naturaleza, con sí mismo. El amor es el componente fundamental de tal espontaneidad; no ya el amor como disolución del yo en otra persona, no ya el amor como posesión, sino el amor como afirmación espontánea del otro, como unión del individuo con los otros sobre la base de la preservación del yo individual. El carácter dinámico del amor reside en esta misma polaridad: surge de la necesidad de superar la separación, conduce a la unidad... y, a pesar de ello, no tiene por consecuencia la eliminación de la individualidad. El otro componente es el trabajo; no ya el trabajo como actividad compulsiva dirigida a evadir la soledad, no el trabajo como relación con la naturaleza —en parte dominación, en parte adoración y avasallamiento frente a los productos mismos de la actividad humana—, sino el trabajo como creación, en el que el hombre, en el acto de crear, se unifica con la naturaleza. Lo que es verdad para el amor y el trabajo también lo es para toda acción espontánea, ya sea la realización de placeres sensuales o la participación en la vida política de la comunidad. Afirma la individualidad del yo y al mismo tiempo une al individuo con los demás y con la naturaleza. La dicotomía básica, inherente al hombre —el nacimiento de la individualidad y el dolor de la soledad— se disuelve en un plano superior por medio de la actividad humana espontánea.

En ella el individuo abraza el mundo. No solamente su yo individual permanece intacto, sino que se vuelve más fuerte y recio. *Porque el yo es fuerte en la medida en que es activo.* No hay fuerza genuina en la posesión como tal, ni en la de propiedades materiales ni en aquella de cualidades espirituales, como las emociones o los pensamientos.

Tampoco la hay en el uso y manipulación de los objetos; lo que usamos no es nuestro por el simple hecho de usarlo. Lo nuestro es solamente aquello con lo que estamos genuinamente relacionados por medio de nuestra actividad creadora, sea el objeto de la relación una persona o una cosa inanimada. Solamente aquellas cualidades que surgen de nuestra actividad espontánea dan fuerza al yo y constituyen, por lo tanto, la base de su integridad. La incapacidad para obrar con espontaneidad, para expresar lo que verdaderamente uno siente y piensa, y la necesidad consecuente de mostrar a los otros y a uno mismo un seudoyó, constituyen la raíz de los sentimientos de inferioridad y debilidad. Seamos o no conscientes de ello, no hay nada que nos avergüence más que el no ser nosotros mismos y, recíprocamente, no existe ninguna cosa que nos proporcione más orgullo y felicidad que pensar, sentir y decir lo que es realmente nuestro.

Todo ello significa que lo importante aquí es la actividad como tal, el proceso y no sus resultados. En nuestra cultura es justamente lo contrario lo que se acentúa más. Producimos no ya para satisfacción propia, sino con el propósito abstracto de vender nuestra mercadería; creemos que podemos lograr cualquier cosa, material o inmaterial, comprándola; y de este modo los objetos llegan a pertenecernos independientemente de todo esfuerzo creador propio. Del mismo modo, consideramos nuestras cualidades personales y el resultado de nuestros esfuerzos como mercancías que pueden ser vendidas a cambio de dinero, prestigio y poder. De este modo, se concede importancia al valor del producto terminado en lugar de atribuírsela a la satisfacción inherente a la actividad creadora. Por ello el hombre malogra el único goce capaz de darle la felicidad verdadera —la experiencia de la actividad del momento presente— y persigue en cambio un fantasma que lo dejará defraudado apenas crea haberlo alcanzado: la felicidad ilusoria que llamamos éxito.

Si el individuo realiza su yo por medio de la actividad espontánea y se relaciona de este modo con el mundo, deja de ser un átomo aislado; él y el mundo se transforman en partes de un todo estructural; disfruta así de un lugar legítimo y con ello desaparecen sus dudas respecto de sí mismo y del significado de su vida. Ellas surgen del estado de separación en que se halla y de la frustración de su vida; cuando logra vivir, no ya de manera compulsiva o automática, sino espontáneamente, entonces sus dudas desaparecen. Es consciente de sí mismo como individuo activo y creador y se da cuenta de que *sólo existe un significado de la vida: el acto mismo de vivir.*

Si el individuo logra superar la duda básica respecto de sí mismo y de su lugar en la vida, si está relacionado con el mundo comprendiéndolo en el acto de vivir espontáneo, entonces aumentará su fuerza como individuo, así como su seguridad. Ésta, sin embargo, difiere de aquella que caracteriza el estado preindividual, del mismo modo como su nueva forma de relacionarse con el mundo es distinta de la de los vínculos primarios. Esa nueva seguridad no se halla arraigada en la protección que el individuo recibe de parte de algún poder superior extraño a él; tampoco es la seguridad en la que resulta eliminado el carácter trágico de la vida. La nueva seguridad es dinámica, no se basa en la protección, sino en la actividad espontánea del hombre: es la que adquiere en cada instante por medio de tal esfuerzo. Es la seguridad que solamente la libertad puede dar, que no necesita de ilusiones, porque ha eliminado las condiciones que origina tal necesidad.

La libertad positiva, como realización del yo, implica la afirmación plena del carácter único del individuo. Todos los hombres nacen iguales, pero también nacen distintos. La base de esa peculiaridad individual se halla en la constitución hereditaria, fisiológica y mental con la que el hombre entra en la vida, así como en la especial constelación de circunstancias y experiencias que le toca luego enfrentar. Esta base individual de la personalidad es tan distinta en cada persona como lo es su constitución física; no hay dos organismos idénticos. La expansión genuina del yo se realiza siempre sobre esta base individual; es un crecimiento orgánico, el desplegarse de un núcleo que pertenece peculiarmente a una determinada persona y solamente a ella. Por el contrario, el desarrollo del autómata no es de carácter orgánico. El crecimiento de la base de la personalidad se ve obstruido, superponiéndose al yo auténtico un seudoyó formado —como ya se ha visto— por la incorporación de formas extrañas del pensamiento y emoción. El crecimiento orgánico es sólo posible con la condición de que se acuerde un respeto supremo a la peculiaridad del propio yo, así como al de los demás. Este respeto por el carácter único de la personalidad, unido al afán de perfeccionarla, constituye el logro más valioso de la cultura humana y representa justamente lo que hoy se halla en peligro.

El carácter único del yo no contradice de ningún modo el principio de igualdad. La tesis de que todos los hombres nacen iguales implica que todos ellos participan de las mismas calidades humanas fundamentales, que comparten el destino esencial de todos los seres humanos, que poseen por igual el mismo inalienable derecho a la felicidad y a la libertad. Significa, además, que sus relaciones recíprocas son de solidaridad y no de dominación o sumisión. Lo que el concepto de igualdad *no* significa es que todos los hombres sean iguales. Tal noción se deriva de la función que los individuos desempeñan actualmente en la vida económica. En la relación que establece entre vendedor y comprador, las diferencias concretas de personalidad son eliminadas. En esta situación interesa una sola cosa: que el primero tenga algo por vender y el segundo dinero para comprar. En la vida económica un hombre no es distinto de otro; pero sí lo es como persona real, y cultivar el carácter único de cada cual constituye la esencia de la individualidad.

La libertad positiva implica también el principio de que no existe poder superior al del yo individual; que el hombre representa el centro y el fin de la vida; que el desarrollo y la realización de la individualidad constituyen un fin que no puede ser nunca subordinado a propósitos a los que se atribuyen una dignidad mayor. Esta concepción puede originar serias objeciones. ¿No se postula con ella un egoísmo desenfrenado? ¿No representa la negación de la idea de sacrificio por un ideal? ¿No conducirá su aceptación a la anarquía? Todas estas preguntas ya han sido contestadas, implícita o explícitamente, en la exposición anterior. Sin embargo, son tan importantes para nosotros que es menester realizar otro intento para aclarar aquellas respuestas y eliminar equívocos.

Decir que el hombre no debiera sujetarse a nada superior a él mismo, no implica negar la dignidad de los ideales. Por el contrario, constituye su afirmación más decidida. Esto nos obliga, sin embargo. a realizar un análisis crítico del ideal. Actualmente nos hallamos dispuestos, por lo general, a suponer que constituye un ideal todo propósito que no implique ganancias materiales, cualquier objetivo por el cual estemos dispuestos a sacrificar fines egoístas. Se trata de un concepto puramente psicológico y relativista. Según esta posición subjetivista, un fascista —impulsado por el deseo de subordinarse frente a un poder superior y, al mismo tiempo, por el de dominar a los demás— posee un ideal, del mismo modo como el que lucha por la libertad y la igualdad humanas. Nunca podrá resolverse el problema de los ideales sobre esta base.

Es menester reconocer la diferencia que existe entre los ideales genuinos y los ficticios, distinción tan fundamental como la que se da entre lo verdadero y lo falso. Todos los ideales genuinos tienen esto en común: expresan el deseo de algo que todavía no se ha realizado, pero que es deseable para el desarrollo y la felicidad del individuo [5]. Quizá no siempre sepamos qué es lo más adecuado para ese fin, quizá podamos discrepar acerca de la función de este o aquel ideal para el desarrollo humano, pues no existe ninguna razón en apoyo de un relativismo que nos prohiba conocer qué es lo que favorece o frustra la vida. No siempre estamos seguros acerca de la salubridad de este o aquel alimento, y sin embargo, no concluimos por ello que no existe ningún modo posible de reconocer la existencia del veneno. Análogamente podemos saber, si así lo deseamos, qué cosa representa un tóxico para la vida mental. Sabemos que la pobreza, la intimidación, el aislamiento, están dirigidos *contra la vida*: que todo lo que sirva a la libertad y desarrolle el valor y la fuerza para ser uno mismo es algo *en favor* de la vida. Lo que es bueno o malo para el hombre no constituye una cuestión metafísica, sino empírica, y puede ser resuelta analizando la naturaleza del hombre y el efecto que ciertas condiciones ejercen sobre él.

¿Qué pensar entonces de aquellos "ideales" que, como los del fascismo, se dirigen decididamente contra la vida? ¿Cómo podemos comprender el hecho de que haya hombres que los sigan tan fervientemente, como los adeptos de ideales verdaderos siguen los suyos? Ciertas consideraciones psicológicas nos proporcionarán la respuesta a esta pre-

[5] Cf. Max Otto, *The Human Enterprise*, Nueva York. T. S. Croft, 1940. Capítulos IV y V.

gunta. El fenómeno del masoquismo nos muestra que las personas pueden sentirse impulsadas a experimentar el sufrimiento o la sumisión. No hay duda de que tanto éstos como el suicidio constituyen la antítesis de los objetivos positivos de la vida. Y, sin embargo, se trata de fines que pueden ser experimentados subjetivamente como satisfactorios y atrayentes. Tal atracción hacia lo que es más perjudicial para la vida es el fenómeno que merece con más derecho que todos los demás el nombre de perversión patológica. Muchos psicólogos han supuesto que la experiencia del placer y el rechazo del dolor representan el único principio legítimo que guía la acción humana; pero la psicología dinámica puede demostrar que la experiencia subjetiva del placer no constituye un criterio suficiente para valorar, en función de la felicidad humana, ciertas formas de conducta. Un ejemplo de esto es el fenómeno masoquista. Su análisis muestra que la sensación de placer puede ser el resultado de una perversión patológica, y también que representa una prueba tan poco decisiva con respecto al significado objetivo de la experiencia, como el gusto dulce de un veneno para su efectos sobre el organismo [6].

Llegamos así a definir como ideal verdadero todo

[6] El problema que aquí se discute conduce a un tema de hondo significado, y que, por lo menos, es necesario mencionar. El problema ético ¿puede ser aclarado por la psicología dinámica? Los psicólogos aportarán alguna ayuda en este sentido tan sólo cuando puedan ver el significado de los problemas morales para la comprensión de la personalidad. Toda psicología —incluso la de Freud— que considere estos problemas en función del principio del placer, no logrará entender un importante sector de la personalidad y dejará libre el terreno para doctrinas morales de tipo dogmático y antiempírico. El análisis del amor de sí mismo, del sacrificio masoquista y del significado de los ideales, que se ha proporcionado en este libro, nos muestra ejemplos de este campo de la psicología y de la ética que merecerían ulterior desarrollo.

propósito que favorezca el desarrollo, la libertad y la felicidad del yo, considerándose, en cambio, ficticios aquellos fines compulsivos e irracionales que, si bien subjetivamente representan experiencias atrayentes (como el impulso a la sumisión), en realidad resultan perjudiciales para la vida. Aceptada esta definición, se deduce que un ideal verdadero no constituye una fuerza oculta, superior al individuo, sino que es la expresión articulada de la suprema afirmación del yo. Todo ideal que se halle en contraste con tal afirmación representa, por ello mismo, no ya un ideal, sino un fin patológico.

Con esto llegamos a otro problema: el del sacrificio. Nuestra definición de la libertad como rechazo de la sumisión a *todo* poder superior, ¿excluye el sacrificio, incluso el sacrificio de la propia vida? Se trata de un problema que reviste gran importancia actualmente, cuando el fascismo proclama el sacrificio de sí mismo como la más alta de las virtudes y logra impresionar a tanta gente con su carácter idealista. De lo que se ha afirmado hasta ahora surge naturalmente la respuesta a tal pregunta. Hay dos tipos completamente distintos de sacrificio. Uno de los aspectos trágicos de la vida reside en el hecho de que las demandas de nuestro yo físico pueden entrar en conflicto con los propósitos de nuestro yo espiritual, pudiendo vernos así obligados a sacrificar el primero para asegurar la integridad del segundo. Es un sacrificio que no perderá nunca su carácter trágico. La muerte no es jamás dulce, aun cuando se la enfrente en nombre del más alto de los ideales. Es atrozmente amarga, y sin embargo puede constituir la afirmación extrema de nuestra individualidad. Tal sacrificio es fundamentalmente distinto del "sacrificio" que predica el fascismo: no se trata en este caso del más alto precio que pueda ser pagado para afirmar el propio yo, sino de un fin en sí mismo. Este sacrificio masoquista busca el cumplimiento de la vida en su negación misma, en la aniquilación del yo. No es otra cosa que la expresión suprema de los propósitos del fascismo en todos sus aspectos: la destrucción del yo individual y su sumisión a un poder superior. Representa la perversión del sacrificio verdadero, así como el suicidio es la perversión extrema de la vida. El sacrificio genuino supone siempre un ilimitado anhelo de integridad espiritual; el de aquellos que la han perdido tan sólo encubre su bancarrota moral.

Queda por contestar una última objeción: si se les permite a los individuos obrar libremente en el sentido de la espontaneidad, si los hombres no reconocen autoridad superior alguna a la de ellos mismos, ¿no surgirá inevitablemente la anarquía? En la medida en que este término se refiere al egoísmo irresponsable y a la destructividad, el factor determinante depende de la noción que se tenga acerca de la naturaleza humana. Yo sólo puedo referirme a lo que se ha señalado en el capítulo concerniente a los mecanismos de evasión, a saber, que el hombre no es ni bueno ni malo, que la vida posee una tendencia inherente al desarrollo, a la expansión, a la expresión de sus potencialidades; que si se frustra la vida, si el individuo se ve aislado, abrumado por las dudas y por sentimientos de soledad e impotencia, entonces surge un impulso de destrucción, un anhelo de sumisión o de poder. Si la libertad humana se establece como *libertad positiva*, si el hombre puede realizar su yo plenamente y sin limitaciones, habrán desaparecido las causas fundamentales de sus tendencias impulsivas asociales, y tan sólo los individuos anormales o enfermos representarán un peligro. En la historia de la humanidad este tipo de libertad no ha llegado nunca a realizarse, y sin embargo ha constituido un ideal que el hombre no abandonó jamás, aun cuando lo expresara a menudo en formas abstrusas e irracionales. No hay razón para maravillarse de que la historia muestre tanta crueldad y destrucción. Si hay algo que nos puede sorprender —y alentar— es el hecho de que la raza humana, a pesar de lo acontecido, ha mantenido —y desarrollado— aquellas cualidades de dignidad, valor, decencia y bondad que observamos en todo el curso de la historia, y actualmente, en innumerables individuos.

Si entendemos por anarquía el no reconocimiento por parte del individuo de cualquier clase de autoridad, la respuesta a nuestra pregunta puede hallarse en lo que se ha dicho acerca de la diferencia entre autoridad racional e irracional. La primera —al modo de un ideal verdadero— entraña el propósito de desarrollar y expandir el yo individual. Por lo tanto, en principio, nunca entra en conflicto con el individuo, ni con sus fines reales (no patológicos).

La tesis de este libro es que la libertad posee un doble significado para el hombre moderno; éste se ha liberado de las autoridades tradicionales y ha llegado a ser un *individuo;* pero, al mismo tiempo, se ha vuelto aislado e impotente, tornándose el instrumento de propósitos que no le pertenecen, extrañándose de sí mismo y de los demás. Se ha afirmado además de que tal estado socava su yo, lo debilita y asusta, al tiempo que lo dispone a aceptar la sumisión a nuevas especies de vínculos. La libertad positiva, por otra parte, se identifica con la realización plena de las potencialidades del individuo, así como con su capacidad para vivir activa y espontáneamente. La libertad ha alcanzado un punto crítico en el que, impulsada por la lógica de su dinamismo, amenaza transmutarse en su opuesto. El futuro de la democracia depende de la realización del individualismo, y éste ha sido el fin ideológico del pensamiento moderno desde el Renacimiento. La crisis política y cultural de nuestros días no se debe, por otra parte, al exceso de individualismo, sino al hecho de que lo que creemos ser tal se ha reducido a una mera cáscara vacía. La victoria de la libertad es solamente posible si la democracia llega a constituir una sociedad en la que el individuo, su desarrollo y felicidad constituyan el fin y el propósito de la cultura; en la que la vida no necesite justificarse por el éxito o por cualquier otra cosa, y en la que el individuo no se vea subordinado ni sea objeto de manipulaciones por parte de ningún otro poder exterior a él mismo, ya sea el Estado o la organización económica; una sociedad, por fin, en la que la conciencia y los ideales del hombre no resulten de la absorción en el yo de demandas exteriores y ajenas, sino que sean realmente *suyos* y expresen propósitos resultantes de la peculiaridad de su yo. Tales propósitos no pudieron realizarse plenamente en ninguno de los períodos anteriores de la historia moderna; debieron permanecer en gran parte como fines ideológicos, pues faltaba la base material para el desarrollo de un genuino individualismo. Correspondió al capitalismo crear esa base. El problema de la producción ha sido resuelto —por lo menos en principio— y podemos profetizar un futuro de abundancia, en el que la lucha por los privilegios económicos ya no será necesaria consecuencia de la escasez. El problema que enfrentamos hoy es el de crear una organización de las fuerzas económicas y sociales capaz de hacer del hombre —como miembro de la sociedad estructurada— el dueño de tales fuerzas y no su esclavo.

He subrayado el aspecto psicológico de la libertad, pero también he tratado de mostrar que el mismo no puede ser separado de la base material de la existencia humana, de la estructura económica, política y social de la colectividad. La consecuencia de esta premisa es que la realización de la libertad positiva y del individualismo se halla también conexa con los cambios económicos y sociales que permitirán al hombre llegar a ser libre, realizando su yo. No es propósito de este libro el tratar de los problemas económicos derivados de aquella premisa o el formular un esquema de los planes económicos para el futuro. Pero me gustaría no dejar ninguna duda acerca de la vía en la que creo ha de hallarse la solución.

En primer lugar, debe afirmarse lo siguiente: no podemos, sin sufrir grave perjuicio, enfrentar la pérdida de ninguna de las conquistas fundamentales de la democracia moderna, ya se trate del gobierno representativo —esto es, el gobierno elegido por el pueblo y responsable frente a él—, o de cualquiera de los derechos garantizados a todo ciudadano por la *Declaración de los derechos del hombre.* Ni podemos hacer concesiones con respecto al nuevo principio democrático, según el cual nadie debe ser abandonado al hambre —pues la sociedad es responsable por todos sus miembros—, ni al miedo y la sumisión, o bien condenado a perder el respeto de sí mismo a causa del temor a la desocupación y a la indigencia. Estas conquistas fundamentales no solamente han de ser conservadas, sino que también deben ser desarrolladas y fortificadas.

A pesar de haber alcanzado este grado de democracia (que, sin embargo, estamos aún muy lejos de haber puesto en práctica de manera completa), debe reconocerse que el mismo no es todavía suficiente. El progreso de la democracia consiste en acrecentar realmente la libertad, iniciativa y espontaneidad del individuo, no sólo en determinadas cuestiones privadas y espirituales, sino esencialmente en la actividad fundamental de la existencia humana: su trabajo.

¿Cuáles son las condiciones generales que permiten alcanzar tal objetivo? El carácter irracional y caótico de la sociedad debe ser reemplazado por una economía planificada que represente el esfuerzo dirigido y armónico de la sociedad como tal. La sociedad debe llegar a dominar lo social de una manera tan racional como lo ha logrado con respecto a la naturaleza. La primera condición consiste en la eliminación del dominio oculto de aquellos que, aunque pocos en número, ejercen, sin responsabilidades de ninguna especie, un gran poder económico sobre los muchos, cuyo destino depende de las decisiones de aquéllos. Podríamos llamar a este nuevo orden *socialismo democrático*, pero, en verdad, el nombre no interesa; todo lo que cuenta es el establecimiento de un sistema económico racional que sirva los fines de la comunidad. Hoy la gran mayoría del pueblo no solamente no ejerce ninguna fiscalización sobre la organización económica total, sino que tampoco disfruta de la oportunidad de desarrollar alguna iniciativa y espontaneidad en el trabajo especial que le toca hacer. Son *empleados*, y de ellos no se espera más que el cumplimiento de lo que se les ordene. Solamente en una economía planificada, en la que toda la nación domine racionalmente las fuerzas sociales y económicas, el individuo logrará participar de la responsabilidad de la dirección y aplicar en su trabajo la inteligencia creadora de que está dotado. Todo lo que interesa es que se restituya al individuo la posibilidad de ejercer una actividad genuina; que los fines de la sociedad y los suyos propios lleguen a ser idénticos, no ya tan sólo ideológicamente, sino en la realidad; y que pueda aplicar activamente sus esfuerzos y su razón en su trabajo, realizándolo como algo por lo cual pueda sentirse responsable en tanto representa una actividad que posee sentido y propósitos en función de sus propios fines humanos. Debemos reemplazar la manipulación de los hombres por la cooperación activa e inteligente, y extender el principio del gobierno del pueblo por el pueblo y para el pueblo, desde la esfera política formal a la económica.

No es posible establecer únicamente en función de factores económicos y políticos si un determinado sistema contribuye o no a la causa de la libertad humana. El único criterio acerca de la realización de la libertad es el de la participación activa del individuo en la determinación de su propia vida y en la de la sociedad, entendiéndose que tal participación no se reduce al acto formal de votar, sino que incluye su actividad diaria, su trabajo y sus relaciones con los demás. Si la democracia moderna se limita a la mera esfera política, no podrá contrarrestar adecuadamente los efectos de la insignificancia económica del individuo común. Pero tampoco son suficientes los remedios meramente económicos, como el de la socialización de los medios de producción. No me estoy refiriendo ahora al empleo engañoso de la palabra socialismo, tal como ha sido aplicada —por razones de conveniencia táctica— en el nazismo. Me refiero a Rusia, donde el socialismo se ha vuelto un termino ilusorio, pues aunque se ha realizado la socialización de los medios de producción, de hecho una poderosa burocracia maneja la vasta masa de la población. Esto necesariamente impide el desarrollo de la libertad y del individualismo, aun cuando la fiscalización gubernamental pueda salvaguardar efectivamente los intereses económicos de la mayoría del pueblo.

Nunca se ha abusado más que ahora de las palabras para ocultar la verdad. A la traición de los aliados se la llama apaciguamiento: a la agresión militar, defensa contra los ataques; la conquista de naciones pequeñas es tildada de pacto de amistad, y la supresión brutal de poblaciones enteras se efectúa en nombre del nacionalsocialismo. También las palabras democracia, libertad e individualismo llegan a ser objeto de tal abuso. Hay una sola manera de definir el verdadero significado de la diferencia entre fascismo y democracia. Ésta constituye un sistema que crea condiciones políticas, económicas y culturales dirigidas al desarrollo pleno del individuo. El fascismo, por el contrario, es un sistema que, no importa cuál sea el nombre que adopte, subordina el individuo a propósitos que le son extraños y debilita el desarrollo de la genuina individualidad.

Por cierto que una de las dificultades mayores para el establecimiento de las condiciones necesarias a la realización de la democracia reside en la contradicción que existe entre la economía planificada y la cooperación activa de cada individuo. Una economía de ese tipo que tenga los alcances de un vasto sistema industrial, requiere un alto grado de centralización y, como consecuencia, una burocracia destinada a administrar ese organismo centralizado. Por otra parte, el control activo y la cooperación de cada individuo y de las unidades más pequeñas de todo el sistema, requieren un alto grado de descentralización. A menos que se logre fusionar la planificación desde arriba con la cooperación activa desde abajo, a menos que la corriente de la vida social consiga fluir continuamente desde la base hasta la cumbre, la economía planificada llevará al pueblo a ser víctima de renovadas manipulaciones. Una de las tareas principales de la sociedad es justamente la de resolver este problema: la forma de combinar la centralización con la descentralización.

Y, por cierto, se trata de una cuestión no menos soluble que los problemas técnicos que ya fueron superados y que nos han conducido a un dominio casi absoluto de la naturaleza. Podrá ser resuelto, sin embargo, tan sólo si reconocemos la necesidad de una solución y si tenemos fe en los hombres y en su capacidad de cuidar sus propios reales intereses en tantos seres humanos.

En cierto modo, estamos enfrentando una vez más el problema de la iniciativa individual. Ésta constituyó uno de los grandes estímulos del capitalismo liberal, tanto para el sistema económico como para el desarrollo personal. Pero con dos limitaciones: solamente desarrolló en el hombre dos cualidades especiales, la voluntad y la racionalidad, dejándolo, por otra parte, subordinado a los fines económicos. Era éste un principio que funcionaba muy bien durante una fase del capitalismo en la que predominaban en alto grado el individualismo y la competencia, y en la que había espacio para un sinnúmero de unidades económicas. Pero éste se ha ido restringiendo. Sólo un número reducido está en condiciones de ejercer la iniciativa individual. Si queremos realizar ahora ese principio y extenderlo hasta liberar completamente la personalidad, ello sólo nos será posible por medio del esfuerzo racional y consciente de toda la sociedad, y merced a un grado de descentralización capaz de garantizar la cooperación activa, real y genuina, así como la fiscalización por parte de las más pequeñas unidades del sistema.

Tan sólo si el hombre logra dominar la sociedad y subordinar el mecanismo económico a los propósitos de la felicidad humana, si llega a participar activamente en el proceso social, podrá superar aquello que hoy lo arrastra hacia la desesperación: su soledad y su sentimiento de impotencia. Actualmente el hombre no sufre tanto por la pobreza como por el hecho de haberse vuelto un engranaje dentro de una máquina inmensa, de haberse transformado en un autómata, de haber vaciado su vida y haberle hecho perder todo su sentido. La victoria sobre todas las formas de sistemas autoritarios será únicamente posible si la democracia no retrocede, asume la ofensiva y avanza para realizar su propio fin, tal como lo concibieron aquellos que lucharon por la libertad durante los últimos siglos. Triunfará sobre las fuerzas del nihilismo tan sólo si logra infundir en los hombres aquella fe que es la más fuerte de las que sea capaz el espíritu humano, la fe en la vida y en la verdad, la fe en la libertad, como realización activa y espontánea del yo individual.

## Apéndice

# EL CARÁCTER Y EL PROCESO SOCIAL

En toda la obra nos hemos referido a la interrelación existente entre los factores socio-económicos, psicológicos e ideológicos, analizando determinados períodos históricos, como el de la Reforma y la Edad Contemporánea. Para aquellos lectores que se interesan en los problemas teóricos relacionados con ese análisis, trataré de exponer brevemente, en este apéndice, la base teórica general sobre la que se ha fundado el estudio concreto.

Al estudiar las reacciones psicológicas de los grupos sociales, debemos ocuparnos de la estructura del carácter de los miembros que los integran, es decir, de los caracteres individuales. Sin embargo, lo que nos interesa no son las peculiaridades que contribuyen a las diferencias interpersonales entre los miembros de un mismo grupo, sino aquella parte de la estructura del carácter que es común a la mayoría de ellos. Podemos denominar a esta parte *carácter social.* Éste es necesariamente menos específico que el carácter individual. Al describir el segundo debemos referirnos a la totalidad de los rasgos que, en su peculiar configuración, constituyen la estructura de la personalidad de este o aquel individuo. El carácter social, por el contrario, comprende tan sólo una selección de tales rasgos, a saber: *el núcleo esencial de la estructura del carácter de la mayoría de los miembros de un grupo; núcleo que se ha desarrollado como resultado de las experiencias básicas y los modos de vida comunes del grupo mismo.* Si bien nunca dejarán de observarse *extraviados*, dotados de una estructura de carácter totalmente distinta, la de la mayoría de los miembros del grupo se hallará constituida por diferentes variaciones alrededor del mencionado núcleo; variaciones que se explican por la intervención de los factores accidentales del nacimiento y de las experiencias vitales, en la medida que éstas difieren entre un individuo y otro. Cuando nos proponemos comprender cabalmente al individuo como tal, estos elementos diferenciales adquieren la mayor importancia; pero en tanto nuestro propósito se dirige a la comprensión del modo según el cual la energía humana es encauzada y opera como fuerza propulsiva dentro de un orden social determinado, entonces debemos dirigir nuestra atención al carácter social.

Este concepto constituye una noción fundamental para la comprensión del proceso social. En el sentido dinámico de la psicología analítica se denomina carácter la forma específica impresa a la energía humana por la adaptación dinámica de las necesidades de los hombres a los modos de existencia peculiares de una sociedad determinada. El carácter, a su vez, determina el pensamiento, la acción y la vida emocional de los individuos. Darse cuenta de todo ello resulta harto difícil cuando se consideran nuestros propios pensamientos, pues todos nosotros participamos de la creencia tradicional en el carácter puramente intelectual del acto de pensar y en su independencia de la estructura psicológica de la personalidad. Sin embargo, tal creencia es errónea, especialmente cuando nuestros pensamientos se refieren a problemas filosóficos, políticos, psicológicos o sociales, más que al manipuleo empírico de objetos concretos. Tales pensamientos, abstracción hecha de los elementos puramente lógicos implícitos en el acto de pensar, se hallan en gran parte determinados por la estructura de la personalidad del que piensa. Esta afirmación tiene validez para toda una doctrina o sistema teórico, así como para un concepto aislado, como *amor, justicia, igualdad, sacrificio.* Cada concepto o cada doctrina se origina en una matriz emocional arraigada en la estructura del carácter del individuo.

Ya hemos proporcionado diferentes ejemplos de todo ello en los capítulos precedentes. En lo concerniente a las doctrinas, tratamos de poner en evidencia las raíces emocionales del protestantismo de la primera época y del autoritarismo moderno. Y por lo que se refiere a los conceptos aislados, ya mostramos cómo, para el carácter masoquista, por ejemplo, el amor posee el significado de dependencia simbólica y no de afirmación mutua y de unión sobre una base de igualdad; el sacrificio entraña extrema subordinación del yo individual a una entidad superior, y no la afirmación del yo espiritual y moral; la diferencia entre individuos significa un desnivel de poder y no la realización del yo fundada sobre la igualdad; la justicia indica que cada uno debe recibir lo que merece y no que el individuo posee títulos incondicionales para el ejercicio de los inalienables derechos que le son inherentes en tanto hombre; el coraje es la disposición a someterse y a soportar el sufrimiento, y no la afirmación suprema de la individualidad en lucha contra el poder. Aun cuando usen la misma palabra, dos personas dotadas de distinta personalidad, cuando hablan, por ejemplo, sobre el amor, se refieren en realidad a significados completamente diferentes que varían según sus respectivas estructuras caracterológicas. Mucha confusión intelectual podría ser evitada, en efecto, si se hiciera un correcto análisis psicológico de tales conceptos, puesto que todo intento de clasificación meramente lógica está destinado necesariamente al fracaso.

El hecho de que las ideas se desarrollen en una

matriz emocional, posee la mayor importancia, por cuanto constituye la clave necesaria para lograr la comprensión del espíritu de una cultura. Diferentes sociedades o distintas clases dentro de una misma sociedad poseen caracteres sociales específicos, y es a partir de éstos que se desarrollan y se fortifican las distintas ideas. Así, por ejemplo, las nociones de trabajo y de éxito, como bienes últimos de la vida, llegaron a ser una fuerza poderosa y a incidir sobre el hombre moderno debido a la soledad y a la incertidumbre en que éste se hallaba; pero la propaganda en favor del principio del esfuerzo incesante y de la religión del éxito, dirigida a los campesinos mexicanos o a los indígenas de las tribus *pueblo*, no hallaría ninguna respuesta favorable. Estos pueblos, dotados de un distinto tipo de estructura de carácter, difícilmente llegarían a comprender el significado de esos fines, aun cuando entendieran el lenguaje en que los mismos fueran expuestos. Del mismo modo, Hitler y esa parte de la población alemana que poseía su mismo tipo de estructura del carácter, creían de una manera completamente sincera que pensar en la posibilidad de abolir las guerras constituye una locura o bien una descarada mentira. Sobre la base de su carácter social les parecía que la vida sin sufrimientos ni desastres sería tan poco comprensible como las nociones de libertad e igualdad.

Con frecuencia ciertos grupos aceptan ideas que, sin embargo, no llegan realmente a afectarlos, debido a las peculiaridades del carácter social de los grupos mismos. Son ideas que siguen formando parte de las convicciones conscientes, pero que no constituyen criterios para la acción en los momentos de crisis. Un ejemplo de este fenómeno lo muestra el movimiento sindical alemán en la época de la victoria del nazismo. La gran mayoría de los obreros germanos votaba, antes de la ascensión de Hitler al poder, en favor del partido socialista o del comunista, y creía en las doctrinas de estos partidos; esto es, la *difusión* de tales ideas en la clase obrera era extremadamente amplia. Sin embargo, su *peso* no estaba en proporción a su difusión. El asalto nazi no se enfrentó con adversarios políticos que en su mayoría se hallaran dispuestos a luchar por sus ideas. Muchos adherentes a los partidos de izquierda, si bien siguieron creyendo en el programa partidario mientras sus respectivas organizaciones conservaron la autoridad, se hallaron dispuestos a abandonar su fe apenas llegó la hora de la crisis. Un análisis atento de la estructura del carácter de los obreros alemanes puede mostrarnos una causa —por cierto no la única— de este fenómeno. Un gran número de ellos poseía un tipo de personalidad en el que estaban presentes muchos rasgos correspondientes a lo que hemos descrito como carácter autoritario. Poseían un ansia y un respeto hondamente arraigados hacia la autoridad establecida. La importancia que el socialismo atribuía a la independencia individual frente a la autoridad, a la solidaridad frente al aislamiento individualista, no era lo que muchos de estos obreros, debido a su estructura caracterológica, deseaban de verdad. Uno de los errores de los dirigentes izquierdistas fue él de estimar la fuerza del propio partido sólo sobre la base de la difusión de su ideología, sin tener en cuenta, en cambio, su carencia de arraigo.

En contraste con este cuadro, nuestro análisis de las doctrinas protestantes y calvinistas nos ha mostrado que tales ideas constituían fuerzas poderosas en los espíritus de los adeptos a la misma religión, por cuanto respondían a las necesidades y a la angustia existentes en la estructura del carácter de aquellas personas a quienes estaban dirigidas. Dicho con otras palabras, *las ideas pueden llegar a ser fuerzas poderosas, pero sólo en la medida en que satisfagan las necesidades humanas específicas que se destacan en un carácter social dado.*

La estructura del carácter no determina solamente los pensamientos y las emociones, sino también las acciones humanas. Es mérito de Freud el haberlo demostrado, aun cuando su esquema teorético específico no sea correcto. En el caso de neuróticos es evidente que su actividad está determinada por las tendencias dominantes en la estructura del carácter del individuo. Es fácil entender que la compulsión a contar las ventanas de las casas y el número de piedras del pavimento, constituye una actividad arraigada en ciertas tendencias del carácter compulsivo. Pero las acciones de la persona normal parecen hallarse determinadas tan sólo por consideraciones racionales y de acuerdo con las necesidades de la realidad. Sin embargo, por medio de los nuevos instrumentos de observación, ofrecidos por el psicoanálisis, podemos darnos cuenta de que el llamado comportamiento racional está determinado en gran parte por la estructura del carácter. En nuestra exposición acerca del significado del trabajo para el hombre moderno nos hemos referido a ejemplos de esta naturaleza. Vimos cómo el intenso anhelo de realizar una actividad incesante estaba arraigado en los sentimientos de soledad y angustia. Esta compulsión a trabajar difiere de la actitud hacia el trabajo existente en otras culturas, en las que los hombres trabajaban cuanto era necesario, sin sentirse impulsados por fuerzas adicionales propias de su estructura caracterológica. Puesto que todas las personas normales hoy experimentan aproximadamente el mismo impulso al trabajo, y que, además, tal intensidad de esfuerzo les es necesaria para seguir viviendo, es fácil pasar por alto el elemento irracional presente en este rasgo.

Debemos ahora preguntarnos cuál es la función que el carácter desempeña con respecto al individuo y a la sociedad. Por lo que se refiere al primero, la contestación no es difícil. Si el carácter de un individuo se ajusta de manera más o menos fiel a la estructura del carácter social, las tendencias dominantes de su personalidad lo conducirán a obrar de conformidad con aquello que es necesario y deseable en las condiciones sociales específicas de la cultura en que vive. Así, por ejemplo, si experimenta una apasionada tendencia por el ahorro y un gran horror a gastar dinero en objetos de lujo, y se trata de un pequeño comerciante que necesita ahorrar y economizar para sobrevivir, ese impulso le prestará una gran ayuda. Además de esta función económica, los rasgos del carácter ejercen otra, puramente psicológica, que no es menos importante. La persona en la que el deseo de ahorrar surge de su personalidad, experimenta también una profunda satisfacción psicológica al poder obrar de acuerdo con sus tendencias; vale decir, que al ahorrar, no sólo resulta beneficiada prácticamente, sino que también se siente satisfecha desde el punto de vista psicológico. Es fácil convencerse de la exactitud de esta afirmación si se observa, por ejemplo, cómo una mujer de la baja clase media, al realizar compras en el mercado, se siente tan feliz por un ahorro de diez centavos como otra persona, con un carácter distinto, lo estaría por el goce de algún placer de índole sensual. Esta satisfacción psicológica se produce no solamente cuando un individuo obra de conformidad con las demandas que surgen de la estructura de su carácter, sino también cuando lee u oye la expresión de ideas que lo atraen por la misma razón. Para el carácter autoritario, una ideología que describe la naturaleza como una fuerza poderosa a la que es menester someterse, o un discurso que se complace en proporcionar descripciones sádicas de los acontecimientos políticos, ejercen una profunda atracción, de modo que el acto de leer o escuchar le otorga una intensa satisfacción psicológica. Resumiendo: la función subjetiva del carácter para una persona normal es la de *conducirlo a obrar de conformidad con lo que le es necesario desde un punto de vista prác-*

*tico y también a experimentar una satisfacción psicológica derivada de su actividad.*

Si consideramos el carácter social desde el punto de vista de su función en el proceso social, deberemos partir del principio que se ha formulado con referencia a su función subjetiva; al adaptarse a las condiciones sociales el hombre desarrolla aquellos rasgos que le hacen experimentar el *deseo* de obrar justamente de ese modo en que *debe* hacerlo. Si el carácter de la mayoría del pueblo de una sociedad determinada, esto es, su carácter social, se halla adaptado de este modo a las tareas objetivas que el individuo debe llevar a cabo en la comunidad, las energías de los individuos resultan moldeadas de manera tal que constituyen las fuerzas productivas indispensables para el funcionamiento de la sociedad misma. Volvamos una vez más al ejemplo del trabajo. Nuestro moderno sistema industrial requiere que la mayoría de las energías se encauce hacia el trabajo. Si la gente trabajara tan sólo debido a las necesidades externas, surgirían muchos conflictos entre sus deseos y sus obligaciones y, por consiguiente, la eficiencia del trabajo se vería disminuida. Sin embargo, por medio de la adaptación dinámica del carácter frente a los requerimientos sociales, la energía humana, en lugar de originar conflictos, es estructurada en formas capaces de convertirla en incentivos de acción adecuados a las necesidades económicas. Así, el hombre moderno, en lugar de trabajar tan duramente debido a alguna obligación exterior, se siente arrastrado por aquella compulsión íntima hacia el trabajo, cuyo significado psicológico hemos intentado analizar. O bien, en vez de obedecer a autoridades manifiestas, se ha construido ciertos poderes internos —la conciencia y el deber— que logran fiscalizarlo con mayor eficiencia de la que en ningún momento llegarían a alcanzar aquellas autoridades exteriores. En otras palabras, *el carácter social internaliza las necesida-*

*des externas, enfocando de este modo la energía humana hacia las tareas requeridas por un sistema económico y social determinado.*

Como ya hemos visto, una vez que en una estructura de carácter se han originado ciertas necesidades, toda conducta conforme con aquéllas resulta al mismo tiempo psicológicamente satisfactoria y de utilidad práctica desde el punto de vista del éxito material. Mientras una sociedad siga ofreciendo simultáneamente esas dos satisfacciones, se da una situación en la que las fuerzas psicológicas están *cimentando* la estructura social. Antes o después, sin embargo, se produce un *retraso* (*lag*). Mientras todavía subsiste la estructura del carácter tradicional, surgen nuevas condiciones económicas con respecto a las cuales los rasgos de ese carácter ya no son útiles. La gente tiende a obrar de conformidad con su estructura de carácter, pero pueden ocurrir dos cosas: sus mismas acciones dificultan sus propósitos económicos o bien los individuos ya no hallan oportunidades suficientes que les permitan obrar de acuerdo con su "naturaleza". Un ejemplo de lo que señalamos puede hallarse en la estructura caracterológica de la vieja clase media, especialmente en países como Alemania, dotados de una rígida estratificación social. Las virtudes propias de esa clase —frugalidad, ahorro, prudencia, desconfianza— disminuyeron cada vez más su utilidad en el mecanismo económico moderno, en comparación con nuevas virtudes, tales como la iniciativa, la disposición a asumir riesgos, la agresividad, etc. Aun en los casos en que esas viejas cualidades tenían todavía un valor positivo —como en el caso de los pequeños comerciantes—, el alcance de las posibilidades de esa actividad económica se veía tan reducido, que sólo una minoría de los hijos de la vieja clase media se hallaba en condiciones de poder "utilizar" con éxito sus rasgos de carácter para el logro de sus propósitos. Mientras por su ascendencia habían desarrollado aquellos rasgos psicológicos que antes se adaptaban a la situación social de su clase, ahora el desarrollo económico se producía con mayor velocidad que el de la estructura del carácter. Este retraso (*lag*) entre la evolución psicológica y la económica tuvo por consecuencia una situación en la que las necesidades psíquicas ya no lograban su satisfacción a través de las actividades económicas habituales. Sin embargo, las necesidades subsistían y debían encontrar satisfacción de uno u otro modo. El impulso estrechamente egoísta de lograr ventajas en favor propio, característico de la baja clase media, se trasladó del plano individual al de la nación. Y también el impulso sádico, que había sido utilizado en las luchas derivadas de la competencia económica, se transfirió en parte a la escena política y social, y en parte resultó intensificado por la frustración. Entonces tales impulsos, libres ya de todo factor restrictivo, buscaron satisfacción en actos de guerra y persecución política. De este modo, mezcladas con el resentimiento producido por el carácter frustratorio de toda la situación, las fuerzas psicológicas, en lugar de cimentar el orden social existente se transformaron en dinamita susceptible de ser utilizada por grupos deseosos de destruir la política tradicional y la estructura económica de la sociedad democrática.

No hemos hablado de la función que el proceso educativo desempeña con respecto a la formación del carácter social; pero teniendo en cuenta el hecho de que para muchos psicólogos los métodos de aprendizaje empleados en la primera infancia y las técnicas educativas usadas con respecto al niño en desarrollo, constituyen la *causa* de la evolución del carácter, me parece que son necesarias algunas observaciones a este respecto. En primer lugar, debemos preguntarnos qué entendemos por educación. Si bien la educación puede ser definida de distintas maneras, para considerarla desde el punto de vista del proceso social, me parece que debe ser caracterizada de este modo: la función social de la educación es la de preparar al individuo para el buen desempeño de la tarea que más tarde le tocará realizar en la sociedad, esto es, moldear su carácter de manera tal que se aproxime al carácter social; que sus deseos coincidan con las necesidades propias de su función. El sistema educativo de toda sociedad se halla determinado por este cometido; por lo tanto, no podemos *explicar* la estructura de una sociedad o la personalidad de sus miembros por medio de su proceso educativo, sino que, por el contrario, debemos explicar éste en función de las necesidades que surgen de la estructura social y económica de una sociedad dada. Sin embargo, los métodos de educación son extremadamente importantes, por cuanto representan los mecanismos que moldean al individuo según la forma prescrita. Pueden ser considerados como los medios por los cuales los requerimientos sociales se transforman en cualidades personales. Si bien las técnicas educativas no constituyen la causa de un tipo determinado de carácter social, representan, sin embargo, uno de los mecanismos que contribuyen a formar ese carácter. En este sentido el conocimiento y la comprensión de los métodos educativos entrañan una parte importante del análisis total de una sociedad en funcionamiento.

Lo que se acaba de decir también vale para un sector especial de todo el proceso educativo: la *familia.* Freud ha demostrado que las experiencias tempranas de la niñez ejercen una influencia decisiva sobre la formación de la estructura del carácter. Si eso es cierto, ¿cómo podemos aceptar, entonces, que el niño, quien —por lo menos en nuestra cultura— tiene tan pocos contactos con la vida social, sea realmente moldeado por la sociedad? Contestamos afirmando que los padres no solamente aplican las normas educativas de la sociedad que les es propia, con pocas excepciones, debidas a variaciones individuales, sino que también, por medio de sus propias personalidades, son portadores del carácter social de su sociedad o clase. Ellos transmiten al niño lo que podría llamarse la atmósfera psicológica o el espíritu de una sociedad, simplemente con ser lo que son, es decir, representantes de ese mismo espíritu. *La familia puede así ser considerada como el agente psicológico de la sociedad.*

Después de haber establecido que el carácter social es estructurado por el modo de existencia de la sociedad, quiero recordar al lector lo que se ha afirmado en el primer capítulo con respecto al problema de la adaptación dinámica. Si bien es cierto que las necesidades de la estructura económica y social de la comunidad moldean al hombre, su capacidad de adaptación no es infinita. No solamente existen ciertas necesidades fisiológicas que piden satisfacción de manera imperiosa, sino que también hay ciertas cualidades psicológicas inherentes al hombre que deben necesariamente ser satisfechas y que originan determinadas reacciones si se ven frustradas. ¿Cuáles son tales cualidades? La más importante parece ser la tendencia a crecer, a ensanchar y a realizar las potencialidades que el hombre ha desarrollado en el curso de la historia, tal, por ejemplo, el pensamiento creador y crítico, la facultad de tener experiencias emocionales y sensibles diferenciadas. Cada una de estas potencialidades posee un dinamismo propio. Una vez desarrolladas a través del proceso evolutivo, tienden a ser expresión. Tal tendencia puede ser reprimida y frustrada, pero esta regresión origina nuevas reacciones, especialmente con la formación de impulsos simbióticos y destructivos. También parece que esta tendencia general al crecimiento —equivalente psicológico de una tendencia biológica— origina impulsos específicos, como el deseo de libertad y el odio a la opresión, dado que la libertad constituye la condición fundamental de todo crecimiento. Análogamente, el deseo de libertad puede ser reprimido y desaparecer así de la conciencia del individuo, pero no por ello dejará de existir como potencialidad, revelando su existencia por medio de aquel odio consciente o inconsciente que siempre acompaña a tal represión.

También tenemos razones para suponer que, como se dijo anteriormente, la tendencia hacia la justicia y la verdad constituye un impulso inherente a la naturaleza humana, aun cuando pueda ser reprimido y pervertido, como el de libertad. Desde el punto de vista teorético esta afirmación se funda sobre un supuesto peligroso. Todo resultaría muy fácil si pudiésemos volver a las hipótesis religiosas y filosóficas con las que explicaríamos la existencia de tales impulsos, creyendo que el hombre ha sido creado a semejanza de Dios o admitiendo el supuesto de la ley natural. Sin embargo, nos está vedado fundar nuestra argumentación en tales explicaciones. La única vía que, según nuestra opinión, puede seguirse para explicar esas tendencias hacia la justicia y la verdad, es la de analizar toda la historia social e individual del hombre. Descubrimos así que, para quien carece de poder, la justicia y la verdad constituyen las armas más importantes en la lucha dirigida a lograr la libertad y asegurar la expansión. Prescindiendo del hecho de que la mayoría de la humanidad, en el curso de su historia, ha debido defenderse contra los grupos más poderosos que la oprimían y explotaban, todo individuo, durante la niñez, atraviesa por un poderío que se caracteriza por su impotencia. Nos parece que en tal estado de debilidad han de desarrollarse ciertos rasgos, como el sentido de la justicia y la verdad, capaces de constituir potencialidades comunes a toda la humanidad como tal. Llegamos entonces al hecho de que, *si bien el desarrollo del carácter es estructurado por las condiciones básicas de la vida, y si bien no existe una naturaleza humana fija, ésta posee un dinamismo propio que constituye un factor activo en la evolución del proceso social.* Aun cuando no seamos capaces todavía de formular claramente en términos psicológicos cuál es la exacta naturaleza de este dinamismo humano, debemos reconocer su existencia. Al tratar de evitar los errores de los conceptos biológicos y metafísicos, no debemos abandonarnos a la equivocación igualmente grave de un relativismo sociológico, en el que el hombre no es más que un títere movido por los hilos de las circunstancias sociales. Los derechos inalienables del hombre a la libertad y a la felicidad se fundan en cualidades inherentemente humanas: su tendencia a vivir, a ensancharse, a expresar las potencialidades que se han desarrollado en él durante el proceso de la evolución histórica.

Llegados a esta altura, podemos volver a formular las diferencias más importantes que existen entre el punto de vista psicológico sustentado por esta obra y el de Freud. La primera diferencia ha sido tratada por nosotros de una manera detallada en el primer capítulo, de modo que nos limitaremos a mencionarla brevemente: consideramos la naturaleza humana como condicionada por la historia, sin olvidar, empero, el significado de los factores biológicos y sin creer que la cuestión pueda formularse correctamente como una oposición entre elementos culturales y biológicos. En segundo lugar, el principio esencial de Freud es el de considerar al hombre como una entidad, un sistema cerrado, dotado por la naturaleza de ciertas tendencias biológicamente condicionadas, e interpretar el desarrollo de su carácter como una reacción frente a la satisfacción o frustración de tales impulsos. Según mi opinión, por el contrario, debemos considerar la personalidad humana por medio de la comprensión de las relaciones del hombre con los demás, con el mundo, con la naturaleza y consigo mismo. Creemos que el hombre es *primariamente* un ser social, y no, como lo supone Freud, autosuficiente, y sólo en segundo lugar necesitado de mantener relaciones con los demás con el fin de satisfacer sus exigencias instintivas. En este sentido creemos que la psicología individual es esencialmente psicología social o, para emplear el término de Sullivan, psicología de las relaciones interpersonales. El problema central de la psicología es el de la especial forma de conexión del individuo con el mundo, y no el de la satisfacción o frustración de determinados deseos instintivos. El problema relativo a lo que ocurre con éstos ha de ser comprendido como parte integrante del problema total de las relaciones del hombre con el mundo, y no como *la* cuestión central de la personalidad humana. Por tanto, desde nuestro punto de vista, las necesidades y deseos que giran en torno de las relaciones del individuo con los demás, como el amor, el odio, la ternura, la simbiosis, constituyen fenómenos psicológicos fundamentales, mientras que, según Freud, sólo representan consecuencias secundarias de la frustración o satisfacción de necesidades instintivas.

La diferencia entre la orientación biológica de Freud y la nuestra, de carácter social, posee un significado especial con referencia a los problemas de la caracterología. Freud —y sobre la base de sus escritos, Abraham, Jones y otros— ha supuesto que el niño experimenta placer en las llamadas zonas erógenas (boca y ano) en conexión con el proceso de la alimentación y la defecación; y que, debido a una excitación excesiva, a frustración o a una sensibilidad constitucionalmente intensificada, tales zonas erógenas retienen su carácter libidinal en años posteriores, cuando, en el curso del desarrollo normal, la zona genital debería haber adquirido una importancia primaria. Se supone, entonces, que esta fijación en niveles pregenitales conduce a sublimaciones y a formaciones reactivas que se transforman en elementos de la estructura del carácter. Así, por ejemplo, determinada persona puede poseer una tendencia a ahorrar dinero o a guardar otros objetos, *porque* ha sublimado el deseo inconsciente de retener la evacuación; o bien es posible que espere poder lograrlo todo de otras personas y no por medio de sus propios esfuerzos, *porque* está impulsada por un deseo inconsciente de ser alimentada, deseo que sublima en el de recibir ayuda, conocimiento, etcétera.

Las observaciones de Freud son de gran importancia, pero este autor no supo darles una explicación correcta. Observó con exactitud la naturaleza pasional e irracional de estos rasgos de los caracteres *anal* y *oral*. También vio que tales deseos penetran todas las esferas de la personalidad, en la vida sexual, emocional e intelectual, y que coloran todas las actividades. Pero concibió la relación causal entre las zonas erógenas y los rasgos del carácter exactamente al revés de lo que ella es en realidad. El deseo de recibir pasivamente todo lo que se quiera obtener —amor, protección, conocimiento, cosas materiales— de una fuente exterior a la persona, se desarrolla en el carácter del niño como una reacción a sus experiencias con los demás. Si a través de tales experiencias el miedo llega a debilitar el sentimiento de su propia fuerza, si se paralizan su iniciativa y confianza en sí mismo, si desarrolla cierta hostilidad y luego la reprime, si al mismo tiempo su padre o madre le ofrece cariño o cuidado, pero con la condición de someterse, toda esta constelación de circunstancias lo conduce a la adopción de una actitud de abandono del dominio activo, dirigiendo todas sus energías hacia fuentes exteriores, de las que espera debería originarse oportunamente el cumplimiento de todos sus deseos. Esta actitud asume un carácter apasionado, porque constituye el único medio por el cual el individuo puede lograr la realización de sus anhelos. El hecho de que con frecuencia tales personas experimentan sueños o fantasías en los cuales se ven alimentados, cuidados, etcétera, tiene su origen en que la boca, más que cualquier otro órgano, se presta a la expresión de una actitud receptiva de esa naturaleza. Pero la sensación oral no es causa de la actitud misma: es, por el contrario, la expresión de una actitud frente al mundo, manifestada mediante el lenguaje del cuerpo.

Lo mismo puede decirse con respecto a la persona *anal*, quien, sobre la base de sus peculiares experiencias, se halla más retraída de los demás que el individuo *oral*. Busca su seguridad construyéndose un sistema autárquico, autosuficiente, y considera el amor y cualquier otra actitud dirigida hacia afuera como una amenaza a su seguridad. Es verdad que en muchos casos estas actitudes se desarrollan primeramente en conexión con la alimentación o la defecación, que en la temprana niñez representan actividades fundamentales y también la esfera principal en la que se expresan el amor o la opresión por parte de los padres y las actitudes amistosas o desafiantes por parte del niño. Sin embargo, la excesiva excitación y frustración reactivas a tales zonas erógenas no originan de por sí solas una fijación de esas actitudes en el carácter de la persona; si bien el niño experimenta ciertas sensaciones placenteras en conexión con la alimentación y la defecación, tales sensaciones no llegan a tener importancia con respecto al desarrollo del carácter, a menos que representen —en el nivel físico— actitudes arraigadas en la estructura del carácter.

Para una criatura que confía en el amor incondicional de su madre. la interrupción repentina de la lactancia no tendrá consecuencias graves sobre el carácter: pero el niño que experimenta una falta de confianza en el amor materno, puede adquirir rasgos *orales*, aun cuando la lactancia misma siguiera sin trastorno alguno. Las fantasías *orales* o *anales*, o las sensaciones físicas en años posteriores, no revisten importancia a causa del placer físico que suponen, o de alguna misteriosa sublimación de ese placer, sino tan sólo debido al tipo específico de conexión con el mundo que constituye su fundamento y que ellas expresan.

Solamente desde este punto de vista pueden ser fecundos para la psicología social estos descubrimientos caracterológicos de Freud. En tanto sigamos suponiendo, por ejemplo, que el carácter anal, típico de la clase media europea, es originado por ciertas experiencias tempranas relacionadas con la defecación, careceremos de datos suficientes para comprender por qué una clase determinada debe poseer el carácter social anal. Por el contrario, si entendemos este hecho como una forma determinada de relacionarse con los demás, arraigada en la estructura del carácter y resultante de experiencias con el mundo externo, estaremos en posesión de una clave para la comprensión de por qué todo el estilo de vida de la baja clase media, su estrechez, aislamiento y hostilidad constribuyeron a este tipo de estructura del carácter [1].

La tercera diferencia importante se relaciona estrechamente con las anteriores. Freud, sobre la base de su orientación instintivista y también de una profunda convicción de la maldad de la naturaleza humana, se sentía dispuesto a interpretar todos los motivos "ideales" del hombre como originados en algo "vil". Un ejemplo adecuado lo proporciona su explicación del sentimiento de justicia como resultado de la envidia original que el niño experimenta

[1] F. Alexander ha intentado volver a formular los hallazgos caracterológicos de Freud en términos en cierto modo similares a los nuestros (Cf. F. Alexander, "The Influence of Psychological Factors upon Gastro-Intestinal Disturbances", *Psychoanalytic Quarterly*, vol. XV, 1934). Pero aun cuando sus opiniones representan un avance con respecto a las de Freud, todavía no ha logrado superar su orientación fundamentalmente biológica, reconociendo plenamente en las relaciones interpersonales la base y la esencia de estos impulsos *pregenitales*.

con respecto a todos los que tienen más que él. Como lo hemos señalado anteriormente, creemos que ideales como los de libertad y verdad, si bien frecuentemente no pasan de ser meras palabras o racionalizaciones, pueden, sin embargo, representar tendencias genuinas y que todo análisis que no tenga en cuenta estos impulsos como factores dinámicos se halla destinado al fracaso. Estos ideales no poseen ningún carácter metafísico, sino que se hallan arraigados en las condiciones de la vida humana y pueden ser analizados como tales. El miedo de volver a caer en conceptos metafísicos o idealísticos no debería poner obstáculos a la realización de tal análisis. Es tarea de la psicología, en tanto ciencia empírica, la de estudiar la motivación por los ideales, así como los problemas morales con ellos relacionados, liberando por ese medio nuestro pensamiento de todos los elementos no empíricos y metafísicos que oscurecen tales cuestiones en las exposiciones de tipo tradicional.

Por último, debe mencionarse otra diferencia. Se refiere a la distinción entre los fenómenos psicológicos de escasez y los de abundancia. El nivel primitivo de la existencia humana es el de la escasez. Hay necesidades perentorias que *deben* ser satisfechas antes que toda otra cosa. Solamente cuando el hombre llega a disponer de mayor tiempo y energías que los indispensables para la satisfacción de sus necesidades primarias, puede desarrollarse la cultura, y con ella aquellos impulsos que acompañan al fenómeno de la abundancia. Los actos libres (o espontáneos) son siempre fenómenos de abundancia. La de Freud es una psicología de escasez. Define el placer como la satisfacción que resulta de la eliminación de una tensión dolorosa. Los fenómenos de abundancia, como el amor o la ternura, en realidad no desempeñan ninguna función dentro de su sistema. No solamente omitió tales fenómenos, sino que también logró una comprensión limitada del hecho al que dedicó tanta atención: la sexualidad. En plena conformidad con su definición del placer, Freud vio en ella solamente el elemento de compulsión fisiológica, y en la satisfacción sexual el alivio de la tensión dolorosa. El impulso sexual como fenómeno de abundancia, y el placer sexual como goce espontáneo —cuya esencia no reside en la eliminación de una tensión dolorosa— no hallaron lugar alguno en su psicología.

¿Cuál es el principio de interpretación que se ha aplicado en esta obra para lograr la comprensión de la base humana de la cultura? Antes de contestar a esta pregunta será conveniente señalar las corrientes principales existentes a este respecto, con las que diferimos.

1º El punto de vista *psicologista*, que caracteriza el pensamiento freudiano, y según el cual los fenómenos culturales arraigan en factores psicológicos derivados de impulsos sensitivos que, en sí mismos, son influidos por la sociedad sólo a través de algún grado de represión. Siguiendo esta línea interpretativa, los autores freudianos han explicado el capitalismo como una consecuencia del erotismo anal, y el desarrollo de la cristiandad primitiva como resultado de la ambivalencia frente a la imagen paterna [2].

2º El punto de vista *económico*, tal como es presentado en las aplicaciones erróneas de la interpretación marxista de la historia. Según este punto de vista, los intereses económicos subjetivos son causa de los fenómenos culturales, tales como la religión y las ideas políticas. De acuerdo con tal noción seudomarxista [3], se podría intentar la explicación del protestantismo como una mera respuesta a ciertas necesidades económicas de la burguesía.

[2] Para una exposición más completa de este método, véase, E. Fromm, *Zur Entstehung des Christusdogmas*, Wien, Psychoanalytischer Verlag, 1931.

[3] Denomino esta concepción seudomarxista porque interpreta la teoría de Marx en el sentido de que la historia se halla determinada por motivos económicos expresados en

3º Finalmente tenemos la posición *idealista*, representada por el análisis de Max Weber, *Die Protestantische Ethik und der Geist des Kapitalismus* [4]. Este autor sostiene que el desarrollo de un nuevo tipo de conducta económica y de un nuevo espíritu cultural se deben a la renovación de las ideas religiosas, aun cuando insista en que tal conducta nunca se halla determinada *exclusivamente* por las doctrinas religiosas.

En oposición a estas explicaciones hemos supuesto que las ideologías y la cultura en general se hallan arraigadas en el carácter social; que éste es moldeado por el modo de existencia de una sociedad dada; y que, a su vez, los rasgos caracterológicos dominantes se vuelven también fuerzas constructivas que moldean el proceso social. Con referencia al problema de las relaciones entre el espíritu del protestantismo y el capitalismo, he tratado de mostrar cómo el derrumbamiento de la sociedad medieval llegó a amenazar a la clase media; cómo esta amenaza originó un sentimiento de impotente aislamiento y de duda; cómo se debió a este cambio psicológico la atracción ejercida por las doctrinas de Lutero y Calvino; cómo estas doctrinas intensificaron y estabilizaron los cambios caracterológicos, y cómo los rasgos del carácter así desarrollados se transforma-

---

términos de impulsos psicológicos dirigidos hacia las ganancias materiales, y no, como quería realmente Marx, en términos de condiciones económicas objetivas que pueden originar distintas actitudes económicas, una de las cuales es el deseo intenso de ganancias materiales. (Esto fue señalado en el capítulo I.) Una discusión detallada de este problema puede hallarse en el trabajo de E. Fromm, "Über Methode und aufgabe einer analytischen Sozialpsychologie", *Zeitschrift für Sozialforschung*, vol. I, 1932, págs. 28 y sigts. Cf. también la discusión que se halla en la obra de Robert S. Lynd, *Knowledge for What?*, Londres, Oxford University Press, 1939, Capítulo II.

[4] Tübingen, Verlag Von J. C. B. Mohr, Siebeck, 1934. Traducción inglesa por Talcott Parsons, *cit.*

ron en fuerzas creadoras en el proceso de formación del capitalismo, el cual, en sí mismo, fue consecuencia de cambios políticos y económicos.

Con respecto al fascismo se aplicó el mismo principio de explicación: la baja clase media reaccionó frente a ciertos cambios económicos, tales como el crecimiento en el poder de los monopolios y la inflación posbélica, intensificando ciertos rasgos del carácter, a saber: sus tendencias sádicas y masoquistas. La ideología nazi se dirigía justamente a estos rasgos, y les otorgaba mayor intensidad, transformándolos en fuerzas efectivas en apoyo de la expansión del imperialismo germano. En ambos casos vemos que, cuando una señalada clase se ve amenazada por nuevas tendencias económicas, reacciona frente a tal amenaza tanto psicológica como ideológicamente, y que los cambios psicológicos llevados a cabo por esta reacción contribuyen al ulterior desarrollo de las fuerzas económicas, aun cuando tales fuerzas contradigan los intereses materiales de esa clase. Se puede comprobar así que las fuerzas económicas, psicológicas e ideológicas operan en el proceso social de este modo: el hombre reacciona frente a los cambios en la situación externa transformándose él mismo, mientras, a su vez, los factores psicológicos contribuyen a moldear el proceso económico y social. Las fuerzas económicas tienen una parte activa, pero han de ser comprendidas no ya como motivaciones psicológicas, sino como condiciones objetivas. Por su parte, también las fuerzas psicológicas participan en forma activa, pero han de ser entendidas como históricamente condicionadas; y, por último, las ideas son fuerzas efectivas, pero sólo en tanto estén arraigadas en la estructura del carácter de los miembros de un grupo social. A pesar de tal conexión, las fuerzas económicas, psicológicas e ideológicas poseen cierta independencia. Esto ocurre especialmente con respecto al desarrollo económico, el cual, como depende de factores objetivos, tales como las fuerzas naturales de producción, la técnica, los factores geográficos, etc., se realiza de acuerdo con sus propias leyes. Por lo que se refiere a las fuerzas psicológicas, ya hemos visto que ocurre lo mismo: que son moldeadas por las condiciones externas de vida, pero que también poseen un dinamismo propio: vale decir, que constituyen la expresión de necesidades humanas susceptibles de ser moldeadas, pero no destruidas. En la esfera ideológica hallamos una autonomía similar arraigada en las leyes lógicas y en la tradición del conjunto del conocimiento adquirido en el curso de la Historia.

Podemos volver a formular este principio, expresándolo en función del carácter social: éste surge de la adaptación dinámica de la naturaleza humana a la estructura social. Los cambios en las condiciones sociales originan cambios en el carácter social, es decir, dan lugar a nuevas necesidades, nuevas angustias. Éstas originan nuevas ideas o, por decirlo así, hacen a los hombres susceptibles de ser afectados por ellas; a su vez estas nuevas ideas tienden a estabilizar e intensificar el nuevo carácter social y a determinar las acciones humanas. En otras palabras, las condiciones sociales ejercen influencias sobre los fenómenos ideológicos a través del carácter; éste, por su parte, no es el resultado de una adaptación pasiva a las condiciones sociales, sino de una adaptación dinámica, que se realiza sobre la base de elementos biológicamente inherentes a la naturaleza humana o adquiridos como resultado de la evolución histórica.

# Índice

## EL MIEDO A LA LIBERTAD

Obras Maestras del
# Pensamiento Contemporáneo

*Títulos publicados:*

1. *La interpretación de los sueños*
   Sigmund Freud
2. *El significado de la relatividad*
   Albert Einstein
3. *El hombre unidimensional*
   Herbert Marcuse
4. *Seis estudios de psicología*
   Jean Piaget
5. *El miedo a la libertad*
   Erich Fromm

*Títulos en preparación:*

*La revolución sexual*
Wilhelm Reich
*La rebelión de las masas*
José Ortega y Gasset
*Obra abierta*
Umberto Eco
*Escritos básicos, I*
Bertrand Russell
*Escritos básicos, II*
Bertrand Russell
*Estructuras elementales del parentesco*
Claude Lévi-Strauss
*¿Qué sucedió en la historia?*
Vere Gordon Childe
*El origen de las especies*
Charles Darwin
*Los complejos y el inconsciente*
Carl G. Jung
*Ensayos de lingüística general*
Roman Jakobson
*La sociedad opulenta*
John Kenneth Galbraith
*Adolescencia, sexo y cultura en Samoa*
Margaret Mead
*Cuatro conceptos fundamentales del psicoanálisis*
Jacques Lacan
*¿Qué es la historia?*
E. H. Carr
*El mito del eterno retorno*
Mircea Eliade
*El Capital*
Karl Marx